AF703476

Lauren C. Templeton/Scott Phillips

Die Templeton-Methode

Lauren C. Templeton
Scott Phillips

Die Templeton-Methode

Die Strategie der Investmentlegende, mit der Sie jeden Markt schlagen

Börsenbuchverlag

Die Originalausgabe erschien unter dem Titel
Investing the Templeton Way: The Market-Beating Strategies of Value Investing's Legendary Bargain Hunter
bei McGraw-Hill Companies, Inc.
ISBN 978-0-07-154563-1

Original edition copyright 2008:
Copyright © by Lauren C. Templeton and Scott Phillips. All rights reserved.

Copyright der deutschen Ausgabe 2022:
© Börsenmedien AG, Kulmbach. All rights reserved.

Übersetzung: Susanne Schindler
Gestaltung Cover: Daniela Freitag
Lektorat: Sebastian Politz
Druck: GGP Media GmbH, Pößneck

ISBN 978-3-86470-889-3

Alle Rechte der Verbreitung, auch die des auszugsweisen Nachdrucks, der fotomechanischen Wiedergabe und der Verwertung durch Datenbanken oder ähnliche Einrichtungen vorbehalten.

Bibliografische Information der Deutschen Nationalbibliothek:
Die Deutsche Nationalbibliothek verzeichnet diese Publikation in der Deutschen Nationalbibliografie; detaillierte bibliografische Daten sind im Internet über <http://dnb.d-nb.de> abrufbar.

BÖRSEN MEDIEN
AKTIENGESELLSCHAFT

Postfach 1449 • 95305 Kulmbach
Tel: +49 9221 9051-0 • Fax: +49 9221 9051-4444
E-Mail: buecher@boersenmedien.de
www.boersenbuchverlag.de
www.facebook.com/plassenverlag
www.instagram.com/plassen_buchverlage

Für unsere Mentoren
Sir John Marks Templeton
und
Handly Cotton Templeton

Und in liebevoller Erinnerung an
Harvey Maxwell Templeton, Jr.
und
David Phillips

Inhalt

Vorwort

Mein fünfundneunzigster Geburtstag rückt immer näher und ich glaube, dass es niemals einen besseren Zeitpunkt gegeben hat, um am Leben zu sein. Wir sollten alle ehrlich dankbar sein, dass wir in dieses Zeitalter unglaublichen Wohlstandes hineingeboren wurden. In meinem jetzigen Alter widme ich all meine Zeit, meine Energie und meine Ressourcen den Templeton Foundations, deren Hauptanliegen es ist, den Menschen überall auf der Welt spirituellen Reichtum zu bringen.

Selbst heute erhalte ich noch Briefe von Investoren, in denen sie mich um Investment-Tipps bitten oder ihre Sorgen bezüglich der Weltwirtschaft zum Ausdruck bringen. Immer wieder haben sich die Menschen im Lauf der Geschichte zu wenig mit den Möglichkeiten auseinandergesetzt, die sich durch Probleme beim Investieren und im Alltag eröffnen können. In den fast fünfundneunzig Jahren, die ich nun schon lebe, durfte die Menschheit Zeuge so vieler bemerkenswerter Errungenschaften werden. Das 21. Jahrhundert ist wahrlich vielversprechend, gibt Anlass zu großen Hoffnungen und wird sich vielleicht als das nächste goldene Zeitalter neuer Möglichkeiten erweisen.

In *Die Templeton-Methode* werden Sie ein wenig über meine Investment-Karriere erfahren. Meine Großnichte Lauren Templeton und ihr Mann Scott Phillips werden Ihnen Einblicke in die Investment-Mentalität eines Schnäppchenjägers bieten. Es gibt unzählige Investment-Methoden, aber ich war stets am erfolgreichsten, wenn ich Aktien kaufte, die im Vergleich zu ihrem intrinsischen Wert viel zu niedrig bewertet waren. Während meiner Zeit als Investor habe ich die Welt unablässig nach den besten Schnäppchen-Aktien abgesucht.

Stellt man entsprechende Nachforschungen an, so wird man sehen, dass ein Aktienportfolio bestehend aus Investments aus aller Welt mit großer Wahrscheinlichkeit langfristig bei niedrigerer Volatilität höhere Erträge abwerfen wird als ein einfaches, diversifiziertes Portfolio, das in nur einem Land investiert. Die Diversifizierung sollte die Basis eines jeden Investmentprogramms sein.

Eine Grundregel, an die ich mich in meiner Laufbahn stets gehalten habe, besagt, dass man immer dann investieren sollte, wenn der Pessimismus seinen höchsten Punkt erreicht hat. Am optimistischsten kann man also dann sein, wenn maximaler Pessimismus herrscht. In *Die Templeton-Methode* werden Strategien beschrieben, die auch ich stets verwendete, um herauszufinden, wann hinsichtlich einer Aktie, einer Branche oder eines ganzen Landes der Moment des maximalen Pessimismus gekommen war.

In so gut wie jedem Betätigungsfeld, jedem Aspekt des Lebens orientiert sich der Mensch dorthin, wo die Aussichten am günstigsten sind. Man sucht nach einem Job in einer Branche, deren Zukunftsaussichten rosig sind, man baut eine Fabrik dort, wo sich die besten Perspektiven bieten. Ich behaupte jedoch, dass man genau das Gegenteil tun muss, wenn man öffentlich gehandelte Investments auswählt. Schließlich versucht man doch eine Aktie zum niedrigsten Kurs im Vergleich zum Wert des Unternehmens zu kaufen. Es gibt nur einen Grund, warum eine Aktie zu Schleuderpreisen angeboten wird, und zwar weil andere Aktionäre verkaufen. Dies ist wirklich der einzige Grund. Um ein Schnäppchen machen zu können, müssen Sie herausfinden, wo am meisten Verunsicherung und Pessimismus herrschen. Jedes Mal, wenn es Ihnen gelingt, Titel mit hohem Ertragspotenzial zu einem günstigen Kurs zu kaufen, haben Sie gut investiert. Das ist nur zu schaffen, indem man kauft, wenn andere verkaufen. Investoren haben mit diesem Konzept oftmals ihre liebe Not; es ist nicht einfach, entgegen der landläufigen Meinung zu handeln. Ich habe mich während meiner Karriere stets auf das folgende Motto verlassen:

> *Zu kaufen, wenn andere mutlos verkaufen, und zu verkaufen, wenn andere eifrig kaufen, verlangt größte innere Stärke und bringt letzten Endes den höchsten Lohn.*

Ich hoffe, dass Investoren nach der Lektüre dieses Buches über das nötige Wissen und Selbstvertrauen verfügen, um bei niedrigen Kursen zu kaufen und bei hohen zu verkaufen. Oftmals bedeutet dies, dass man gegen den Strom schwimmen muss. Vielleicht hilft Ihnen ja dieser Ratschlag:

> *Die Hausse entsteht aus dem Pessimismus, wächst mit der Skepsis, reift durch Optimismus heran und stirbt an der Euphorie. Hat der Pessimismus sein Höchstmaß erreicht, so ist es Zeit zu kaufen, und herrscht maximaler Optimismus, so verkauft man am besten.*

John M. Templeton
September 2007

Kapitel 1

Die Geburtsstunde des Schnäppchenjägers

Zu Beginn meines zweiten Studienjahres (1931) sagte mir mein Vater mit einigem Bedauern, dass er mein Studium nicht einmal mehr mit nur einem Dollar bezuschussen könne. Anfangs erschien mir dies wie eine Tragödie, doch rückblickend weiß ich nun, dass mir nichts Besseres hätte passieren können.
– Sir John Templeton –

Wer wir sind, entscheidet sich zum großen Teil in unserer Jugend. Im Falle meines Großonkels Sir John Templeton (Onkel John) wird recht schnell klar, dass seine Herangehensweise an das Leben und an Investments wie auch sein philanthropisches Wesen tief in seiner Kindheit verwurzelt sind. Onkel John wuchs in einer kleinen Stadt namens Winchester in Tennessee auf. Von seinen Eltern, Harvey und Vella, wurden ihm wesentliche Grundwerte mit auf den Weg gegeben. Diese Werte sollten ihm stets ein Leitfaden sein, unabhängig von der Situation oder den Umständen, in denen er sich befand. Zu diesen ihm früh beigebrachten Werten zählten vor allem Sparsamkeit, Fleiß, Neugier und eine ruhige Selbstsicherheit. Müsste ich seinen Charakter in einem Satz beschreiben, so würde ich sagen, dass er »endlos optimistisch« war.

Wir werden noch sehen, dass diese Tugenden auf seine einzigartige, recht liberale Erziehung durch die Eltern sowie seine einschneidenden Erfahrungen als Teenager und junger Erwachsener während der Weltwirtschaftskrise zurückgingen. Vor allem werden wir aber ergründen, wie diese Tugenden und all seine Erfahrungen einen der erfolgreichsten Investoren der Welt aus ihm machten.

Onkel Johns Investment-Stil wird oft so beschrieben, als wäre er ein so genannter Value Investor gewesen. Bei dieser Bezeichnung denkt man sofort an den einflussreichen Investor Benjamin Graham, den Autor des Buches *Security Analysis* (Wertpapieranalyse). Graham war der Mentor eines anderen weltberühmten Investors, dessen Investment-Stil er auch entscheidend beeinflusste: Warren Buffett. Es besteht kein Zweifel daran, dass Onkel John die frühen Methoden Grahams in seine eigene Herangehensweise an das Investieren einfließen ließ, doch schließlich erläuterte er diese allseits bekannten und oft verordneten Methoden. Lassen wir nun die Lehren Benjamin Grahams hinter uns und beschäftigen wir uns damit, die Definition des Value Investors zu vereinfachen. Für uns ist ein Value Investor jemand, der versucht, weniger für ein bestimmtes Asset oder ein bestimmtes Objekt bezahlen zu müssen, als er oder sie glaubt, dass dieses Objekt wert sei. Im Zentrum dieser Definition steht eine einfache, jedoch entscheidende Annahme: Der Preis eines Assets oder eines Objekts kann vom tatsächlichen Wert abweichen.

Angesichts der vielen Value Investors, die sich an Benjamin Grahams Lehren hielten, geht man davon aus, dass Onkel John *Security Analysis* gelesen hatte und die darin beschriebenen Methoden anwendete. Wie es dann weiterging, ist mittlerweile ja wohl jedem bekannt. Doch das stimmt so nicht ganz. Onkel John las das Buch als junger Mann in den 30er-Jahren, zu einer Zeit, da er gerade seine Tätigkeit als Investmentberater begann – doch Value Investor war er schon weitaus länger gewesen.

Als Onkel John noch ein Kind war, arbeitete sein Vater (mein Urgroßvater) Harvey senior als Anwalt in Winchester. Sein Büro befand sich am Marktplatz der Stadt und von seinem Fenster aus konnte Harvey das Gerichtsgebäude sehen. Mitte bis Ende der 20er-Jahre und auch während der Wirtschaftskrise versuchte Harvey, auch außerhalb seines eigentlichen Berufs als Anwalt Geld dazuzuverdienen. Er leitete unter anderem eine Fabrik, in der Baumwolle entkörnt wurde, er verkaufte Versicherungen, vermietete Wohnraum und kaufte Grundbesitz, wie zum Beispiel Bauernhöfe. Interessanterweise sorgte ausgerechnet der Kauf dieser Höfe dafür, dass Onkel John schon als kleiner Junge lernte, was Value Investing heißt. Da man in den 20er-Jahren nur ein begrenztes Einkommen als Farmer erwirtschaften konnte – Onkel John zufolge waren es im Jahr durchschnittlich 200 US-Dollar –, fielen die meisten Bauernhöfe dem Bankrott zum Opfer und es kam leider zur Zwangsvollstreckung. Im Rahmen der Zwangsvollstreckung wurden die Höfe dann für gewöhnlich auf dem Marktplatz in Winchester an den Höchstbietenden versteigert.

Wurden Gehöfte auf dem Marktplatz versteigert, dann hatte Harvey senior von seinem Büro im zweiten Stock den besten Blick auf die Vorgänge. Fand sich einmal kein Bieter, so verließ Harvey senior sein Büro, ging nach unten und bot selbst mit. Meist gelang es Harvey senior in solchen Momenten, die Höfe zu einem Spottpreis zu ersteigern, und so besaß er Mitte der 20er-Jahre bereits sechs Liegenschaften. Die Beobachtungen, die Onkel John damals als kleiner Junge machte, bildeten wohl die Grundlage für seine berühmteste Investment-Strategie, im Rahmen derer man am Punkt des »maximalen Pessimismus« kauft und die er auch das »Prinzip des maximalen Pessimismus« nannte. Wie Sie sich vielleicht schon denken können, sorgte der Kauf von Grund und Boden zu Preisen, die weit unter dem eigentlichen Wert der Objekte lagen, letztendlich dafür, dass Onkel Johns älterer Bruder, Harvey junior (mein Großvater), ein kleines Vermögen machte, als er die Liegenschaften Jahrzehnte später an gewerbliche und private Bauträger verkaufte.

Dass diese Bauernhöfe damals keine anderen Käufer anlockten, mag einem im Nachhinein völlig unglaublich erscheinen. Doch wir werden später in unserer Aufzeichnung der großen Investments, die Onkel John während seiner viele Jahrzehnte umspannenden Karriere als Vermögensverwalter getätigt hat, noch sehen, dass sich solche Szenarien immer und immer wieder an den Börsen der Welt wiederholen. Onkel Johns Investment-Philosophie unterscheidet sich kaum von der Vorgehensweise seines Vaters, der Bauernhöfe zu einem Bruchteil ihres eigentlichen Werts auf den Stufen eines Gerichtsgebäudes ersteigerte, wenn sich kein anderer Interessent fand. Den meisten von uns ist klar, dass man bei einer Auktion als einziger Bieter gute Chancen auf niedrige Preise, ja vielleicht sogar auf ein echtes Schnäppchen hat.

Geht man mit diesem Szenario einen Schritt weiter, so wird man die Ironie darin sehen, dass an den Börsen die Aktien mit fallendem Kurs bzw. die Aktien, die zum Verkauf angeboten werden, weniger Käufer anziehen. Aktien mit steigendem Kurs hingegen üben aufgrund ihrer Popularität eine stärkere Anziehungskraft auf die Käufer aus. Was Onkel John als Kind beobachten konnte, nämlich dass man eine an sich wertvolle Farm zu einem Spottpreis kaufen konnte, weil sich kein anderer Käufer fand – und nicht etwa weil der Hof wertlos gewesen wäre –, beeindruckte ihn tief und spielte zeit seines Lebens eine wichtige Rolle.

Manchmal lernt man eine wichtige Lektion, indem man andere Menschen beobachtet und ihre erfolgreichen Methoden selbst anwendet. Doch die klügsten Menschen werden Zeugen von Fehlentscheidungen und speichern sie als Erfahrungswerte, ohne aber selbst die gleichen Fehler zu machen, denn kluge Menschen lernen aus ihren eigenen Fehlern, die klügsten unter uns lernen jedoch aus den Fehlern der anderen. Seine nächste wichtige Lektion lernte Onkel John ebenfalls von seinem Vater, doch dieses Mal lag es daran, dass ihnen Fortuna nicht hold war.

Wie bereits erwähnt, war Onkel Johns Vater in vielen Geschäftsbereichen tätig. Als Besitzer und Leiter einer Entkörnungsfabrik und mehrerer Baumwolllager besaß Harvey senior einen von nur drei Betrieben in Franklin County, Tennessee, der für damalige Verhältnisse recht produktiv war. Eine Charaktereigenschaft meines Urgroßvaters haben wir bisher noch nicht erwähnt: Er wollte unbedingt reich werden und war stets auf der Suche nach der nächsten Gelegenheit, das große Geld zu verdienen – so beschreiben ihn jedenfalls die meisten meiner Familienmitglieder, die ihn kannten. Er versuchte sein Ziel unter anderem zu erreichen, indem er an den Baumwollbörsen in New York und New Orleans große Summen in Baumwoll-Futures investierte. Onkel John und mein Großvater erzählten oft die Geschichte, wie ihr Vater eines Tages nach Hause gekommen war und zu ihnen sagte: »Jungs, wir sind reich. Wir haben am Markt für Baumwoll-Futures gerade mehr Geld verdient, als ihr euch vorstellen könnt. Ihr werdet nie mehr arbeiten müssen, genauso wie eure Kinder und Enkelkinder ...« Die Jungen waren außer sich vor Freude, doch schon einige Tage später kam Harvey senior nach Hause, sah seine Kinder an und sagte: »Jungs, wir haben alles verloren, wir sind ruiniert.«

Indem er diese emotionale, ja atemlose Achterbahnfahrt von Reichtum zu Mittellosigkeit und Verzweiflung miterlebte, lernte Onkel John mit Sicherheit einiges über Risikomanagement und das vergängliche Wesen des Reichtums auf dem Papier, den die Finanzmärkte schufen. Dieses Beispiel für Aufstieg und Fall, Gewinn und Verlust sollte für die Karriere meines Urgroßvaters bezeichnend sein. Seine impulsiven Geschäftsabschlüsse und der Mangel an Rücklagen sorgten oft dafür, dass er finanziell auf wackligen Füßen stand. Später ging er sogar so weit, sich von Onkel John und meinem Großvater Geld zu leihen, um seine Geschäfte durchziehen zu können. Zweifelsohne waren diese Erlebnisse in frühester Kindheit dafür verantwortlich, dass Onkel John und mein Großvater einen tief empfundenen Respekt für Sparsamkeit und Wirtschaftlichkeit entwickelten. Beide Kinder wuchsen auf und wurden zu Männern, die die Sparsamkeit quasi zur Kunstform erhoben, da sie immer wieder kreative Möglichkeiten fanden, um Geld zu sparen. Beide waren der Meinung, dass Sparsamkeit stets ein Gefühl der Sorglosigkeit und der Sicherheit schuf.

Onkel John erzählte uns oft, dass er und seine erste Frau nach dem Umzug nach New York, wo John kurz nach der Hochzeit seine Karriere beginnen wollte, eine Regel aufstellten: Sie wollten die Hälfte ihres Einkommens sparen. Von jedem Dollar, den sie verdienten, legten sie 50 Cent auf die hohe Kante und investierten ihn. Onkel John sagte, dass sie nur in der Lage gewesen seien, so viel zu sparen, indem er und seine Frau Judith aus der Sache eine Art Spiel machten. Als Onkel John und Judith ihre erste unmöblierte Wohnung in New York bezogen, suchten sie die Zeitungen nach Möbelauktionen und Haushaltsauflösungen ab. Am Ende hatten sie es geschafft, ihr 5-Zimmer-Apartment für nur 25 US-Dollar komplett einzurichten (dem interessierten Leser sei gesagt, dass diese Summe im Jahr 2006 etwa einem Wert von 351 US-Dollar entspricht). Sie beauftragten sogar ihre Freunde, ihnen bei der Schnäppchenjagd zu helfen, bei der es auch galt, das billigste komplette Abendessen der Stadt zu finden. In diesem Fall war das Ziel, ein Essen für 0,50 US-Dollar zu finden (im Jahr 2006 würde das 7,03 US-Dollar entsprechen).

Onkel John und seine Frau wurden zu vollendeten Schnäppchenjägern. Dabei ging es ihnen mehr darum, ein gutes Geschäft zu machen, als darum, etwas billig zu kaufen. Eines von Onkel Johns Lieblingsschnäppchen war das Ausziehbett im Wert von 200 US-Dollar, für das er nur 5 US-Dollar bezahlte. Da die Wirtschaft sich noch immer aus der Krise kämpfte, gab es ausreichend private Insolvenzen und Auktionen, wo John und Judith ohne große Konkurrenz seitens anderer Bieter einkaufen konnten. Einige Jahre später, nach der Geburt ihres ersten Kindes Jack, zogen Onkel John und seine Frau in ein Haus in Englewood, New Jersey. Sie kauften das Haus für 5.000 US-Dollar in bar und verkauften es fünf Jahre später zum Preis von 17.000 US-Dollar. Falls es Sie interessiert: Auf die fünf Jahre umgerechnet ergibt das einen Gesamtertrag von beinahe 28 Prozent. Das ist nicht schlecht, wenn man bedenkt, dass wir noch nicht einmal angefangen haben, über Johns Aktieninvestments zu sprechen. Onkel Johns Grundprinzip war es immer, bar zu bezahlen, damit er und seine Familie »immer Zinsempfänger und keine Zinszahler sein würden«. Darauf legte er sein Leben lang großen Wert. Er nahm niemals eine Hypothek auf, nahm nie einen Kredit auf, um ein Auto zu kaufen, und hatte immer genug auf der hohen Kante, um auch harte Zeiten durchzustehen.

Wie man am Beispiel meines Großonkels sehen kann, beschränkt sich das Konzept der Schnäppchenjagd nicht ausschließlich auf Investments. Stattdessen handelt es sich um eine allumfassende Lebensphilosophie, die für Onkel John bis zum heutigen Tag Gültigkeit hat. Die Suche nach dem bestmöglichen Geschäft ist eine eigene Denkart, die keine Grenzen kennt. Tatsächlich handelt es sich dabei vielmehr um eine besondere Lebensweise. Zu wissen, wie viel Zeit Onkel John und Judith auf die Schnäppchenjagd verwendeten, ist insofern von Relevanz, weil Onkel John bei seiner intensiven Suche nach Schnäppchen-Aktien überall auf der Welt einen ebenso großen Eifer an den Tag legte. Wenn Onkel John über den Aktienberichten in *Value Line*, Unternehmensberichten und anderen Materialien brütete und nach günstigen Wertpapieren suchte, dann war dies in gewisser Weise nur eine Erweiterung seines natürlichen Wunsches, etwas für weniger Geld zu kaufen, als es seiner Meinung nach eigentlich wert war. Egal ob es sich nun um Möbel, ein Haus, ein Essen, eine Aktie oder eine Anleihe handelt: Suchen Sie nach einem Schnäppchen.

Indem wir uns Onkel Johns alltägliche Einkäufe ansehen, fällt es leichter zu verstehen, was für ihn ein Schnäppchen ausmachte. Seine Vorstellung von einem Schnäppchen fällt etwas extremer aus als die des Otto Normalverbraucher. Wenn man ihn fragt, was für ihn ein gutes Geschäft ausmache, dann antwortet Onkel John für gewöhnlich: Ein Asset, das 80 Prozent unter dem von ihm geschätzten eigentlichen Wert verkauft wird. Mit anderen Worten: Ein Asset, dessen Verkaufspreis bei nur 20 Prozent seines tatsächlichen Wertes liegt – oder anders gesagt, ein Posten, der eigentlich einen US-Dollar wert wäre, aber zu 20 Cent verkauft wird –, wäre ein gutes Geschäft. Schnäppchen in dieser Größenordnung zu finden kann sich schwierig gestalten, aber die Suche nach solchen Preisnachlässen lohnt sich wirklich.

Es mag natürlich sonderbar anmuten, dass Onkel John seine Sparsamkeit und seine Schnäppchenjagd im Alltag so extrem auslebte. Doch dafür gab es einen guten Grund. Er hielt sich nicht einfach nur bei der Arbeit an diese festen Prinzipien; er handelte auch privat ganz bewusst so, um sich das Geld zusammenzusparen, das zur Gründung seines eigenen Unternehmens für Investmentberatung nötig war. Onkel John erreichte sein Ziel schließlich, als er einem älteren Herrn namens George Towne seine Investmentberatung abkaufte. Dieses von Onkel John übernommene Unternehmen, für das er 5.000 US-Dollar bezahlte und das acht Kunden hatte, benannte er in Towne, Templeton and Dubbrow um. Einige Jahre später schloss sich sein Unternehmen mit Vance, Chapin and Company zusammen und so wurde der Name in Templeton, Dubbrow and Vance geändert. In den ersten Jahren als Leiter seines eigenen Unternehmens griff Onkel John auf seine Ersparnisse zurück, um die mageren Zeiten, die man als Besitzer eines mittelständischen Unternehmens durchmachte, zu überstehen; oftmals musste er auf sein eigenes Gehalt verzichten.

Sehr interessant ist der Gedanke, dass Onkel John auf der Grundlage seiner frühen Sparmaßnahmen vielen hunderttausenden Investoren dabei helfen konnte, Wohlstand und finanzielle Sicherheit zu erlangen, während seine Karriere auf die Betreuung der Templeton-Fonds zusteuerte. Man muss bedenken, dass es sich hierbei um keine triviale Beobachtung oder einen Zufall handelt. Vielmehr steckte hinter dem immensen Investmenterfolg meines Onkels ein unbändiger Wille, eine Kraft, die ihn antrieb. Da Onkel John der Sparsamkeit so großen Wert beimaß, sah er sie als Tugend. Entsprechend seiner tiefen Überzeugung betrachtete er es als seine Pflicht und Aufgabe, anderen zu helfen und auch den sparsamen Menschen Wohlstand und finanzielle Sicherheit zu ermöglichen. Bei seinen Fonds ging es Onkel John nie nur um hohe Renditen. Er glaubte, dass sein Erfolg als Fondsmanager daran gemessen würde, ob er es seinen Kunden ermöglichen konnte, ihre Kinder oder Enkel aufs College zu schicken, oder ob sie dank seiner Investmententscheidungen eine Altersvorsorge hatten. Diese Verantwortung nahm er sehr ernst.

In der Geschäftswelt kommt es oft vor, dass die Antriebskraft, die hinter den großen Erfolgen der besten Geschäftsleute steckt, ein nobler Zweck ist. Obwohl viele auch der Wunsch nach dem großen Geld antreibt, beruht der Erfolg vieler anderer doch auf ihren altruistischen Zielen. Obwohl dies oft missverstanden wird, war es Sam Waltons Vision, dass durch die Einführung von Wal-Mart die Verbraucherpreise in den Vereinigten Staaten sinken würden. Seiner Meinung nach würde den US-Bürgern so mehr Geld zur Verfügung stehen, was sich wiederum positiv auf ihr Leben auswirken würde. Henry Fords Ziel war es, der breiten Masse ein Auto zu verkaufen und sich nicht ausschließlich an reiche Kunden zu wenden, wie es all die anderen Autohersteller damals taten. Rose Blumkin, die ursprüngliche Besitzerin des Nebraska Furniture Mart (dem bis dato wahrscheinlich erfolgreichsten Möbelkaufhaus, das sich mittlerweile im Besitz von Berkshire Hathaway befindet), sagte stets, dass sie hübsche Möbel für jedermann erschwinglich machen wollte, um so die Lebensqualität ihrer Kunden zu verbessern. Dieses Konzept »Erfolg durch Altruismus« wurde von Benjamin Franklin populär gemacht und ist seitdem ein Erfolgsrezept für Unternehmen aller Art.

So führte Onkel Johns frühe Liebe zur Sparsamkeit auf ganz natürliche Weise dazu, dass er seine Gabe, sein Talent, das ihn dazu befähigte, die Gelder seiner Kunden durch Investments in die besten Schnäppchen-Aktien gewinnbringend anzulegen, mit anderen teilen wollte. Onkel Johns Sparsamkeit, sein Talent für die Schnäppchenjagd und die Faszination, die er für Zins und Zinseszins verspürte, waren die perfekten Zutaten, um das Beste aus dem Ratschlag seiner Mutter Vella zu machen: »Wenn du ein Loch findest, musst du es stopfen.« Das Loch war sein Bedürfnis, die Lebensqualität seiner Mitmenschen zu verbessern, indem er sie in ihrem Streben nach finanzieller Sicherheit unterstützte. Und seine Fähigkeit, dieses Loch zu stopfen, erarbeitete er sich in den vielen Jahren, die vergingen, bis er schließlich sein eigenes Unternehmen eröffnen konnte. Als es endlich so weit war, wusste Onkel John bereits, wie er seinen Mitmenschen helfen wollte, und er hielt sich stets an diese Strategie.

Bisher haben wir nur darüber gesprochen, inwiefern Onkel Johns Investmentphilosophie und seine Ansichten und Einstellungen von seinem Vater beeinflusst wurden. Doch das soll nicht heißen, dass seine Mutter keinen Einfluss auf ihn ausgeübt hätte. Tatsächlich hat meine Urgroßmutter Onkel John unglaublich stark beeinflusst, indem sie ihm viele der Tugenden der presbyterianischen Glaubensgemeinschaft und der Unity School mit auf den Weg gab, zu denen unter anderem das Gebot harter Arbeit und der Dienst am Mitmenschen zählten. Wie wichtig es ist, seinen Mitmenschen zu helfen, machte den nachhaltigsten Eindruck auf Onkel John, was seine eigenen Worte erkennen lassen: »Tu etwas, womit du anderen Menschen einen echten Dienst erweist. Damit wirst du erfolgreich sein. Ich habe Spaß an der Investmentberatung und ich helfe gern anderen Menschen. Ein solches Glücksgefühl erlebt man nicht, wenn man tausende Dollar ausgibt.«

Diejenigen, die Onkel John schon kennen, haben vielleicht seine Begeisterung für das freie Unternehmertum und den freien Willen wiedererkannt. Diese Ideale verdankt er seiner Mutter Vella, die für damalige Verhältnisse sehr frei dachte und über einen seltenen Unternehmergeist verfügte. Sie wollen Beweise? Noch vor 1920 war sie alleine von Winchester nach Texas gereist, um auf der riesigen Kenedy Ranch als Lehrerin zu arbeiten. Vella war auch deshalb außergewöhnlich, weil sie zu den wenigen gehörte, die Anfang des 20. Jahrhunderts im ländlichen Tennessee über einen High-School- und College-Abschluss verfügten. Dies ist für damalige Verhältnisse schon sehr beeindruckend, doch am bemerkenswertesten scheint, dass sie Geld für wohltätige Zwecke sammelte und lange Zeit einen christlichen Missionar in China namens Gam Sin Qua finanziell unterstützte.

In den Augen des jungen John Templeton existierten keine kulturellen oder geographischen Grenzen. Diese Sicht der Dinge lernte er von seiner Mutter, denn sie akzeptierte keine Grenzen und brach mit der Konvention, indem sie im altmodischen Süden des angehenden 20. Jahrhunderts eine junge, gebildete, unabhängige, weit gereiste und unternehmerische Frau war. Dieselben Charakterzüge wurden auch

Onkel John und meinem Großvater, die von ihren Eltern niemals gezüchtigt wurden, mit auf den Weg gegeben. Das Wort »Nein« hörten die beiden Kinder niemals von ihren Eltern. Man könnte denken, dass dies die denkbar schlechteste Erziehungsmethode wäre, die zwangsläufig zum Chaos führt. Doch stattdessen brachte die Laisser-faire-Erziehung meiner Urgroßmutter zwei unglaublich neugierige, intelligente und ehrgeizige Erfolgsmenschen hervor, die stets Großartiges leisteten, egal was sie auch anpackten.

Als wir noch Kinder waren, erzählte uns Onkel John stets, dass Vella ihm und seinem Bruder niemals die komplette Antwort auf ihre Fragen nach dem Wie und Warum gab. Stattdessen fanden sie einen oder zwei Tage später beim Nachhausekommen ein Buch zu eben jenem Thema auf dem Tisch. Ein besonders denkwürdiges Beispiel für die Neugier der beiden Jungs war ihr Interesse an Elektrizität, als sie 11 und 14 Jahre alt waren. Meine Urgroßmutter kam ihnen entgegen und sagte ihnen, dass sie im Speicher Platz gemacht habe, damit die Kinder dort experimentieren könnten. Mein Großvater leitete das Experiment, und so suchten sie sich alle in der Bücherei verfügbaren Bücher zu diesem Thema zusammen, ebenso wie einige elektrische Spulen und anderes Werkzeug, und begannen dann damit, den Strom vom Haus in ihr »Labor« umzulegen. Sie brüsten sich damit, einmal 10.000 Volt nutzbar gemacht und in den kleinen Raum geleitet zu haben. Mein Großvater, der sein Wissen immer praktisch anwenden wollte, machte sich seine neu erworbene Fähigkeit zunutze und verlegte in einigen der Mietshäuser meines Urgroßvaters den Strom für die Mieter. All das mag einem ungewöhnlich erscheinen, und für die damalige Zeit war es das auch, doch für meinen Großvater und Onkel John war es einfach nur ein Teil ihrer Kindheit.

Zu einem anderen bemerkenswerten Beweis der Findigkeit der Jungen kam es, als mein Großvater etwa 10 Jahre alt war und ein komplettes Radio baute. Am späten Nachmittag kamen dann viele der ortsansässigen Farmer, scharten sich um das selbstgebaute Radio der Jungen und hörten zu, obwohl ihnen diese kleine elektrische Kiste, die »Stimmen aus der Luft einfing«, spanisch vorkam.

Da den Kindern, ihrer Neugier und ihrem Ehrgeiz keine Grenzen gesetzt wurden, kam es dazu, dass sich die Jungs alles zutrauten. Die Umleitung von Elektrizität, der Bau von Radios oder der Umbau von

Autos waren nur der Anfang. Mit derselben Energie widmeten sich die beiden auch ihrer schulischen Bildung. Als Onkel John in der High School war und sich Gedanken über das College machte, sah er seine weitere akademische Zukunft fernab der Heimat, was mit Sicherheit am Abenteuersinn lag, den seine Mutter ihm vorgelebt hatte, und an der Selbstständigkeit, die sie ihm mit auf den Weg gegeben hatte. Da mein Großvater, der einige Jahre älter war, bereits zu studieren angefangen hatte, zuerst an der Georgia Tech Universität, dann jedoch in Yale, wollte auch Onkel John an einer Eliteuniversität studieren. Glaubt man den Erzählungen, dann fragte mein Großvater als kleiner Junge einmal einen alten Farmer in Winchester, welches seiner Meinung nach das beste College des Landes sei. Der Farmer habe darauf einfach nur geantwortet: »Yale.«

Unter normalen Umständen wäre es für Onkel John kein Problem gewesen, in Yale angenommen zu werden, denn schließlich schrieb er nur Einsen. Doch als er im letzten Jahr an der High School die Zulassungsunterlagen las, stellte er fest, dass es für Schüler der Winchester High School so gut wie unmöglich schien, in Yale angenommen zu werden. An der High School in Winchester wurden nämlich leider nicht die benötigten vier Jahre Mathematik gelehrt. Da er beim Versuch, seine Ziele zu erreichen, noch nie das Wort »Nein« gehört hatte, sprach Onkel John mit dem Direktor seiner Schule. Dieser hörte sich Onkel Johns Dilemma an und sagte ihm, dass er persönlich kein Problem mit einem vierten Jahr Mathematik hätte, jedoch Schüler und ein Lehrer für einen solchen zusätzlichen Kurs fehlten. Für einen Mathematikkurs – so erklärte der Direktor ihm – seien mindestens acht Schüler nötig und natürlich ein Lehrer. Onkel John antwortete: »Kein Problem. Ich werde unterrichten.«

Onkel John fand acht Freunde, die zum Besuch des Kurses bereit waren, und er überredete den Direktor, ihm die Leitung des Kurses zu erlauben. Fortan unterrichtete Onkel John und nahm gleichzeitig als Schüler an dem Kurs teil und bestand die vom Direktor gestellte Prüfung. Gern bemerkte er immer scherzhaft, dass alle seine Schüler bestanden hätten. Indem er den Mathematikkurs bestand, nahm er die letzte Hürde zur Zulassung in Yale; er hatte sich nämlich dazu entschieden, die College-Aufnahmeprüfungen nicht wie heute üblich in einer Sitzung (den SATs) abzulegen, sondern hatte sich am Ende eines jeden High-School-Jahres einer Prüfung an der Vanderbilt University in Nashville unterzogen.

Obwohl meine Urgroßmutter stets für Lesestoff sorgte und Wert darauf legte, dass die Kinder selbstständig und selbstsicher waren, machte sie noch auf andere Weise nachhaltig Eindruck auf ihre Kinder: Sie liebte es, zu reisen und sich in immer neue Abenteuer zu stürzen. Als Onkel John etwa 12 und mein Großvater etwa 15 Jahre alt waren, entschied Vella, dass es an der Zeit war, auf Reisen zu gehen. In jenem Sommer bepackten sie also das Auto und gingen für zwei Monate auf Reisen. Da sie den Nordosten der Vereinigten Staaten erkunden wollten, besuchten sie Washington, D.C., Philadelphia und New York. Während der Reise zeltete die Familie oft unterwegs, bereitete das Essen selbst zu und stellte Listen mit all den Orten, Sehenswürdigkeiten und Museen zusammen, die man besuchen wollte. Einige Jahre später nahm Vella die Jungs während des Sommers wieder auf ein zweimonatiges Abenteuer mit, doch dieses Mal waren die Sehenswürdigkeiten westlich des Mississippi an der Reihe, ebenso wie die Nationalparks und der Pazifik. Diese Abenteuer- und Reiselust blieb Onkel John sein Leben lang erhalten. Als Erwachsener unternahm er selbst viele Reisen mit seinen eigenen Kindern, seinen Nichten und Neffen, darunter auch mein Vater, unter anderem auch nach Europa. Wie er es von seiner Mutter gelernt hatte, ließ auch Onkel John die Kinder vieles entscheiden und übertrug ihnen die Verantwortung. So mussten sie zum Beispiel mit dem Reisegeld haushalten, die Tagestouren planen und die Unterkünfte auswählen. In vielerlei Hinsicht ist die Reiselust Vellas nachhaltigstes Familienvermächtnis, denn es gibt so gut wie niemanden in unserer Familie, der nicht den Wunsch verspürt, möglichst viel von der Welt zu sehen und Abenteuer zu erleben.

Nachdem Onkel John in Yale studiert und sein Rhodes-Stipendium am Balliol College in Oxford abgeschlossen hatte, machten er und ein Freund sich zu einer Reise um die Welt auf, während der sie 35 Nationen besuchten. Wie es sich für einen echten Templeton gehört, war das Budget für die Reise knapp kalkuliert; etwa die Hälfte des Startkapitals von 200 Pfund hatte Onkel John in Oxford beim Poker gewonnen. Das Budget war sehr knapp und so plante Onkel John alles bis ins kleinste Detail, legte die Routen im Voraus fest und bestimmte, wie viel auf jedem Reiseabschnitt ausgegeben werden durfte. Er ging sogar noch einen Schritt weiter und schickte entsprechend berechnete Beträge dorthin, wo sie sich im Laufe ihrer Reise befinden würden, um sicherzugehen, dass sie sich strikt an die Budgetpläne hielten. Während seiner Reisen erlebte Onkel John, wie Geschichte gemacht wurde, denn beim Zwischenstopp in Berlin im Jahr 1936 fanden gerade die Olympischen Spiele statt und John und sein Freund wurden Zeugen der wachsenden Macht der Nationalsozialisten. Die Reise ging weiter, durch Europa, den Nahen Osten und nach Asien, wo die beiden Indien, China und Japan besuchten. Am interessantesten an dieser Reise ist allerdings nicht Onkel Johns Neugierde und dass er die Initiative ergriff, all das zu sehen, worauf er so erpicht war, sondern vielmehr, was er während der Reise tat. So wie er es bei den früheren Ausflügen mit seiner Mutter kennengelernt hatte, machte Onkel John auch aus seiner ersten eigenen großen Tour ein intensives Lernerlebnis. Er beschäftigte sich mit den verschiedenen Orten und ihrer Geschichte, mit den Menschen und ihren Sitten und Gebräuchen und er ging in viele Museen; tatsächlich war diese Reise für ihn eine Erfahrung, bei der er unglaublich viel lernte. Da er sich schon vor Reiseantritt mit den unterschiedlichen Kulturen, Orten und Menschen beschäftigt hatte, verfügte er am Ende der Reise über einen mehr als soliden Grundstock geopolitischen Wissens.

Dies ist also eine weitere wichtige Station bei dem Versuch, zu verstehen, wie aus Onkel John der Investor wurde, der er letzten Endes war. Bevor mein Onkel die Templeton-Investmentfonds ins Leben rief glaubte man in der Investmentbranche, dass ausschließlich der Kauf von US-Wertpapieren sinnvoll wäre. Da John Templeton aber schon so weit herumgekommen war und aus diesem Grund so einiges über den Rest der Welt wusste, empfand er diese unter US-Investoren weit verbreitete Sicht der Dinge als völligen Unsinn. Doch es gab, je nachdem, wen man gerade fragte, eine ganze Reihe von Gründen, warum dies das vorherrschende Investmentparadigma war. Als Onkel John in Yale studierte, lernte er viele Kommilitonen kennen, die wohlsituiert waren und selbst in Aktien investierten. Als mein Onkel sie fragte, warum sie ausschließlich US-Aktien kauften, lautete die Antwort für gewöhnlich: »Die USA sind schließlich das einzige Land, auf das es ankommt.«

Onkel John sagte stets, dass er dieses Verhalten als arrogant und kurzsichtig empfand. In den vielen darauf folgenden Jahren wurden solche Stimmen aus den Reihen der US-Investoren leiser, doch es existieren noch immer Vorurteile gegenüber Investments im Ausland. In den darauf folgenden Jahren wurde argumentiert, dass die Bilanzierungsvorschriften im Ausland unverständlich seien und man aus diesem Grund in US-amerikanische multinationale Unternehmen investierte, um sich so in anderen Ländern finanziell zu engagieren. Alles in allem waren diese auf Vorurteilen basierenden Beweggründe während vieler Jahrzehnte der Laufbahn meines Onkels das vorherrschende Credo. Nicht dass ihn das irgendwie gestört hätte. Glauben Sie mir: Bietet sich ihm die Möglichkeit, auf dem Aktienmarkt von der Dummheit und den Fehleinschätzungen mancher Menschen zu profitieren, dann tut er dies, ohne mit der Wimper zu zucken. Für Onkel John waren Investments in Schnäppchen-Aktien im Ausland einfach nur eine Sache des gesunden Menschenverstandes. Für ihn spielte es keine Rolle, in welchem Land er investierte, ebenso wenig, wie es eine Rolle gespielt hatte, aus welcher New Yorker Gegend das Schlafsofa stammte, das er einst für 5 US-Dollar erstanden hatte. Ihn interessierte nur, ob es sich um ein echtes Schnäppchen handelte.

Heute ist Global Investing gang und gäbe und für sehr viele Investmentfonds-Manager stehen Aktienkäufe in Europa, Asien, Südamerika und dem Rest der Welt auf der Tagesordnung. Wer sich eingehender mit diesen Fonds beschäftigt, sollte nicht überrascht sein, dass es sich bei vielen dieser Fonds um Templeton Funds handelt. Der Punkt ist: Schon in der ersten Hälfte des 20. Jahrhunderts, als noch niemand ausländische Wertpapiere kaufte, hatte Onkel John kein Problem damit, in anderen Ländern zu investieren. Er hatte sich nämlich die Zeit genommen, etwas über das Ausland zu erfahren, und ließ sich nicht von Vorurteilen leiten. Vermutlich war es Anfang der 60er-Jahre noch komplizierter oder eine größere Herausforderung, Informationen über eine Aktie in Japan einzuholen. Aber es war wohl für jemanden, der aus Winchester, Tennessee, stammte, auch eine größere Herausforderung nach Yale zu gehen, statt in eine näher gelegene Schule mit gutem Ruf, wie etwa Vanderbilt.

Die Wahrheit ist, dass Onkel John viel über das Ausland wusste, weil er schon früh gelernt hatte, ohne Rücksicht auf Grenzen nach

Wissen zu streben. Unbegründete Voreingenommenheit und Vorurteile führen zu Unwissenheit und Ignoranz, und Ignoranz ist immer und überall ein Handicap. Durch die ständige Wechselwirkung zwischen Onkel Johns Neugierde und dem Wissen, mit dem er diese zu stillen suchte, beschleunigte sich seine Lernkurve im Lauf seines Lebens, was die ihm eigene Klugheit noch einmal steigerte.

Wenn es eine Konstante in Onkel Johns Investment-Karriere gibt, dann ist dies seine Fähigkeit, sich zurückzunehmen und nicht nur instinktiv geschickt und pfiffig, sondern weise zu handeln – obwohl er natürlich durchaus ein ziemlich gewitzter Kerl war. Als Onkel John noch ein kleiner Junge war, sagten Freunde und Bekannte seiner Mutter immer wieder dasselbe über ihn, nämlich dass er »schon alt auf die Welt gekommen« sei. Die Menschen sahen in ihm Charakterzüge, die für jemanden mit so wenig Lebenserfahrung recht ungewöhnlich waren: Eine einzigartige Mischung aus gesundem Menschenverstand und Weisheit. Und genau diese Mischung ermöglichte es ihm, an den Märkten einen kühlen Kopf zu bewahren. Es klingt so simpel: Dank seiner angeborenen Weisheit und Ruhe kann er ganz routiniert Dinge sehen, die anderen verborgen bleiben. An sich ganz einfach, aber eben extrem ungewöhnlich.

Kommt es an der Börse aufgrund von Emotionen oder weit verbreiteten Missverständnissen zu Crashs oder Blasen – was immer wieder einmal der Fall ist –, kann man beim kollektiven Vorgehen der Käufer und Verkäufer auf dem Markt lange nach schlichter Weisheit suchen. Mit anderen Worten: Seinen gesunden Menschenverstand und seine Weisheit im Nachhinein herunterzuspielen ist einfach, wenn sich alle Beobachter an eine rationale, objektive Denkweise halten. Viele Investoren sagen, sie seien auf einen umfangreichen Verkauf an der Börse erpicht, damit sie sich einige Schnäppchen sichern können. Die Fakten erzählen jedoch eine andere Geschichte, wenn man sieht, wie der Dow Jones innerhalb eines Tages um 22,6 Prozent fällt und keiner kauft. Wo waren all die enthusiastischen Käufer, als das Kurs-Gewinn-Verhältnis (KGV) des Dow im Jahr 1979 bei 6,8 lag und einige Jahre lang auf diesem niedrigen Niveau blieb? Stellt man sich all diese Fragen, so merkt man recht schnell, dass es den meisten Investoren recht schwer fällt, Aktien zu kaufen, wenn es sonst niemand tut. Nebenbei bemerkt macht man auf diese Weise allerdings die besten

Schnäppchen und der beste Schnäppchenjäger fährt auch die besten Renditen ein.

Obwohl es etymologisch falsch ist, einen Bärenmarkt durch die Abwärtsbewegung der Pranke eines Bären darzustellen, so wollen wir uns doch zu humoristischen Zwecken an diesen Begriff halten (angeblich stammt der Begriff »Bear Market« aus der Zeit, als Börsenhändler in London Bärenhäute verkauften, bevor sie sie überhaupt besaßen, sie also leer verkauften). Wenn Investoren glauben, sie könnten sich einem Bären mit erhobener Pranke, der drauf und dran ist, sie wie eine Fliege zu zerquetschen, in den Weg stellen, dann liegen sie wahrscheinlich falsch. Onkel John hingegen sieht die erhobene Pranke des Bären eher als Geste der Gratulation, denn er weiß, dass die Aktienkurse bald deutlich sinken werden, wodurch es für Käufer mehr Schnäppchenangebote gibt.

Also alles eine Frage der Perspektive. Und Onkel Johns Sichtweise des Marktes ist, obwohl sie sehr simpel erscheinen mag, recht ungewöhnlich. Denken Sie einmal über diese Art der Sichtweise nach, die Onkel John selbst so beschrieb: »Ich werde immer gefragt, wo die Aussichten am besten sind. Aber das ist die falsche Frage. Die richtige Frage müsste lauten: Wo sind die Aussichten am schlechtesten?« Am einfachsten lässt sich dieses Konzept in der Praxis anwenden, indem man gegen den Strom schwimmt. Der »Strom« besteht in diesem Fall aus der Mehrzahl der Käufer an der Börse, die immer wieder gerade die Aktien kaufen, deren Prognosen vielversprechend aussehen. Situationen mit guten Erfolgschancen aus dem Weg zu gehen entspricht natürlich so gar nicht der Art und Weise, wie wir unseren Alltag normalerweise gestalten, denn man handelt wider seine Intuition. Wir suchen doch alle nach Arbeit in vielversprechenden Branchen, wir gehen an sonnigen Tagen nach draußen. Seltsamerweise führt solches Verhalten nur in den seltensten Fällen zu Investment-Erfolgen. Stattdessen muss man, was die Vorgehensweise angeht, eine 180-Grad-Wende machen und nach schlechten Prognosen (mit dem Potenzial zur Verbesserung) Ausschau halten.

Um so handeln zu können, müssen Investoren in der Lage sein, sich von der Masse abzusondern, auch psychologisch. Zu Beginn seiner Karriere als Vermögensverwalter arbeitete Onkel John, wie es sich gehörte, in New York. Doch als er 1968 auf die Bahamas umsiedelte, galt er bald darauf als einer der besten Investmentfonds-Manager. Das war kein Zufall. Laut Onkel John waren seine Ergebnisse nach dem Umzug nach Nassau deshalb besser, weil er gezwungen war, ganz anders zu denken als die anderen Börsianer an der Wall Street. Von da an sah er nicht mehr dieselben Unternehmensberichte und besuchte nicht mehr dieselben Veranstaltungen wie all die anderen Analysten an der Wall Street. Nachdem er sich aus diesem Umfeld zurückgezogen hatte, hielt er sich nur noch an seine eigene Denkweise, und das veränderte alles. Vielleicht werden einige Leser eingehender über diese räumliche und mentale Trennung nachdenken, wenn sie sich ins Gedächtnis rufen, dass Warren Buffett in Omaha, Nebraska, lebt.

Onkel Johns Fähigkeit, aus dem gelegentlichen Irrsinn oder den naiven Fehleinschätzungen der anderen Börsianer Kapital zu schlagen, übte er, indem er schon als Kind, vor allem aber als Student, viel Zeit am Pokertisch verbrachte. Als er jünger war, war Onkel John ein ausgezeichneter Pokerspieler, oder zumindest spielte er im Vergleich zu den andern Jungen in Winchester, und später in Yale und Oxford, ausgezeichnet. Er erlernte das Spiel, als er acht Jahre alt war und spielte oft um Pennys. Später, in seinem zweiten Studienjahr in Yale im Jahre 1931, sah sich Onkel John dem überall im Land vorherrschenden Problem der Weltwirtschaftskrise gegenüber. In diesem Jahr eröffnete ihm mein Urgroßvater auch, dass er sein Studium nicht länger finanzieren könne, ja, dass er ihm angesichts der Wirtschaftslage noch nicht einmal einen Dollar zuschießen könne.

Glücklicherweise bot sein Onkel Watson Templeton John 200 US-Dollar an, damit er nach Yale zurückkehren und versuchen konnte, sein Studium selbst zu finanzieren. Onkel John nahm das Angebot dankbar an und machte sich sofort auf den Weg nach Yale, fest entschlossen, dort Arbeit und vielleicht auch finanzielle Unterstützung zu bekommen. Er fand beides, doch er benötigte mehr Geld, um die Kosten des Studiums zu decken. Also setzte er sich an den Pokertisch, wo sich seine Fähigkeit, Karten zu zählen, die bereits gespielten Karten zu verfolgen, die Wahrscheinlichkeit zu berechnen und die Fähigkeiten und Strategien der anderen Spieler einzuschätzen, bezahlt machte. Onkel John meinte, dass er etwa 25 Prozent des Geldes, das er brauchte, um sein Studium zu finanzieren, beim Poker gewann. Die restlichen 75 Prozent stammten aus Aushilfsjobs und aus Stipendien, die er dank seiner guten Noten erhielt.

Onkel Johns Pokergeschichten erscheinen in einem ganz besonderen Licht, wenn man sie im Investment-Kontext betrachtet. Dass Onkel John ein Pokermeister war, ist interessant, weil dieses Spiel Scharfsinn erfordert und man gut über Wahrscheinlichkeitsrechnung, das Risiko und nicht zuletzt auch über Psychologie Bescheid wissen muss. Es gibt eine ganze Menge professioneller Investoren, die sich mit den technischen Aspekten der Finanzen, der Buchhaltung oder der Wirtschaftslehre auskennen. Tatsächlich ist die Welt voller kluger Köpfe, die in der Lage sind, eine Einkommenssteuererklärung, eine Bilanz und eine Cashflow-Aufstellung zu analysieren, die Aspekte der Mikroökonomie, wie zum Beispiel Wettbewerbsstrategien, praktisch anwenden können, den Tricks der Buchhalter auf die Schliche kommen, einem Unternehmen einen intrinsischen Wert zuweisen können und so weiter und so fort. Doch was unterscheidet den klugen Kopf vom erfolgreichen Investor? Die Fähigkeit, keine Dummheiten zu machen.

Klingt ganz einfach, nicht wahr? Aber nur auf den ersten Blick. Viele der Eigenschaften, die man benötigt, um erfolgreich Poker zu spielen, braucht man auch, um erfolgreich zu investieren. Man muss in der Lage sein, das Motiv, die treibende Kraft, die hinter dem aktuellen Geschehen steckt, zu verstehen. Sagen wir einmal, Sie spielen mit denselben Freunden Poker, mit denen Sie auch sonst immer spielen, und einer der Spieler hat die Angewohnheit, unter bestimmten Bedingungen immer zu bluffen. Da Sie im Lauf der Zeit gelernt haben, diese Bluffs zu durchschauen, können Sie normalerweise einfach abwarten, bis der fragliche Spieler seinen Einsatz erhöht und dann, wenn Sie gute Karten haben, mitgehen und sein Geld einsacken. Nun ja, ganz so läuft es an der Börse natürlich nicht, doch wenn eine Aktie auf exorbitantem Niveau gehandelt wird, das in keinem Verhältnis zu den potenziellen Erträgen, dem Cashflow und ähnlichen Werten dieser Aktie steht, dann können Sie schlussfolgern, dass der Markt für diese Aktie – ebenso wie das Blatt Ihres Poker-Freunds – nur ein Bluff ist. In diesem Fall können Sie davon ausgehen, dass Ihr Freund am Ende als Verlierer dastehen wird. Und auch der Markt für diese extrem teure Aktie wird zurückgehen, wenn die Investoren dahinterkommen, dass sie kein Full House in der Hand halten, sondern nur ein paar Dreien. Wir sollten außerdem erwähnen, dass Ihr Freund, bevor sein Bluff schließlich auffliegt, eine Runde nach der anderen gewinnt und das allen anderen

Spielern immer wieder unter die Nase reibt. Und um wieder auf Onkel John zurückzukommen: Er ist der Spieler, der den Bluff am Anfang des Abends durchschaut und geduldig abwartet, bis er dem Bluffer sein Geld abknöpfen kann. Da wir uns nun mit diesem Börsen-Paradigma beschäftigt haben, sollten wir wieder zu unserem eigentlichen Thema zurückkehren.

Um an der Börse nicht nur ein kluger Kopf von vielen zu sein, sondern wirklich erfolgreich zu investieren, muss man etwas Besonderes an sich haben: Man muss in der Lage sein, gute Entscheidungen zu treffen. Onkel John glaubt auf jeden Fall, dass gerade seine Fähigkeit zu richtigen Entscheidungen ihn aus der Menge der Investoren heraushob. Sein Studium an einer Elite-Universität, sein Rhodes-Stipendium, sein Talent für den Umgang mit Zahlen und Plänen und vieles mehr spielte seiner Meinung nach eine untergeordnete Rolle. Für Onkel John war sein Urteilsvermögen einer der entscheidendsten Faktoren, was seine Erfolgsquote anging. Eines seiner liebsten Gedichte war übrigens Rudyard Kiplings *If*. Sollten Sie das Gedicht nicht kennen – es beginnt mit den Worten »Wenn du den Kopf behalten kannst, wenn ihn ein jeder um dich her verliert…« Onkel John besaß stets die verblüffende Fähigkeit, immer einen kühlen Kopf zu bewahren. Zufälligerweise war *If* in meiner Kindheit auch eines meiner Lieblingsgedichte. Ein exzellentes Beispiel für Onkel Johns kühlen Kopf stammt aus seiner Zeit als Student in Yale. Da er neben dem Studium auch arbeiten und Geld verdienen musste, brauchte Onkel John für sein Gehalt und seine Ersparnisse ein Girokonto bei der Bank. Doch wie so viele andere machte auch er während der Weltwirtschaftskrise die schmerzliche Erfahrung, mit ansehen zu müssen, wie die Bank, in der man sein Geld angelegt hatte, insolvent wurde und Bankrott ging. Da er nicht der Typ war, der einfach so das Handtuch warf, machte er so weiter wie bisher und arbeitete weiter (und spielte weiterhin Poker), um sich das Studium zu finanzieren. Als er jedoch ein zweites Mal Geld anlegen wollte, suchte er Rat bei einem seiner Professoren, der ihm sagte, er solle sein Geld in der sichersten Bank New Havens anlegen. Also nahm Onkel John sein Geld, trug es zu dieser Bank und eröffnete dort ein Konto. Doch als er nur einige Wochen später die Straße hinunterging, sah er auf dem Bürgersteig eine lange Schlange, die zu seiner »sicheren« Bank führte, und jeder Einzelne in dieser Schlange wollte sein

Geld wiederhaben. Er wandte sich an die Menschen in der Schlange, um sich zu vergewissern, dass sie tatsächlich alle ihre Konten auflösen wollten. Dabei merkte er, dass sie alle am Schalter für Girokonten anstanden, sich jedoch am Schalter für die Sparkonten noch keine Schlange gebildet hatte. Wie so oft behielt er auch in dieser Situation einen kühlen Kopf, ging zum Schalter für Sparkonten, wo er sein Girokonto in ein Sparkonto umwandeln ließ, und hob dann sein Geld ab.

Die Auseinandersetzung mit Onkel Johns Urteilsvermögen hinsichtlich seiner Investments ist deshalb so wichtig, weil sich jeder, der erfolgreich an der Börse spekulieren möchte, der Bedeutung des gesunden Menschenverstandes und des guten Urteilsvermögens bewusst sein sollte. Die Realität sieht nämlich so aus: Sind Sie klug genug zu investieren, selbst wenn es sich bei den Investments nur um simple, günstige Investmentfonds mit gutem Ruf handelt, wenn alle anderen Marktteilnehmer zurückhaltend sind und sich über die schlechte Marktlage beschweren, dann sind Sie schon auf dem halben Weg zu überdurchschnittlichen Ergebnissen. Dies zuzugeben fällt schwer, denn auch wir Autoren sind schließlich Vermögensverwalter von Beruf, doch es gibt dort draußen tatsächlich einige clevere Fondsmanager, denen man mit gutem Gewissen sein Erspartes anvertrauen kann (es gibt aber auch schwarze Schafe, also machen Sie Ihre Hausaufgaben!). Versteht man, welche Vorteile es bringt, eine Farm bei einer Auktion zum Schleuderpreis zu erstehen, weil sonst niemand mitbietet, dann versteht man auch das Konzept der Schnäppchenjagd an der Börse. Doch wenn sich die Bieter auf den Stufen des Gerichtsgebäudes drängen und den Kaufpreis laut schreiend nach oben treiben, dann stehen die Chancen, ein Schnäppchen zu machen, eher schlecht. Denken Sie immer daran: Egal, ob Sie Aktien, Investmentfonds oder irgendetwas anderes kaufen und verkaufen, wenn Sie es genauso machen wie alle anderen, dann werden sich Ihre Renditen auch nicht von denen der anderen unterscheiden. Können also auch Sie einen kühlen Kopf behalten, wenn ihn ein jeder um Sie herum verliert, dann sind Sie auf dem besten Weg, ein kluger Investor zu werden. Doch denken Sie nicht nur über unsere Ratschläge nach und halten Sie sich lieber an Onkel John, der sagte: »Zu kaufen, wenn andere mutlos verkaufen, und zu verkaufen, wenn andere eifrig kaufen, verlangt größte innere Stärke und bringt letzten Endes den höchsten Lohn.«

Kapitel 2

Der erste Trade bei maximalem Pessimismus

Die Hausse entsteht aus dem Pessimismus, wächst mit der Skepsis, reift durch Optimismus heran und stirbt an der Euphorie. Hat der Pessimismus sein Höchstmaß erreicht, so ist es Zeit zu kaufen, und herrscht maximaler Optimismus, so verkauft man am besten.
– Sir John Templeton, Februar 1994 –

Wir schreiben das Jahr 1939, und obwohl sich die US-Wirtschaft in den Jahren 1935 bis 1937 leicht erholte, so trat sie doch seit dem 29. Oktober 1929 mehr oder weniger auf der Stelle. Kurz gesagt: Die Weltwirtschaftskrise dauerte seit nunmehr zehn Jahren an, und die Bevölkerung spürte die psychologischen Auswirkungen überhandnehmender Arbeitslosigkeit, Obdachlosigkeit und der Unsicherheit, ob es eine warme Mahlzeit geben würde. Im Jahr 1938 wurde klar, dass sich der leichte wirtschaftliche Aufschwung der beiden Vorjahre nicht fortsetzen würde, und so setzte der Konjunkturrückgang erneut ein. Zu den ohnehin schon bestehenden Problemen kam noch die Möglichkeit einer Ausweitung des in Europa begonnenen Krieges auf den Rest der Welt. Letztendlich war dieses Jahrzehnt durch die sich stetig verändernden Ansichten hinsichtlich der US-Wirtschaft geprägt. Außerdem war die Zukunft der Freiheit in Europa bedroht, da die Nazis sich anschickten, den gesamten Kontinent zu erobern.

Es überrascht nicht, dass sich all diese Ereignisse auch auf dem US-amerikanischen Aktienmarkt widerspiegelten. Die ganze Sache glich einem Theaterstück. Brachte der erste Akt Hoffnung, so sorgte der zweite Akt für Verzweiflung, und dieses Hin und Her von Hoffnung und Verzweiflung forderte letztendlich Opfer. Die ständige Veränderung der Art und Weise, wie die Investoren die wirtschaftlichen und geopolitischen Veränderungen, die sich vor ihren Augen abspielten, wahrnahmen und interpretierten, hatte laut einer Untersuchung des Dow Jones Industrial Average das *volatilste Jahrzehnt, was die Veränderungen von Aktienkursen angeht,* zur Folge. Besonders interessant am Börsenkrach des Jahres 1929 ist die oft übersehene Tatsache, dass sich die Lage eigentlich erst in den zwei Jahren nach dem Crash richtig zuspitzte. Nichtsdestotrotz assoziieren die meisten Menschen die gesamte Zeitspanne des Börsenkrachs, der Weltwirtschaftskrise und der 30er-Jahre mit äußerst mageren Börsenjahren. Doch ein Blick auf Abbildung 2.1 zeigt deutlich, dass es während dieser Zeit, abhängig von der *Sichtweise* des Einzelnen, auch richtig gute Phasen gab.

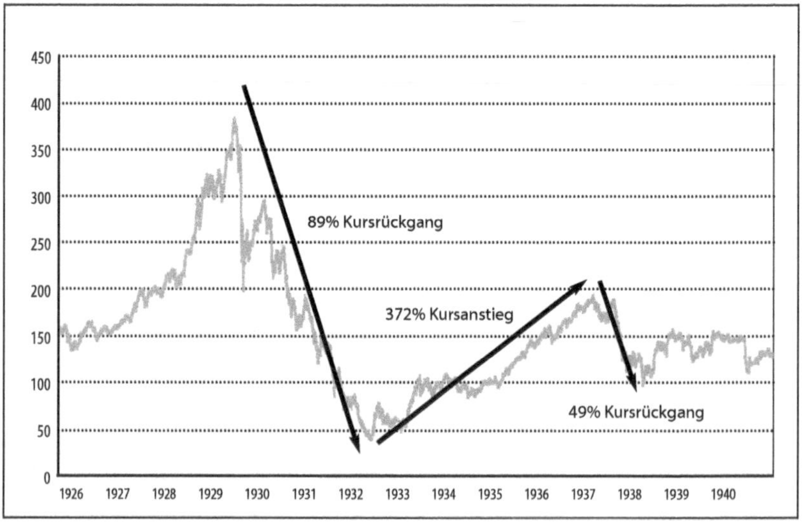

Abbildung 2.1: Der Dow Jones Industrial Average, 1926–1940

Eine der wichtigsten Lektionen, die wir aus unserer Auseinandersetzung mit dem Aktienmarkt der 30er-Jahre lernen können, ist die allgemeine Häufigkeit, mit der sich die Aktienkurse veränderten. Obwohl manche der Kursrückgänge während dieser Zeit durchaus gerechtfertigt waren – wir reden schließlich von der Weltwirtschaftskrise –, stellt sich doch eine wichtige Frage: Änderte sich der Wert der hinter den Aktien stehenden Unternehmen ebenso überschießend häufig? Die Antwort lautet: Nein.

Eines der Hauptmerkmale einer Asset-Blase ist, dass die mit diesen Assets assoziierten Marktwerte zu sehr steigen, wenn die Käufer vom Optimismus geradezu überrollt werden, nur um später, wenn der Markt einbricht und die Käufer Pessimismus an den Tag legen, im Vergleich zum Wert der Assets zu weit sinken. Diese übertriebene Auf-und-ab-Bewegung ist für die Jahre vor und nach dem Börsenkrach im Jahr 1929 ganz typisch. Am wichtigsten ist jedoch, dass diese Diskrepanz zwischen Aktienkurs und Unternehmenswert sich nicht nur auf Blasen an der Börse beschränkt, sondern auch ein völlig normales Merkmal täglicher, wöchentlicher, monatlicher oder jährlicher Aktienkurse sein kann. Wäre es möglich, dieses grundlegende Phänomen bildlich darzustellen, dann sähe die Grafik in etwa so aus wie Abbildung 2.2. Das Konzept einer bestehenden Diskrepanz zwischen dem Unternehmenswert und dem Aktienkurs, der das Unternehmen eigentlich auf dem Markt repräsentiert, wurde durch die Werke Benjamin Grahams, Mitautor des Buches *Security Analysis*, bekannt. Graham stellte die, wie wir finden, richtige These auf, dass jedes Unternehmen einen intrinsischen Wert hat. Mit anderen Worten: Für jedes Unternehmen kann eine realistische Schätzung seines Wertes abgegeben werden. Doch der Markt für die Aktien eines Unternehmens kann dennoch, ungeachtet des Unternehmenswertes, starken Schwankungen unterworfen sein.

Wie in dieser stark vereinfachten Abbildung zu sehen ist, steigt der Unternehmenswert, dargestellt durch die durchgezogene Linie, im Laufe der Zeit. Dieses Unternehmen verkauft Jahr für Jahr mehr seiner Produkte und findet im Laufe der Jahre immer neue Möglichkeiten, auf jährlicher Basis mehr Geld für die Eigentümer zu erwirtschaften. In der Zwischenzeit ist jedoch der Enthusiasmus, den die Marktteilnehmer für das Unternehmen empfinden, Schwankungen

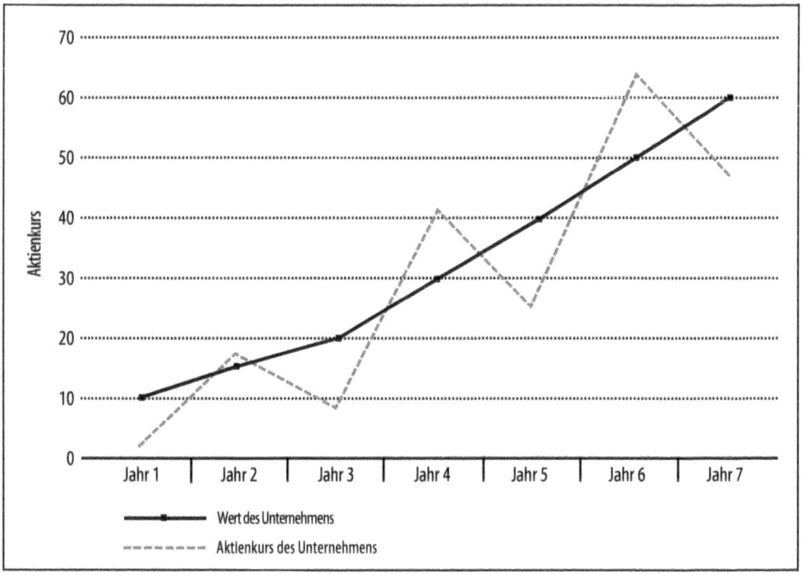

Abbildung 2.2: Aktienkurse im Vergleich mit dem Unternehmenswert

unterworfen, da die Käufer und Verkäufer der Aktien ihre Meinung über das Unternehmen aus verschiedensten Gründen ändern.

Wir sollten Sie außerdem darauf hinweisen, dass diese Schätzungen täglich vorgenommen werden. Aber verändert sich der Wert eines Unternehmens von Tag zu Tag? Nein, doch das hält die Käufer und Verkäufer von Aktien nicht davon ab, den Unternehmenswert jeden Tag aufs Neue einzustufen. Noch wichtiger ist, dass die Käufer und Verkäufer manchmal in ihren Entscheidungen von Faktoren beeinflusst werden, die mit dem Unternehmen eigentlich nichts zu tun haben. Es fällt nicht schwer, sich solche Szenarien vorzustellen. Vielleicht haben die Marktteilnehmer ein neues, interessanteres Unternehmen gefunden, in das sie investieren möchten, oder vielleicht sind sie verstimmt, weil sie herausgefunden haben, dass ein Unternehmen in einem bestimmten Jahr weniger erwirtschaften wird als angenommen. Man muss sich im Klaren darüber sein, dass Marktteilnehmer ihre Aktien manchmal aus Gründen verkaufen, die nur bedingt oder gar nicht in Relation zu dem Wert stehen, den sie dem Unternehmen eigentlich zuschreiben. Manchmal verkaufen sie ihre Aktien, nur weil sie sehen, dass auch andere Aktionäre ihre Anteile an der Börse verkaufen, ungeachtet des tatsächlichen Unternehmenswertes. Manchmal werden Aktien gekauft, weil die Käufer sehen, wie andere Marktteilnehmer durch ihre Käufe den Kurs nach oben treiben. Onkel John sagte stets: »Manchmal sind hohe Kurse für die hohen Kurse verantwortlich.« Der Punkt ist: Wenn Sie der Meinung sein sollten, dass die Aktienkurse immer den tatsächlichen Unternehmenswert akkurat widerspiegeln, dann halten Sie sich fest, denn es steht Ihnen eine wilde Achterbahnfahrt bevor. Anstatt Aktien zu kaufen, sollten Sie in diesem Fall lieber nach Disneyland fahren und Ihr Geld dort ausgeben; in den Achterbahnen dort werden Sie wesentlich mehr Spaß haben.

Wie Sie sich vielleicht mittlerweile denken können, raten wir dazu, Aktien dann zu kaufen, wenn ihr Kurs unter den Wert des Unternehmens fällt, das die Wertpapiere an der Börse repräsentieren. Hier ein einfaches Beispiel: Unternehmen A würde inklusive all seiner Fabriken, Lager, fertigen Produkte, Angestellten etc. zum Preis von 100 US-Dollar angeboten, wenn der Eigentümer alles in eine Zahl zusammenfassen und an Sie verkaufen würde. Der Aktienkurs wird jedoch mit 75 US-Dollar angegeben. Gehen wir nun einen Schritt weiter: Wäre das Unternehmen heute 100 US-Dollar wert und der Aktienkurs läge bei 100 US-Dollar, doch Sie sind der Meinung, dass das Unternehmen in ein paar Jahren 200 US-Dollar wert sein wird, dann ist das umso besser. In jedem Fall sollten Sie die Aktie kaufen und abwarten, bis der Markt herausfindet, was Sie bereits wissen, nämlich wie viel das Unternehmen bezogen auf seine Zukunftsaussichten wert ist oder wert sein wird.

Dieses Konzept – etwas unter seinem eigentlichen Wert zu kaufen – bildet das Kernstück des Value Investing. Das ist die grundlegende Idee. Wie wir später noch sehen werden, gibt es unterschiedliche Wege, um zu dieser Schlussfolgerung zu gelangen. Am wichtigsten ist jedoch, dass diese Strategie in all Ihre Investments einfließen sollte, unabhängig davon, ob Sie mit Aktien oder Immobilien handeln, ja, selbst wenn Sie Kunst, Baseball-Sammelkarten oder Briefmarken kaufen und verkaufen. Egal in welchem Bereich – die Diskrepanz zwischen dem tatsächlichen Wert eines Objekts und dem Marktwert zu erkennen ist immer das A und O. Doch denken Sie stets daran, dass sich Preis und Wert stark voneinander unterscheiden können. Wenn wir also davon sprechen, ein Schnäppchen zu finden, dann meinen wir genau diese Vorgehensweise, Objekte zu einem niedrigeren Preis, als sie eigentlich wert wären, zu kaufen. Unsere nächste Aufgabe ist es, Sie in den Club der Schnäppchenjäger einzuführen.

Onkel John sagte einmal, er habe sich im Jahr 1937 dazu entschlossen, Investment-Berater zu werden, nachdem er als junger Mann erkannt hatte, dass sich die Aktienkurse deutlich vom Wert der Unternehmen, die durch diese Wertpapiere repräsentiert werden, unterscheiden können. Er verstand schon früh, dass eine Aktie und ein Unternehmen zwei Paar Schuhe sind. Obwohl durch die Aktie der Wert des Unternehmens dargestellt werden soll, ist es ganz normal, dass sich Aktienkurs und Wert des bestehenden Unternehmens voneinander abkoppeln und unterscheiden. Viele Menschen behaupten, diesen Prozess zu verstehen, und doch gibt es immer wieder Investoren, darunter auch sehr erfahrene Finanzleute, die ein Unternehmen mit dessen Aktie verwechseln. Meist wird diese Verwirrung offenkundig, wenn jemand, wie zum Beispiel ein Broker, ein Analyst oder ein selbsternannter »Experte«, im Fernsehen, am Telefon, in einem Bericht, einem Blog oder auf einer Party über eine »Aktie« spricht. Hört man ihnen aufmerksam zu, so erkennt man schnell, dass sie nur über das Unternehmen hinter der Aktie sprechen, obwohl der Aktienkurs und dessen Beziehung zum Unternehmenswert und den zukünftigen Erträgen weitaus wichtigere Überlegungen wären.

Der Grund dafür ist wahrscheinlich, dass der Mensch einfach das Bedürfnis hat, Geschichten zu erzählen, Wissen zu sammeln und es dann mit anderen zu teilen. Ein Unternehmen lässt sich leicht in eine Geschichte einbinden, die man dann später weitererzählt. »Ich habe in dieses Unternehmen investiert, das den Markt für Schuhe revolutionieren wird!« Aussagen wie diese gibt es wie Sand am Meer. Eine solche Aussage fühlt sich aufregend an, sie streichelt das Ego und gibt uns das Gefühl, kluge Dinge zu sagen. Doch solche Statements können auch dazu führen, dass wir überbewertete Aktien kaufen, Maklergebühren an diejenigen Broker zahlen, die diese Geschichten verbreiten. Fantastische Geschichten über Unternehmen und deren Beliebtheit,

Geschichten, die ins Ohr gehen und die wir nicht vergessen, haben oft Investment-Katastrophen zur Folge.

Das soll aber nicht heißen, dass die Broker, die die Geschichten erzählen, oder die Analysten, die hinter den Geschichten stecken, Sie in die Irre führen wollen. Für gewöhnlich ist das nicht ihr Ziel. Vielmehr stehen diese Broker und Analysten unter starkem Druck, denn sie müssen in gewisser Weise eine »Verkaufsmasche« entwickeln, mit der sie Investoren auf der ganzen Welt für ihr »Produkt« begeistern können. Von ihren Vorgesetzten werden sie dazu angehalten, über Dinge zu sprechen, die die Aufmerksamkeit der Investoren erregen. Für diesen Zweck eignen sich interessante Unternehmen und deren vielversprechende Zukunftsaussichten einfach besser als dröge Statistiken, Ratios, Daten und Berechnungen des Zeitwerts eines Unternehmens. Dabei sind es gerade diese Dinge, die bei der Entscheidung für das richtige Investment die größte Rolle spielen. Broker an der Wall Street liefern, was die Mehrzahl der Investoren tatsächlich will: Intelligente Geschichten über die Aussichten eines Unternehmens in den nächsten drei Monaten oder im nächsten Jahr. Diese Geschichten und deren Potenzial, die Vorstellungskraft der Investoren zu beflügeln, können den Kursverlauf von Aktien positiv oder negativ beeinflussen.

Schnäppchenjäger sollten sich nie auf eine Komplettstrategie aus einer Hand verlassen, die auf gut erzählten Geschichten basiert. Dabei spielt es keine Rolle, ob die Geschichte von Ihrem Nachbarn, dem Friseur oder dem schlausten Analysten an der Wall Street kommt. Schnäppchenjäger müssen selbst einschätzen können, ob der Aktienkurs weit genug unter dem ihrer Meinung nach tatsächlichen Wert eines Unternehmens liegt, und sie müssen sich auf ihre Einschätzung verlassen können. Das ist der Leitstern, die Skepsis ist der Kompass. Aktien nur auf der Grundlage von Geschichten über das Unternehmen zu kaufen ist, als ließe man sich von den Sirenen an die felsige Küste locken, wo die Gebeine der Investoren ruhen, die den Märchen geglaubt haben.

Das wirft folgende Frage auf: Woran erkennt man eine Märchen-Aktie und wie schafft man es, keine solche Aktie zu kaufen? In diesem Fall gilt: Zahlen lügen nicht. Nehmen Sie den Aktienkurs und teilen Sie ihn durch den Umsatz je Aktie, den Gewinn je Aktie oder den Buchwert je Aktie. Ist dieser berechnete Wert deutlich höher als der anderer Aktien oder der Wert des relevanten Börsenindex, dann sind Sie mit großer Wahrscheinlichkeit auf eine übermäßig beliebte Märchen-Aktie, eine so genannte Story Stock, gestoßen. Aber verlassen Sie sich bitte nicht nur auf uns. Eine Unmenge von Studien, die im Lauf der letzten 50 Jahre angefertigt wurden, bestätigen empirisch, dass Aktien mit einem hohen Verhältnis von Kurs zu Umsatz, Kurs zu Gewinn oder Kurs zu Buchwert sich langfristig nicht besonders für Investments eignen. Zu diesem Thema wurde in der Vergangenheit bereits sehr viel geschrieben. Es wäre also sinnlos, das Rad neu erfinden zu wollen und all die bereits existierenden Informationen, Fakten und Thesen in diesem Kapitel noch einmal wiederzugeben. Schließlich gibt es einige leicht erhältliche, gut geschriebene Bücher, die detailliert Auskunft über diese statistischen Studien geben. In ihnen wird auch ausgeführt, wie die langfristigen Prognosen aussehen, wenn man sich in beliebte Unternehmen einkauft, deren Aktien über die oben genannten Merkmale verfügen. Oftmals sind die Aktien dieser beliebten Unternehmen die teuersten auf dem Markt. In einem Ranking aller Unternehmen an der Börse gemäß ihrem Verhältnis von Kurs zu Umsatz, Kurs zu Gewinnen und Kurs zu Buchwert, wobei die höchsten Ratio-Werte an der Spitze der Liste stehen, gehören die Aktien auf den vorderen Rängen also meist zu den beliebtesten Unternehmen auf dem Markt.

Studien zeigen, dass wiederholtes Kaufen solcher Aktien zu einer Performance unter dem Marktdurchschnitt führt. Mit anderen Worten: Man mag vielleicht eine Zeitlang obenauf sein, doch letztendlich wird man verlieren. Mit diesem Wissen im Gepäck stellt sich die Frage, warum man solche Aktien überhaupt kaufen sollte. Es macht doch keinen Sinn, sich gegen die in den Markt eingebauten empirischen Wahrscheinlichkeiten zu stellen. Den Aktienmarkt über lange Strecken zu schlagen ist nicht leicht, und keine Aktien zu kaufen, die zwangsläufig an Wert verlieren werden, ist der erste Schritt in diesem schwierigen Unterfangen. Indem man diesen Aktien einfach aus dem Weg geht, erhöhen sich die Erfolgschancen.

Letztlich ist es kein Zufall, dass diese Aktien mit hohen Ratio-Werten zu den Unternehmen mit den vielversprechendsten *bekannten* Prognosen gehören. Und wenn wir noch einmal auf das Ranking von vorhin zurückkommen, das Ranking der Verhältnisse von Kurs zu Umsatz, Gewinn, Buchwert und Cashflow, so sehen wir, dass sich am Ende der Liste einige der unattraktivsten, langweiligsten Unternehmen an der Börse befinden. Doch es sind gerade diese »Schlusslicht-Unternehmen«, deren Aktien sich im Lauf der Zeit als die besten Investments erwiesen haben. Würden Sie sich beim Anlegen Ihres Geldes nur auf die Unternehmen auf den letzten zehn Rängen der Liste konzentrieren, so würde dies zu einem deutlichen Anstieg Ihrer Erfolgschancen als Investor führen. Umsichtige Schnäppchenjäger werden feststellen, dass der Boden dieses Fasses ein ergiebiger Jagdgrund für erfolgreiche Aktieninvestments ist.

Um herauszufinden, ob es sich bei einer Aktie um ein Schnäppchen handelt oder ob sie realistisch bewertet ist, brauchen Sie Informationen über das Unternehmen, damit Sie über dessen Aufgabenfeld Bescheid wissen, die Performance im Lauf der Zeit und im Vergleich zur Konkurrenz messen können und herausfinden können, warum die Aktie in Ungnade fiel. Solche grundlegenden Sachinformationen finden sich oft in den Berichten der Broker. Onkel John hatte niemals ein Problem damit, die Berichte der Makler zu verwenden, um an Hintergrundinformationen über ein Unternehmen, dessen Konkurrenz, die Branche und andere Aspekte zu kommen. Wenn es um die Verwendung dieser Informationen geht, sollten Sie den folgenden einfachen Ratschlag stets beherzigen: Informationen, die Sie in Maklerberichten finden, sind bereits Teil des Aktienkurses. Einen solchen Bericht zu lesen bedeutet nicht, dass man die Zeitung von morgen schon heute erhalten hat. Außerdem liest man diese Berichte nicht in einem Vakuum.

Nachdem wir uns nun so lange mit der Diskrepanz und der Unterscheidung zwischen Aktienkurs und Unternehmenswert beschäftigt haben, lassen Sie uns kurz vom Thema abschweifen. Nicht jede Veränderung des Aktienkurses ist unberechtigt und Unternehmenswerte können und werden sich im Laufe der Zeit verändern. Manchmal geschieht dies innerhalb kürzester Zeit. Stellen wir uns nur folgende Szenarien vor: Henry Ford stellt seinen Model T vor, und noch am gleichen Tag verliert ein Unternehmen, das Kutschenpeitschen herstellt, deutlich an Wert, da sein Produkt altmodisch und nicht mehr zu gebrauchen ist. Oder ein Unternehmen hat haufenweise Kredite aufgenommen, und als die Gläubiger beschließen, dass sie kein weiteres Geld zuschießen wollen, verändert sich der Wert des Unternehmens, weil es auf den Bankrott zusteuert. Diese Beispiele verdeutlichen, dass man immer, wenn sich der Kurs einer Aktie dramatisch verändert, die Informationen, die zu dieser Veränderung beitrugen, aktiv verarbeiten muss. Aktien nur zu kaufen, weil ihr Kurs zurückgegangen ist, ist nicht besonders weise, sondern vielmehr leichtfertig, und wird zu unbefriedigenden Investment-Ergebnissen führen.

In den meisten Fällen dauert es Jahre, bis sich Faktoren wie höhere oder niedrigere Umsatzzahlen, steigende oder sinkende Ausgaben, stärkerer oder schwächerer Cashflow auf den tatsächlichen Wert eines Unternehmens auswirken. Allerdings werden die Aktienkurse, die den langfristigen vermuteten Wert der Unternehmen für den Markt darstellen, von Menschen beeinflusst, deren Stimmung sich täglich ändert und die sich manchmal bei der Entscheidungsfindung von ihren Emotionen leiten lassen. Jeder von uns hat doch in seinem Leben, auch und vor allem außerhalb des Bereichs Investment, schon einmal eine vorschnelle Entscheidung getroffen, bei der er oder sie sich von Gefühlen leiten ließ. Der Punkt ist, dass so etwas auch an der Börse passieren kann, wodurch sich für Schnäppchenjäger die besten Gelegenheiten ergeben, um günstige Aktien zu kaufen. In den meisten Fällen ist dieses impulsive Verhalten nur von kurzer Dauer und wir erkennen unseren Leichtsinn. Als Schnäppchenjäger ist es Ihre unumstößliche Mission, niemals eine auf Emotionen basierende Investment-Entscheidung zu treffen. Ihre Aufgabe ist es stattdessen, Kapital aus den Fehlern und den vorschnellen Entscheidungen der anderen zu schlagen. Aber wie heißt es so schön: Hinterher weiß man immer mehr! Schnäppchenjäger müssen jedoch versuchen, schon im Voraus mehr zu wissen, anstatt leicht vermeidbare Fehler, die das Ergebnis einer Laune oder eines Fehlurteils waren, zu wiederholen. Onkel John machte Karriere, indem er einen Vorteil daraus zog, dass manche Menschen eben nicht so gründlich nachdenken, und indem er die Aktien kaufte, die diese auf die Schnelle, und oft aus einer Laune heraus, abstießen.

Sie können sich sicher sein, dass solche Ereignisse keine Einzelfälle sind und immer wieder passieren. Auf bestimmte Situationen überzureagieren liegt nun einmal in der Natur des Menschen, doch wenn man im Laufe des Lebens mit einer Reihe solcher Situationen konfrontiert wird, hilft uns dies, rationaler mit ihnen umzugehen. Wer durch eine Aktie Geld verliert, wird instinktiv versuchen, die »Blutung zu stillen«, indem er die Aktie verkauft. Oftmals ist dies, wenn es um Aktieninvestments geht, die falsche Reaktion, doch es ist unmöglich, diesen Kniesehnenreflex auszuschalten. Im Lauf unseres Lebens passiert es öfter, dass wir uns in den Finger schneiden, doch mit den Jahren wird es einfacher, zwischen einem kleinen und einem tiefen Schnitt zu unterscheiden. Aus diesem Grund lassen sich die wenigsten von uns in die Notaufnahme einliefern, wenn sie sich an Papier schneiden. Die Erfahrungen, die der Mensch zeit seines Lebens mit Schnitten sammelt, machen es ihm möglich zu erkennen, wie ernst die Verletzung ist.

Doch nicht jeder hat dasselbe Maß an Erfahrung im Umgang mit Aktien, vor allem mit solchen, deren Kurs sich auf Talfahrt befindet. An der Börse kommt es durchaus vor, dass Menschen mit Papierschnittwunden laut schreiend zum Arzt rennen. Manche wissen gar nicht, dass sie sich schneiden könnten, bis es dann passiert. Sie überreagieren ganz einfach auf das, was sie sehen, und konzentrieren sich nur auf ihren Geldverlust, nicht aber auf den wirklich wichtigen Faktor: die steigende Anziehungskraft des niedrigeren Aktienkurses. Wenn Investoren überreagieren und fieberhaft versuchen, ihre Aktien abzustoßen, tragen sie dazu bei, eine größere Auswahl an Schnäppchen für Sie zu schaffen; das ist die Perspektive des Schnäppchenjägers. Für Sie als Schnäppchenjäger ist es von Vorteil, wenn einige der Marktteilnehmer emotional handeln, da diese so dafür sorgen, dass Ihnen mehr Auswahlmöglichkeiten zur Verfügung stehen. Ähnliches gilt auch für Verkäufer, die sich ausschließlich von Schlagzeilen, Grafiken, Aberglaube, »heißen Tipps« oder anderen Dingen beeinflussen lassen, die sie davon abhalten, auf der Grundlage des Aktienkurses und dessen Verhältnis zum Zeitwert eines Unternehmens zu investieren. Da diese fehlgeleiteten Marktteilnehmer nun einmal an der Börse spekulieren, sollten Sie sie als Freunde sehen. Diese Investoren werden nicht nur für eine größere Schnäppchenauswahl sorgen, sondern auch dafür, dass Sie nach dem Aktienkauf die besten Renditen einfahren. Onkel John sagte stets verschmitzt, dass man genau diesen Menschen helfen sollte. Ihre Aufgabe als Schnäppchenjäger ist es, diesen Marktteilnehmern entgegenzukommen, ihnen die Aktien abzunehmen, die sie so dringend loswerden wollen, und ihnen die Aktien zu verkaufen, die sie so unbedingt haben wollen.

Onkel John hat den Vorteil, sieben Jahrzehnte lang an der Börse gearbeitet zu haben. Er hatte so viele Erfahrungen gesammelt, so viel gesehen und gelernt, dass ihm die Schnäppchenjagd in Fleisch und Blut überging. Als wir für ihn arbeiteten, fiel uns auf, dass er mit jedem Jahr, in dem er investierte, immer besser wurde.

Wie Ihnen mittlerweile klar sein dürfte, besteht der Alltag des Schnäppchenjägers im Grunde genommen daraus, Aktien von Unternehmen zu kaufen, deren Probleme an der Börse bekannt geworden sind. Wenn die Investoren von den Problemen erfahren, führt dies für gewöhnlich dazu, dass die Aktie verkauft wird und der Kurs sinkt. Indem Sie Unternehmen und deren Probleme wiederholt einschätzen und auswerten, werden Sie lernen, kleine von großen Problemen zu unterscheiden. Ebenso werden Sie in der Lage sein, aus der Überreaktion des Marktes auf ein kleines Problem, dem sich ein Unternehmen eventuell bald gegenübersehen wird, Kapital zu schlagen. Hier ein Beispiel: Ein Unternehmen baut ein neues Werk, um zusätzliche Geräte verkaufen zu können. Das Unternehmen teilt den Investoren und Analysten mit, dass das Werk innerhalb eines Jahres fertig gestellt und betriebsbereit sei und dass das Unternehmen durch dieses neue Werk die Verkaufszahlen um 25 Prozent steigern könne. Die Analysten entwerfen also Pläne, berechnen die voraussichtlichen Verkaufszahlen des neuen Werks und bauen ihre Ergebnisse in die Gewinnprognosen für das kommende Jahr ein. Doch leider muss der Bau des Werks unterbrochen werden, und laut Aussagen des Unternehmens wird es nun sechs Monate länger als ursprünglich geplant dauern, bis das Werk betriebsbereit ist. Die Analysten reduzieren daraufhin ihre Schätzungen. Diese Meldung kommt für die Investoren völlig unerwartet und sie verkaufen ihre Aktien umgehend, wodurch der Kurs in den nächsten Wochen um 30 Prozent sinkt. Die Frage, die sich hierbei stellt, lautet: Handelt es sich hier um ein vorübergehendes Problem und wird es behoben werden? Lautet die Antwort auf dieses Frage »Ja«, dann wäre dies ein gutes Beispiel dafür, wie man von einem kleinen Problem, das zur großen Überreaktion führte, profitiert. Für Langzeit-Aktionäre büßt das Unternehmen keine 30 Prozent seines Wertes ein; es dauert vielleicht einfach nur etwas länger, bis die neuen Verkaufszahlen realisiert werden können. Sich eine massive Überreaktion auf das vorübergehende Problem eines Unternehmens, die sich im Aktienkurs niederschlägt, zunutze zu machen, ist das tägliche Brot des Schnäppchenjägers.

Investoren, die um die Geschichte des Marktes wissen, sind klar im Vorteil. Das liegt allerdings nicht daran, dass sich Ereignisse wiederholen, sondern vielmehr daran, dass sowohl die Muster, nach denen Ereignisse ablaufen, als auch die Reaktionen der Marktteilnehmer auf diese Ereignisse häufig typisch und vorhersehbar sind. Die Geschichte lehrt uns, dass Menschen auf Überraschungen an der Börse überreagieren. Das war schon immer so und das wird auch immer so bleiben. Sich dessen bewusst zu sein ist die Grundvoraussetzung für Schnäppchenjäger, um im Fall einer solchen Überraschung die billigen Aktien abgreifen zu können. Indem sie auf diese Überraschungen warten und sie erwarten, sind Schnäppchenjäger mental in der Lage, entschlossen zu handeln, wenn sich ihnen eine Gelegenheit bietet. Schnäppchenjäger träumen stets von einer großen Überraschung, die für hektische Aktienverkäufe sorgt.

Trotz seiner Erfahrung und all seiner Beobachtungen profitierte Onkel John zu Beginn seiner Karriere von seinen Beobachtungen eben dieser Verhaltensmuster. Wenn das mal nicht gute Nachrichten für uns andere sind. Investoren, die wissen, dass solch impulsives Verhalten an den Börsen existiert und Investment-Möglichkeiten eröffnet, sind der Konkurrenz bereits einen Schritt voraus.

Manchmal hilft es, sich dieses volatile Marktverhalten in einem einfacheren Kontext vorzustellen. Nehmen wir einmal an, Sie hätten als Kind einige Jahre im Sommer in Ihrer Nachbarschaft erfolgreich selbst gemachte Limonade verkauft. Mittlerweile haben Sie das Teenageralter erreicht und finden, Sie sollten vielleicht umsatteln und zum Beispiel Rasenmähen. Ihnen ist aber auch klar, dass Sie mit Ihrer Limonade an einem heißen Tag ordentlich Geld verdienen können. Sie wissen, dass Sie im Lauf eines Sommers etwa 200 Dollar einnehmen können (jeder Kapitalist fängt schließlich einmal klein an!). Außerdem haben Sie in der Nachbarschaft viele Stammkunden, die jeden Sommer vorbei kommen, um Ihnen eine Limo abzukaufen, und die sicher enttäuscht wären, wenn Sie den Limo-Stand aufgäben. Doch dann haben Sie einen Geistesblitz: Sie könnten den Stand an Ihren Freund von nebenan verkaufen, denn so würde Ihr Geschäft weiterexistieren. Sie könnten ihm den Stand, das Limo-Pulver und Krüge mit destilliertem Wasser verkaufen. Und da der Stand Stammkunden hat, auf die man sich verlassen kann, können Sie ihren Freund mit Sicherheit überzeugen, Ihnen noch ein bisschen mehr zu zahlen als nur das Geld für den Stand und die Zutaten. Immerhin können Sie ihm ja garantieren, dass er sein Geld dank Ihrer treuen Kundschaft schnell wieder einnehmen wird.

Also erzählen Sie Ihrem Freund von Ihrem Plan, und dieser ist total begeistert: »Ich habe Limonade schon immer geliebt. Ich habe ein paar Ersparnisse und würde dir den Stand gerne abkaufen – das wird ein Riesengeschäft! Ich gebe dir 100 Dollar für den Limo-Stand.« Da Sie bodenständig und Realist sind, erwidern Sie: »Okay, aber vorher solltest du vielleicht nächstes Wochenende mal vorbeikommen und mir bei der Arbeit zusehen. Passt dir Samstag? Ich stell‘ dich den Kunden vor und du kriegst mal ein Gefühl für die Sache. Außerdem kannst du dir so einen besseren Eindruck davon verschaffen, wofür du dein Geld ausgeben willst.« Ihr Freund ist einverstanden und Sie verabschieden sich bis Samstag.

In der Zwischenzeit erzählt Ihr Freund, der ein kleiner Angeber ist, allen seinen Freunden in der Schule von dem Limonaden-Stand, den er Ihnen bald abkaufen wird. Seine Klassenkameraden sind alle begeisterte Limo-Trinker, und zufällig schmeckt ihnen Ihre Limonade von allen am besten. Sie alle werden ganz aufgeregt, und manche schmieden Pläne und wollen am Samstag selbst am Limo-Stand auftauchen und Ihnen mehr als 100 Dollar bieten. Am Samstag dann taucht ihr Freund zur verabredeten Zeit auf. Es ist ungewöhnlich kühl und bewölkt an diesem Samstag. Fünf Minuten, nachdem Ihr Freund am Stand angekommen ist, hören Sie in der Entfernung das Geschrei von Kindern und sehen bald darauf neun Kids mit ihren Rädern auf Sie zurasen. Als sie am Limo-Stand angekommen sind und ihre Räder zu Boden werfen, wird Ihrem Freund klar, was hier gespielt wird, und er sagt: »Geschäft ist Geschäft! Dann will ich dir mal die 100 Dollar für den Stand geben.« Noch bevor Sie antworten können, ruft einer der Radler: »Hey, einen Moment, ich geb‘ dir 110 Dollar dafür!« Ein anderer Junge schreit »Hier sind 120 Dollar!«, doch dann tritt ihm das Mädchen mit den Zöpfen dahin, wo es weh tut, und ruft »Aber ich hab 125 Dollar!« Nun schiebt sie der Schulhof-Schläger mit seinem Ellbogen zur Seite und sagt: »Hier sind 150 Dollar.«

Sie sind zwar ein wenig überrascht, doch angesichts dieser Menge an Interessenten überglücklich. Gerade als Sie dem Schulhof-Schläger sagen wollen, dass Sie sein Angebot annehmen, geschieht etwas Sonderbares. Ein Regentropfen fällt auf den Limonaden-Stand, und als Sie wieder nach oben blicken, hat sich der Schlägertyp schon wieder auf sein Rad geschwungen und tritt kräftig in die Pedale, um trocken nach Hause zu kommen. Es tröpfelt weiter. Sie blicken sich nach dem Mädchen um, das Ihnen 125 Dollar geboten hatte, doch sie ist schon fast am anderen Ende der Straße angekommen und zetert lauthals, dass ihre neuen Sachen nicht nass werden dürfen. Der Junge mit den 120 Dollar denkt kurz nach, sieht Sie und die anderen Kinder an und sagt dann entschlossen: »Die paar Tropfen machen mir nichts aus.« Von fern hört man es bedrohlich grummeln und donnern, da wird er ganz bleich und springt ebenfalls auf sein Rad. In der Zwischenzeit haben Sie bereits begonnen, Ihren Stand mit Planen abzudecken, damit ihre Limonade keinen Schaden nimmt.

Der Junge, der 110 Dollar geboten hatte, berät sich nun mit seinen Freunden über die weitere Vorgehensweise. Sollen sie Ihnen Ihren Stand nun abkaufen oder nicht? Eine hitzige Debatte entbrennt. Eines der Kinder sagt: »Leute, das Mädchen, das sich gerade aus dem Staub gemacht hat, schreibt eine Eins nach der anderen. Die weiß wahrscheinlich mehr als wir. Sie hat kein Angebot gemacht, und ich halte es für keine gute Idee, den Stand zu kaufen.« Ein anderer Junge sagt: »Ich hab´ nasse Füße. Niemand hat mich vorgewarnt, dass das passieren könnte. So haben wir nicht gewettet. Diese ganze Limonaden-Geschichte ist wohl doch keine so gute Idee, wir sollten lieber Regenschirme verkaufen – ich meine, seht euch doch nur um, es regnet, verdammt nochmal. Wir haben ein paar alte Schirme in der Garage. Lasst uns zusammenlegen und meinen Eltern die Schirme abkaufen. Ich bin sicher, dass wir Abnehmer dafür finden. Lasst uns ins Regenschirm-Geschäft einsteigen!« Und so zieht auch diese Gruppe, die aus unterschiedlichsten Gründen das Interesse an Ihrem Stand verloren hat, von dannen.

Als Letzter ist Ihr Freund von nebenan übrig, der Ihnen 100 Dollar für den Stand geben wollte. Er ist klitschnass, und je mehr es regnet, desto deprimierter blickt er drein. Sie fragen ihn, ob alles in Ordnung sei. Er antwortet: » Nun ja, alle außer mir haben sich verdrückt. Die anderen haben wahrscheinlich recht; die ganze Sache mit dem Limonaden-Stand ist wohl keine so gute Idee. Was ist, wenn es jeden Samstag regnet? Du hattest heute nicht einen einzigen Kunden. Wenn es diesen Sommer jeden Samstag regnet, dann werden wir nichts verkaufen und ich kriege meine 100 Dollar nicht zurück. Ich glaube, ich will deinen Stand nicht mehr; die Sache macht mir Angst, mir ist das alles zu riskant. Außerdem hast du doch gesehen, dass sich auch alle anderen davongemacht haben. Die werden schon wissen warum. Wenn an keinem Samstag die Sonne scheint, dann bin ich ruiniert.« Mit diesen Worten trollt er sich zu seinem Fahrrad und macht sich langsam auf den Weg nach Hause.

Als er davonfährt, blicken Sie auf die andere Straßenseite, und Sie sehen einen Jungen, der einen Regenmantel trägt, alleine unter einem Baum steht und nun auf Sie zukommt. Es regnet noch immer, allerdings nicht mehr so stark. Sie sehen das Kind an und sagen: »Hey, du scheinst ziemlich clever zu sein. Immerhin hast du dir heute einen Regenmantel angezogen.« Der Junge lächelt und antwortet: »Bevor ich zum Spielen rausgehe, sehe ich mir oft den Wetterbericht an, und heute hieß es, dass es möglicherweise ein Gewitter geben könnte.« Und während er redet, schießt es Ihnen durch den Kopf: Vielleicht will er ja den Stand kaufen. Immerhin ist er noch da, während alle anderen Kinder sich schon davongemacht haben. Noch bevor Sie ihn danach fragen können, sagt der Junge. »Ich habe letztens in der Pause mitbekommen, dass du deinen Limo-Stand verkaufen willst, und da dachte ich mir, ich komme raus und sehe mir an, wie es so läuft.« Dann sagt er: »Ich habe gesehen, wie all die anderen Kinder abgehauen sind. Andere Käufer gibt es nicht, und da du ja anscheinend aus der Limonadenbranche aussteigen willst, wollte ich fragen, ob ich dir den Stand vielleicht abkaufen kann.« Darauf antworten Sie: »Okay, wie viel bietest du mir?« Der Junge sieht Sie ganz ruhig an und sagt: »Ich geb' dir 50 Dollar.« Ihnen bleibt der Mund offen stehen. »50 Dollar? Meine Vorräte an Limonaden-Pulver und Wasser kosten schon mehr als 50 Dollar. Da würde ich dir den Rest ja quasi schenken!« Das Kind blickt Ihnen in die Augen und meint: »Nun ja, mir scheint, ich bin hier der einzige Interessent und ich biete dir für deinen Limo-Stand 50 Dollar.« Darauf sehen Sie den Jungen ein wenig frustriert an und sagen: »Ja, ich will verkaufen, und du bist der einzige Käufer, der noch übrig ist, also ist es wohl nur fair, wenn ich dir den Stand für 50 Dollar verkaufe.« Per Handschlag besiegeln Sie das Geschäft.

Noch bevor Sie das andere Kind fragen können, ob es erst nach Hause gehen muss, um sein Geld zu holen, greift der Junge tief in die Tasche seines abgetragenen Regenmantels, den wohl vor ihm schon sein älterer Bruder trug, und zieht ein dickes, von einem alten Gummiband zusammengehaltenes Bündel Scheine hervor. Dieser Anblick macht Sie unruhig, und Sie können sich des Gedankens nicht erwehren, dass dieser Junge klüger ist, als man es auf den ersten Blick vermuten würde. Wie dem auch sei: Sie nehmen die 50 Dollar und übergeben Ihren Limo-Stand an den Jungen im Regenmantel. Keine halbe Minute, nachdem Sie den Deal gemacht haben, laufen die zweifelnden Kinder von vorhin an Ihnen vorbei. Sie sind bepackt mit Regenschirmen und rufen dem Kind im Regenmantel, das soeben Ihren Stand gekauft hat, zu: »Hey, Kleiner! Sag mal, spinnst du? Warum kaufst du diesen Limonaden-Stand?«

Dieses soeben beschriebene Szenario besteht aus typischen Vorgängen, die tagtäglich an der Börse ablaufen. Das heißt, eine Gruppe von Menschen bringt sich mit ihrem Geld und ihren Meinungen in die Aktie eines bestimmten Unternehmens ein und sorgt dann durch ihre Gebote, die von vor den Augen der Gruppe stattfindenden Ereignissen beeinflusst werden, dafür, dass der Kurs der Aktie steigt oder sinkt. Am auffälligsten dabei ist allerdings, dass nur wenige der Kaufinteressenten in unserer Geschichte bei der Entscheidungsfindung gesundes Urteilsvermögen oder Logik an den Tag legten. Sie reagierten vielmehr auf die anderen Käufer, die um den Stand herumstanden, oder den heftigen Regenschauer, der so unvermutet hereingebrochen war. So konnte ein kenntnisreicher Beobachter, der sich im Voraus mit der Thematik beschäftigt hatte und der wusste, dass es wahrscheinlich regnen würde, diesen Regenschauer und dessen Auswirkung auf verbliebene Käufer und Verkäufer nutzen und ein Objekt für deutlich weniger kaufen, als es unter normalen Umständen wert wäre. Wichtig ist dabei, dass das Kind den Limonaden-Stand kaufte, obwohl sich alle anderen Kinder einig waren, dies sei keine gute Idee.

Schnäppchenjäger, die ständig Aktien unter Wert kaufen, müssen lernen damit umzugehen, dass sie niemand in ihrer Handlungsweise bestätigt oder ihnen zustimmt. Jeder weiß doch, dass der Kurs einer Aktie nur drastisch fallen kann, wenn diese Aktie von vielen Menschen verkauft wird, und einer der Hauptgründe für den Verkauf einer Aktie ist der, dass das Wertpapier an Popularität verloren hat. Die besten Schnäppchenjäger haben Bestätigung durch Andere nicht nötig – sie wissen, dass sie in die richtige Aktie investiert haben. Um in eine unbeliebte Sache zu investieren, muss man unabhängig denken und sich auf sein Urteilsvermögen verlassen können. Für manche Menschen, so auch Onkel John, sind diese Charaktermerkmale ganz einfach Teil ihres Wesens; andere müssen diese Dinge erst erlernen.

Die letzte Lektion aus der Limonaden-Stand-Geschichte handelt davon, wie wichtig es ist, sich schon im Voraus über die Situation und den Stand der Dinge zu informieren. Fakt ist, dass der Mensch dazu neigt, panisch zu reagieren, wenn er überrascht wird. An der Börse passiert dies ständig. Man kann nicht jedes kleine Risiko, dem man in der Zukunft vielleicht ausgesetzt sein könnte, identifizieren, vorhersagen und sich darauf vorbereiten. Man kann sich jedoch sehr wohl auf häufig eintretende Ereignisse vorbereiten. Im Fall des Limonaden-Standes muss man sagen, dass ein bisschen Regen an einem Samstag nicht gerade eine Seltenheit ist und deshalb durchaus vorhersehbar gewesen wäre. Tatsächlich steht jedes Unternehmen auf der Welt ab und zu im Regen, und über jeder Aktie auf dem Markt, die unter Wert gehandelt wird, schwebt eine graue Regenwolke. Alle Unternehmen müssen sich einmal mit Problemen auseinandersetzen. Man muss wissen, wie die Regenwolke beschaffen ist und welches Risiko sie darstellt. Wird der Regen Sie nur vorübergehend zurückwerfen, oder steht der Limonaden-Stand zu nah an einem Fluss, der schon in der Vergangenheit oft über die Ufer trat und der unseren Stand fortschwemmen wird? Es führt kein Weg daran vorbei: Will man investieren, muss man seine Hausaufgaben machen.

Sich über ein Unternehmen zu informieren, bevor man dessen Aktien kauft, ist absolut unabdingbar: Man muss wissen, wie das Unternehmen funktioniert, wodurch die Verkaufstätigkeit stimuliert wird, welchem Druck das Unternehmen bei der Aufrechterhaltung der Profite ausgesetzt ist, wie sich die Resultate im Lauf der Zeit verändern, wie sich das Unternehmen gegen die Konkurrenz durchsetzt. Wer diese Informationen hat, verfügt über das psychologische Rüstzeug, um über eine Aktie zu entscheiden. Diese Informationen muss man aber auch verarbeiten, will man in der Lage sein, mit größerer Genauigkeit zu bestimmen, ob eine unschöne Situation nur von kurzer

Dauer sein wird oder ob das ganze Unternehmen von einer Sturmflut davongespült werden wird. Das Risiko, davongespült zu werden, existiert – es kann passieren. Bei der Schnäppchenjagd geht es nicht darum, ein ungerührter Nonkonformist zu werden, sondern vielmehr darum, weiser Käufer ungeliebter Aktien zu sein. Wer im Voraus solche Unternehmensinformationen sammelt und weiterverarbeitet, wird schließlich die Sicherheit und Überzeugung erlangen, um eine Aktie zu kaufen, deren Kurs fällt, weil das Unternehmen einen Tag lang im Regen stand. Wenn Sie in einer Situation investieren wollen, in der die Aussichten düster sind, dann müssen Sie psychisch stark genug sein, um auch angesichts dunkelster Wolken stur zu bleiben und sich nicht aus dem Staub zu machen. Beim Value Investing wird der Preis für den Erfolg im Voraus gezahlt.

Am Samstag, nachdem er den Limo-Stand gekauft hatte, bereitete der glückliche Käufer sein kleines Geschäft für den ersten Tag unter seiner Führung vor. Dieser Samstag versprach ein wesentlich schönerer Tag als der letzte Samstag zu werden und im Wetterbericht war von Temperaturen bis 32 Grad die Rede gewesen. Zu diesem Zeitpunkt wusste der kleine Unternehmer noch nicht, dass überall in der Nachbarschaft ob des herrlichen Wetters bereits Pläne für Picknicks, Radtouren, Fußballspiele und vieles mehr geschmiedet wurden. Als er gerade den Stand aufbaute, sah er die Kinder mit den Regenschirmen vorbeilaufen. Sie schrieen und stritten miteinander, weil sie nicht wussten, was sie an einem so sonnigen Tag mit ihren Schirmen anfangen sollten.

Mittlerweile kommen die ersten Kunden an den Stand und der Junge verkauft die erste Limonade. Schon nach kurzer Zeit drängen sich zehn Kunden um den Stand. Als sie das bemerken, kommen einige der Kinder, die am letzten Wochenende auch auf der Auktion waren, auf ihren Rädern angefahren und halten neben dem Stand. Der Erste, der spricht, ist der Nachbar des Vorbesitzers des Standes: »Hey, das Limonaden-Geschäft scheint wohl doch nicht so schlecht zu laufen. Wie wäre es, wenn ich dir den Stand für 100 Dollar abkaufe?« Die Kids mit den Schirmen, die nun lauthals verkünden, wie großartig es sein muss, im Limonaden-Geschäft zu sein, werfen ihre Schirme beiseite und bieten tüchtig mit: »Hey, hör nicht auf ihn! Wir geben dir 120 Dollar!« Nun tritt das Fräulein mit den Zöpfen auf. Sie schnappt sich einen der

Regenschirme, fuchtelt wild damit herum und kreischt: »Ich gebe dir 150 Dollar!« Der Schlägertyp, der den anderen in nichts nachstehen will, boxt sich nach vorne durch und besteht darauf, dass der Standbesitzer sein Angebot über 200 Dollar annimmt. Nachdem sich der Junge kurz umgesehen hat, um sicherzustellen, dass es keinen größeren Schläger mit mehr Geld gibt, beschließt er, dies als ein außergewöhnliches Angebot zu betrachten, und er nimmt die 200 Dollar schnell an.

So erwies sich dieser Samstag also für den jungen Limonaden-Stand-Besitzer als äußerst profitabel: Nur eine Woche vorher hatte er den Stand für gerade einmal 50 Dollar gekauft und jetzt hatte er ihn für 200 Dollar wieder verkauft und so das Vierfache seines ursprünglichen Investments verdient. Wir müssen uns fragen, ob sich innerhalb dieser Woche etwas veränderte, und wenn ja, was denn eigentlich zu einer dermaßen deutlichen Veränderung der Beträge führte, die für den Limo-Stand geboten wurden. Hatte der Wert des Standes sich etwa vervierfacht? Ganz und gar nicht; es hatte nur eine Veränderung in der Einschätzung des Wertes stattgefunden. Alles in allem waren die Investment-Situation (von regnerisch zu sonnig) und die Perspektiven der Investoren (von pessimistisch zu optimistisch) die einzigen beiden Variablen, die sich änderten. Mithilfe dieses Beispiels wird klar, welch wichtige Rolle die Wahrnehmung der Investoren bei der Bestimmung des Preises eines Vermögenswertes spielt. Die dramatischsten Veränderungen von Aktienkursen sind meist keine Folge einer tatsächlichen Veränderung des Wertes des zugrunde liegenden Assets, sondern vielmehr das Resultat der sich verändernden Wahrnehmung der Investoren.

Wer ein erfolgreicher Schnäppchenjäger sein will, muss lernen, sich die Energie dieser Wahrnehmung zunutze zu machen, anstatt sich davon überrennen zu lassen. Man kann dies zum Beispiel lernen, indem man sich darauf trainiert, an Regentagen Aktien zu kaufen und diese wieder zu verkaufen, sobald die Sonne an der Börse wieder scheint. Dadurch werden Sie herausfinden, dass die meisten Marktteilnehmer genau das Gegenteil tun. Sie kaufen also, wenn die Sonne scheint, und verkaufen, sobald es tröpfelt. Täten sie dies nicht, so würden die Kurse an den Tagen mit weniger rosigen Prognosen nicht fallen. Es hört sich einfach und völlig logisch an. Doch die Erfahrung wird viele Schnäppchenjäger lehren, dass an der Börse psychologische Trägheit herrscht, was Investoren häufig davon abhält, das eigentlich Logische umzusetzen.

Nachdem wir diese Einführung in die Thematik hinter uns gebracht haben, wollen wir in das Jahr 1939 zurückkehren. Über das Wohlergehen der US-Wirtschaft konnte man wieder einmal streiten, und an der Börse gab es die verschiedensten Sichtweisen des in Europa ausgebrochenen Krieges. Seit etwa zwölf Monaten interpretierte man die Ereignisse dort eher negativ, und diese Sicht der Dinge in den USA und Europa führte dazu, dass der Aktienmarkt 49 Prozent an Wert verlor.

Lassen Sie uns hier kurz innehalten, um über das nachzudenken, worüber wir gerade sprachen: In gerade einmal zwölf Monaten waren die Aktienkurse um 49 Prozent gefallen! Den meisten Schnäppchenjägern mit klarem Kopf sollte bewusst sein, dass dies eine dramatische Neueinschätzung der wirtschaftlichen Perspektiven bedeutete. Die Investoren glaubten, die USA seien auf dem besten Weg zurück in die Krise und die Nazis würden die Freiheit und die moderne Zivilisation, deren Wiege einst in Europa gestanden hatte, zerstören. Die Grundstimmung der US-Investoren war negativ, und diese Einstellung wirkte sich schon bald deutlich auf die Aktien aus, die verkauft wurden, da man der Ansicht war, es würde noch weiter bergab gehen.

Obwohl man allenthalben das Schlimmste befürchtete, beobachtete Onkel John die Geschehnisse ruhig und zog seine Schlüsse, wie sich die Dinge wohl in der Zukunft entwickeln würden. Nun wusste er natürlich bereits einiges über Deutschland, über die Denkweise der Menschen dort und die Grausamkeit, zu der die politischen Führer fähig waren. Aus dem ersten Kapitel dieses Buches wissen wir, dass Onkel John nach der Beendigung seines Rhodes-Stipendiums am Balliol College mit sehr wenig Geld und einem Freund an seiner Seite um die Welt gereist war. Während dieser Reise war er Anfang der 30er-Jahre auch nach Deutschland gekommen, besuchte sogar die Olympischen Spiele in Berlin, wo er selbst Zeuge der Taktlosigkeit, des unheimlichen Systemzwangs und des inbrünstigen Eifers wurde, mit denen die Menschen in diesem Land damals geführt und regiert wurden. In den darauf folgenden Jahren – die Nazis marschierten bereits in ein Land nach dem anderen ein und führten Europa nach der Invasion Polens in einen ausgewachsenen Krieg – glaubte Onkel John auch an einen baldigen Kriegseintritt der USA. Auf der Grundlage dieser Annahme schloss er, dass Industriebetriebe in den USA hohe Subventionen erhalten würden, um die Rohstoffe und Güter produzieren zu können, die für einen erfolgreichen Kriegseintritt der USA nötig wären. Sogar die gewöhnlichsten, ineffizientesten Unternehmen würden – so glaubte er – von der bevorstehenden Welle wirtschaftlicher Aktivität profitieren.

Diese Sichtweise basierte auf seiner Untersuchung früherer Kriege, wie etwa dem Bürgerkrieg in den USA oder dem Ersten Weltkrieg, die zu ihrer Zeit ebenfalls zu einem Ansteigen der Nachfrage nach Rohstoffen geführt hatten. Alle Unternehmen in den USA kämpften darum, einen Vertrag zu erhalten, um die Regierung mit dem Eisen, dem Stahl, den Textilien, den Nahrungsmitteln und den vielen anderen notwendigen Dingen zu beliefern, doch all diese Materialien mussten aus den verschiedenen Teilen des Landes angeliefert werden. Aus dieser einfachen Beobachtung ließ sich schließen, dass auch die Eisenbahngesellschaften vom Eintritt der USA in den Krieg profitieren würden. Kurz gesagt: Während man sich an der Börse sorgte, die Wirtschaft könne weiter in die Krise sinken und die Freiheit in Europa abgeschafft werden, hielt Onkel John eine weitreichende, konjunkturell stimulierende Wirkung des Kriegseintritts, von dem so viele Unternehmen überall im Land profitierten, für durchaus wahrscheinlich.

In gewisser Weise könnte man sagen, dass Onkel Johns Perspektive der Zukunft asymmetrisch war, da er es verstand, sich auf längerfristige Aussichten zu konzentrieren und die vorherrschende aktuelle Sicht der Dinge außen vor zu lassen. Gerade diese Fähigkeit, nicht auf der Grundlage derzeitiger Ereignisse zu reagieren, sondern sich auf wahrscheinliche zukünftige Ereignisse zu konzentrieren, unterscheidet erfolgreiche und mittelmäßige Investoren voneinander.

Bewaffnet mit seiner persönlichen Sichtweise, die zufällig das genaue Gegenteil der landläufigen Meinung war, konnte Onkel John die Gelegenheit am Schopf packen und in den folgenden Jahren Aktien kaufen, deren Kurse seine optimistische Sicht einer besseren, wenn nicht sogar boomenden wirtschaftlichen Zukunft nicht widerspiegelten. Angesichts seiner tiefen Überzeugung, die das Resultat jahrelanger Studien, seiner eigenen Erfahrung mit den Nazis, der Bereitschaft der Vereinigten Staaten, die Freiheit zu verteidigen, und der wahrscheinlichen Auswirkungen eines Krieges auf die Industrie des Landes waren, traf Onkel John eine mutige Entscheidung: Er würde sich Geld leihen, um die Aktien zu kaufen. Auch hier sollten wir kurz innehalten und sorgfältig unterscheiden. Onkel John hatte stets gespart und verfügte über genug Geld, um seine Wunschaktien zu kaufen, doch er war sich bewusst, dass vernünftige Geschäftsleute bei ihren Geschäften immer wieder einmal Kredite aufnehmen. Betrachtet man die Sache aus dieser Perspektive, so war es nicht nur in Ordnung, sich das Geld zu leihen, es war vor allem sinnvoll. Sich Geld zu leihen, nur um zu konsumieren, wäre hingegen dumm. Seinen Plan im Hinterkopf, setzte sich Onkel John mit seinem ehemaligen Chef, Dick Platt, bei Fenner & Beane in Verbindung, erzählte ihm von seiner Idee und fragte, ob Platt ihm 10.000 US-Dollar leihen würde, damit er alle Aktien kaufen könnte, die an beiden US-Börsen unter 1 US-Dollar gehandelt wurden. Vielen mag diese Bitte sonderbar erscheinen – nicht nur, weil er Aktien mit einem Kurs unter 1 US-Dollar kaufen wollte, sondern auch, weil er so viele davon kaufen wollte.

Diese Strategie enthält zwei wichtige Investment-Ideen. Trennt man diese voneinander und befasst sich eingehend mit ihnen, so wird man feststellen, dass vernünftiges Urteilsvermögen dahintersteckt. Zuallererst stellte Onkel John die grundlegende These auf, dass selbst die ineffizientesten Unternehmen von dem Wirtschaftsboom, den der Krieg auslösen würde, profitieren würden. Die Unternehmen in Onkel Johns Zielgruppe waren durchschnittlich und völlig unauffällig, sie waren mit altbekannten Problemen konfrontiert und hatten ohne wirtschaftlichen Aufschwung (den niemand für möglich hielt) nur begrenzte Zukunftsperspektiven. Mit anderen Worten: Die Erwartungen waren hinsichtlich dieser Unternehmen ausnehmend niedrig. Dazu kam noch, dass die Börse zu jener Zeit, da die wirtschaftliche Situation immer schlimmer zu werden schien, nicht lange fackelte, wenn es um Unternehmen mit mageren Perspektiven ging. Aus diesem Grund wandte sich Onkel John den Niederungen der Börse, den Unternehmen im untersten Segment des Aktienmarktes, zu und kaufte Aktien der Unternehmen, denen man am *wenigsten* zutraute.

Er war nämlich davon überzeugt, dass es allen Unternehmen in den USA, selbst den ineffizientesten, bald schon besser gehen würde. Und wenn seine Prognose sich als richtig erweisen sollte – wovon er natürlich ausging –, würden die Aktienkurse dieser ineffizienten Unternehmen am drastischsten steigen. Sollten die positiven Aussichten dieser Unternehmen vom Markt bestätigt werden, so hätte dieser Umschwung, was Stimmung und Fundamentaldaten angeht, das beste potenzielle finanzielle Ergebnis von allen zur Folge. Grundsätzlich gesehen verfügten diese Unternehmen über das Potenzial, dem Bankrott ein Schnippchen zu schlagen und wieder Gewinne zu machen, oder, wie man so schön sagt, die schlimmsten Zeiten hinter sich zu lassen und das Beste daraus zu machen. Ist die Stimmung derart pessimistisch, so führt dies oftmals zu den besten Investment-Ergebnissen. In dieser Situation fiel es Onkel John leicht, die extreme Diskrepanz zwischen den Werten, die der Markt diesen Unternehmen zuordnete, und den Werten, die er für sie im Fall einer boomenden Kriegswirtschaft prognostizierte, auszumachen.

Als eine weitere wichtige Lektion können wir aus Onkel Johns Vorgehensweise lernen, dass er viele Aktien kaufte. Indem er viele und nicht nur ein paar Aktien kaufte, diversifizierte Onkel John sein Risiko. Onkel John versteht und schätzt das Konzept der Wahrscheinlichkeit und formuliert seine Gedanken, wenn es um Investments geht, auch stets entsprechend. In diesem Fall diversifizierte er, da er sich im Klaren darüber war, dass nicht alle seine Investments funktionieren würden; er wollte daher das Risiko auf so viele Aktien wie möglich streuen. Tatsächlich waren 37 der 104 Unternehmen, in die Onkel John investierte, bereits bankrott, und er war sich durchaus bewusst, dass er nicht alles auf eine Karte setzen durfte.

In all den Jahren, in denen Onkel John als Investmentfonds-Manager arbeitete, sprach er stets von den Vorteilen der Diversifizierung; er handelte auch dementsprechend, wenn er sich um das Geld seiner Kunden kümmerte. Doch wie wir später in diesem Buch noch sehen werden, hatte er auch kein Problem damit, seine Investments zu konzentrieren (gelegentlich auch einmal auf nur eine Handvoll Aktien), was er mit seinem eigenen Geld immer wieder tat, nachdem er sich zur Ruhe gesetzt hatte. Die Bedeutung des Wortes *Diversifizierung* kann sich zum Beispiel ändern, wenn sich die Umstände verändern. Während er die Templeton-Fonds betreute, sprach Onkel John immer davon, stets mehrere hundert Aktien zu halten, doch bei anderen Gelegenheiten und Gesprächen sagte er, man könne auch mit gerade einmal zehn Aktien erfolgreich diversifizieren. Doch für den Augenblick lautet sein

Ratschlag, dass die meisten Investoren von einer Diversifizierung ihrer Assets über mehrere Aktien profitieren werden. Die Situation im Jahre 1939 bildete keine Ausnahme, vor allem weil er ja mit geborgtem Geld arbeitete.

Sein Timing war perfekt. Wie wir mittlerweile wissen, war sein erstes Investment gemäß seinem Prinzip des maximalen Pessimismus ein voller Erfolg. Entsprechend seiner Hypothese führte der Krieg in Europa zu einem Zweiten Weltkrieg, in den auch die USA eintraten, was wiederum in den Vereinigten Staaten zu einem enormen Ansteigen der Nachfrage nach Industriematerialien, Rohstoffen und anderen Gütern führte. Innerhalb eines Jahres konnte Onkel John die gesamte Summe, die er sich geborgt hatte, zurückzahlen. In den darauf folgenden Jahren verkaufte er seinen Aktienbesitz und machte so aus dem ursprünglichen Investment von 10.000 US-Dollar das Vierfache, nämlich 40.000 US-Dollar. Außerdem erwiesen sich nur vier der 104 Unternehmen, deren Aktien er gekauft hatte, als Reinfall. Im Durchschnitt hielt er seine Aktien vier Jahre lang; das entspricht in etwa der durchschnittlichen Haltedauer, mit der er seine ganze Karriere hindurch arbeitete, und passt dazu, dass er Geschäftsbedingungen normalerweise für fünf Jahre oder länger prognostizierte.

Ist von seiner damaligen Handelsaktivität die Rede, so heißt es oft, der Kauf der Missouri Railroad Pacific sei besonders lohnenswert gewesen. Bei diesem Wertpapier handelte es sich um eine Vorzugsaktie; das bedeutet, sie sollte auf Dauer eine Bardividende liefern, die dann an ihren Besitzer ausgezahlt würde. Beim ursprünglichen Ausgabekurs von 100 US-Dollar betrug die Dividende der Aktie 7 US-Dollar, das entspricht einer Dividendenrendite von 7 Prozent. Als Onkel John die Aktien kaufte, war das Unternehmen bankrott und die Vorzugsaktien wurden zum Achtel eines US-Dollars beziehungsweise zu 0,125 Prozent pro Aktie gehandelt; ein ordentlicher Nachlass vom ursprünglichen Emissionskurs von 100 US-Dollar. Als Onkel Johns Prognosen bezüglich der besseren Wirtschaftslage für Bahngesellschaften eintraten, stieg der Kurs der Aktie schließlich auf 5 US-Dollar. Das entspricht einem Anstieg von 3.900 Prozent. Um einen Eindruck von den grundlegenden Veränderungen bei Missouri Pacific Railroad Anfang der 40er-Jahre zu erhalten, werfen Sie bitte einen Blick auf Tabelle 2.1, die die finanzielle Performance abbildet.

	Umsatz (Mio. $)	Umsatzwachstum in %,	Nettoeinkommen (Mio. $)	Wachstum des Nettoeinkommens in %
1939	83		−30	
1940	87	4,8	−13	56,7
1941	111	27,6	4	69,2
1942	178	60	431	675

Tabelle 2.1: Missouri Pacific Railroad

Wie die Tabelle zeigt, stiegen Umsatz und Nettoeinkommen der Missouri Pacific Railway rapide und ließen den Punkt, an dem Onkel John investiert hatte, schnell weit hinter sich. Berücksichtigt man diese dramatische Veränderung der Unternehmenseinkünfte, so fällt es nicht schwer zu verstehen, wie der Aktienkurs von seinem Tiefststand bei 0,125 US-Dollar auf 5 US-Dollar steigen konnte.

Ein anderes wichtiges Konzept in diesem Zusammenhang ist der Vergleich. Bei diesem Aktienkauf ist es wichtig zu wissen, dass Missouri Pacific Railroad zur damaligen Zeit ganz sicher nicht die einzige Bahngesellschaft der USA war, die vom wirtschaftlichen Aufschwung, hervorgerufen vom Kriegseintritt, profitierte. Tatsächlich gab es noch eine ganze Reihe anderer Bahngesellschaften, die jedoch im Gegensatz zu Missouri Pacific Railroad nicht am Rande des finanziellen Ruins standen. Ein gutes Beispiel für eine erfolgreiche Bahngesellschaft war damals Norfolk and Western Railway, ein Unternehmen, das seit 50 Jahren keine Verluste gemacht hatte. Natürlich wäre es verlockend gewesen, in dieses erfolgreiche Unternehmen zu investieren, da die Gefahr eines Kursrückgangs wesentlich geringer war. Doch beim Vergleich der beiden Bahngesellschaften wurde klar, dass es bei Norfolk and Western kaum Raum für Kursfantasie gab, was ganz einfach an der guten Führung des Unternehmens und daran lag, wie die Regierung gut geführte Unternehmen während des Kriegs-Booms behandelte. Damals wurde der Zugewinn, den gut geführte Unternehmen dank des Booms erwirtschafteten, von der Regierung mit einer Rate von 85,5 Prozent besteuert.

Mit anderen Worten: Unternehmen, die schon vor und auch nach dem Kriegsbeginn erfolgreich waren, mussten auf die zusätzlichen Einnahmen, die sie aufgrund des Krieges generierten, außergewöhnlich hohe Steuern zahlen. Unternehmen wie Missouri Pacific Railroad hingegen, die vor dem Krieg Verluste gemacht hatten, waren von diesen Steuern nicht betroffen, da sie noch mit Schulden aus der Zeit vor der neuen Fiskalpolitik zu kämpfen hatten. Aufgrund dieser recht ungewöhnlichen Steuergesetze profitierten gut geführte Unternehmen wie Norfolk and Western weitaus weniger vom Kriegs-Boom als die schwächelnden, grenzwertigen Unternehmen, zu denen auch Missouri Pacific zählte. Natürlich gilt dasselbe auch für all diejenigen, die Aktien dieser Unternehmen besaßen. Die Beziehung zwischen diesen beiden Unternehmen und ihrer jeweiligen Besteuerung zu verstehen war der entscheidende Faktor, als es darum ging, die Renditen zu prognostizieren, die die beiden Unternehmen während des Booms generieren würden.

	Norfolk and Western		Missouri Pacific		Norfolk and Western		Missouri Pacific	
	Umsatz (Mio. $)	Umsatz-wachstum in %	Umsatz (Mio. $)	Umsatz-wachstum in %	Netto-einkommen (Mio. $)	Wachstum des Nettoein-kommens in %	Netto-einkommen (Mio. $)	Wachstum des Nettoein-kommens in %
1939	93		83		30		–30	
1940	105	12,9	87	4,8	32	6,7	–13	56,7
1941	120	14,3	111	27,6	28	–12,5	4	69,2
1942	140	16,7	178	60,4	22	–21,4	31	675

Tabelle 2.2: Vergleich zwischen zwei Bahngesellschaften

In Tabelle 2.2 sollten Sie Ihr besonderes Augenmerk auf das Wachstum des Nettoeinkommens der beiden Unternehmen richten. Dass die Aktionäre der Missouri Pacific Railroad ein wesentlich besseres Geschäft machten als die Anteilseigner von Norfolk and Western, ist klar ersichtlich. Nehmen wir zum Beispiel das Jahr 1942, in dem beide Unternehmen den meisten Umsatz machten: In diesem Jahr stieg das Nettoeinkommen von Missouri Pacific um 675 Prozent, während das Nettoeinkommen von Norfolk and Western um 21,4 Prozent sank.

Warum konnte man bei Missouri Pacific einen so viel größeren Anstieg des Nettoeinkommens verbuchen? Erstens war das Umsatzwachstum größer und zweitens hatte Onkel Sam seine Finger nicht im Spiel, wie dies bei Norfolk and Western der Fall war. Da die Regierung die zusätzlichen Einkünfte von Norfolk and Western durch die Spezialsteuer abschöpfte, hatte das Unternehmen selbst im Grunde genommen nichts davon – ein schlechtes Geschäft. Eine genauere Betrachtung dieser Beziehung zeigt, dass es in diesem Fall ein kluger Schachzug war, Aktien des schwächelnden Unternehmens zu kaufen. Der Kernsatz ist hierbei »in diesem Fall«, da es oftmals klüger ist, in das erfolgreichere Unternehmen zu investieren. Aus diesem Beispiel sollen Schnäppchenjäger keineswegs lernen, sich grundsätzlich für die grenzwertigen Aktien zu entscheiden, wenn sie die Wahl zwischen verschiedenen Wertpapieren haben. Die Lektion lautet vielmehr: Seien Sie in Ihrer Herangehensweise an die Auswahl von Investments flexibel. Ein Schnäppchenjäger, der wichtige Details, wie etwa die steuerliche Behandlung eines Unternehmens, ignoriert oder dazu neigt, nur Aktien der besten Unternehmen zu kaufen, wird es womöglich verpassen, wenn sich ihm an der Börse eine einzigartige Gelegenheit bietet.

Da Onkel John ausschließlich Unternehmen kaufte, die bereits bankrott waren oder aber kurz vor der Pleite standen, werden Sie sich sicher schon gedacht haben, dass er eine zweigeteilte Strategie verfolgte. Er war auf Unternehmen aus, deren Resultate sich am deutlichsten verbessern würden, wollte jedoch gleichzeitig auch sichergehen, dass die Regierung nicht den Löwenanteil der Erträge für sich beanspruchen würde. Das war sehr umsichtig von ihm, denn als er die Unternehmensaktien kaufte, waren die Vereinigten Staaten noch nicht in den Krieg eingetreten und die Steuer auf zusätzliche Erträge existierte noch nicht. Doch aufgrund seiner Geschichtskenntnisse wusste er nur zu gut, dass die Regierung schon in der Vergangenheit solche Kriegssteuern erhoben hatte. Während des Ersten Weltkriegs hatte die Regierung all jene Unternehmen zusätzlich besteuert, die grundsätzlich gut geführt wurden und unter normalen Umständen ordentliche Profite abwarfen. Sie sehen also, dass es bei Weitem nicht ausreichte, einen wahrscheinlichen Krieg und den darauf folgenden Boom vorherzusehen; auch die weiteren Auswirkungen mussten anhand sorgfältigerer Abwägung eruiert werden. Schnäppchenjäger sollten wissen, welch wichtige Rolle die Geschichte beim Investieren spielt. In diesem Fall gilt: Hätte Onkel John Aktien erfolgreicherer Unternehmen gekauft, so wären seine Ergebnisse deutlich schlechter ausgefallen.

Damit Sie sich besser vorstellen können, inwiefern dies Onkel Johns Investment-Ergebnisse beeinflusst hätte, wollen wir uns zwei Unternehmenstypen ansehen, die in Tabelle 2.3 dargestellt sind. Bei Typ 1 handelt es sich um Unternehmen, die in den Jahren vor Kriegseintritt regelmäßig Verluste machten, Typ 2 sind die gut geführten Unternehmen, die in den Jahren vor Kriegseintritt beständig erfolgreich wirtschafteten. Für beide Unternehmenstypen liefert die Tabelle die Renditen, die die jeweiligen Unternehmensaktien in den fünf Jahren nach 1940 generierten.

Aus der Tabelle 2.3 können Sie ersehen, dass die Rendite der grenzwertigen Unternehmen, die sich auf durchschnittlich 1.085 Pro-

Unternehmen mit regelmäßigen Verlusten vor 1940	5-Jahres-Rendite der Unternehmensaktie in %	Unternehmen ohne Verluste vor 1940	5-Jahres-Rendite der Unternehmensaktie in %
Century Ribbon Mills	336	American Can	7
Colorado and Southern Railroad	3.785	Consolidated Gas Company of Baltimore	0
Crosley Corp.	724	Eastman-Kodak	30
Gotham Hosiery	900	General Foods	7
Ken-Rad Tube and Lamp	789	Great Atlantic and Pacific Tea	2
Missouri-Kansas-Texas Railroad	58	Parke-Davis	3
Reo Motor Car Company	2.033	Procter & Gamble	5
Seaboard Railroad 6-45	1.080	Timken Roller Bearing	10
Thompson-Starrett	344	Union Carbide	22
Willys-Overland	800	Hartford Fire Insurance	23
durchschnittliche Rendite	1.085	durchschnittliche Rendite	11

Tabelle 2.3: Vergleich zwischen erfolgreichen und erfolglosen Unternehmen

zent beläuft, die Rendite der eigentlich erfolgreicheren Unternehmen (rechte Seite der Tabelle), die im Durchschnitt 11 Prozent beträgt, weit hinter sich lässt. Obwohl die Unternehmen auf der rechten Seite der Tabelle gut geführt wurden (viele dieser Unternehmen existieren noch heute), war es angesichts der damals herrschenden Umstände doch nicht klug, in sie zu investieren. Dieses Beispiel eignet sich ausgezeichnet, um Ihnen zu verdeutlichen, dass es nicht nur von Vorteil ist, die Geschichte zu kennen, sondern es sich auch lohnt, unkonventionell zu denken und in Unternehmensaktien zu investieren, die andere noch nicht einmal ansatzweise in Betracht ziehen würden.

Nachdem Onkel John seine im Jahr 1939 erworbenen Aktien im Durchschnitt vier Jahre lang gehalten hatte, veräußerte er sie. Er verkaufte basierend auf der grundlegenden Prämisse, dass diese Unternehmen, nun da die Kurse aufgrund zahlreicher Gebote gestiegen waren, nicht mehr attraktiv wären. Zudem war er der Meinung, dass die Unternehmen nach Abklingen des wirtschaftlichen Impulses nichts als durchschnittliche Betriebe mit höheren Kosten wären, die erhöhtem Wettbewerb ausgesetzt sind. Obwohl Onkel John mit diesem Trade ein echter Coup gelungen war und seine Renditen emporgeschnellt waren, verwies er oftmals auf den einen Fehler, den er gemacht hatte: Er hatte ein wenig zu früh verkauft. Nehmen wir zum Beispiel Missouri Pacific-Aktien, die er für 0,125 US-Dollar gekauft hatte. In den darauf folgenden Jahren stieg der Kurs der Aktie schließlich bis auf 105 US-Dollar. Angesichts der Vielzahl an Fehlern, die man beim Kauf und Verkauf von Aktien machen kann, ist der Fehler, den Onkel John machte, wirklich ein kleiner. Dennoch veranlasste er meinen Onkel dazu, sich noch einmal eingehend damit zu befassen, wann man Aktien am besten verkaufte. Nachdem er sich jahrelang praktisch und theoretisch mit diesem Problem auseinandergesetzt hatte, entwickelte er schließlich eine Methode, um Aktien erfolgreich verkaufen zu können. Diese Richtlinien für den Verkauf von Aktien werden wir später in diesem Buch noch kennen lernen.

In der Zwischenzeit wollen wir jedoch noch einmal zu den wichtigsten Lektionen dieses Kapitels zurückkehren. Erstens: Wer Wirtschaftszeitungen liest oder sich im Fernsehen Sendungen ansieht, in denen professionelle Investoren ihre Sicht der Dinge schildern, der wird viel Negatives zum Thema Volatilität auf den Märkten erfahren.

Doch wie Sie anhand unserer Erläuterungen sehen können, ist die Volatilität bei der Suche nach den besten Schnäppchen Ihr engster Verbündeter. Sie sollten die Sache so sehen: Volatilität bietet Gelegenheiten. Je größer die Volatilität, desto mehr Gelegenheiten bieten sich, um ein Schnäppchen aufzuspüren. Wollen Sie Schnäppchenaktien kaufen, dann ist die Volatilität Ihr Freund; wollen Sie beliebte Aktien kaufen, dann ist sie Ihr Feind.

Zweitens: Eine Diskrepanz zwischen dem Wert eines Unternehmens und dem jeweiligen Aktienkurs entsteht vor allem dann, wenn der Markt von Negativität und Pessimismus heimgesucht wird. Einer der Gründe, vielleicht sogar der einfachste, warum der Kurs einer Aktie im Verhältnis zum Unternehmenswert zu niedrig wird, liegt darin, dass die Aktie in rauen Mengen abgestoßen und dadurch der Kurs massiv gedrückt wird. Verliert eine Aktie an Popularität, wird sie von den Investoren für gewöhnlich verkauft. Normalerweise kommt es zu einem solchen Popularitätsverlust, wenn das zugehörige Unternehmen Probleme hat und diese auf dem Markt publik gemacht werden. Als Schnäppchenjäger müssen Sie sich daran gewöhnen, diese Probleme einzuschätzen und dann abzuschätzen, inwieweit sie sich auf die laufenden Geschäfte auswirken werden.

In Wahrheit ist kein Unternehmen vor Problemen gefeit; über manche Probleme weiß man Bescheid, über andere nicht, und manche sind ernster als andere. Ist ein Unternehmen mit Problemen konfrontiert, die ganz offensichtlich nicht von Dauer sein werden, dann ist dies die beste Situation, um zu investieren, da kurzsichtige Aktionäre angesichts der veränderten Erwartungen für die nahe Zukunft in Panik geraten. Es ist wichtig, ein Unternehmen als Einheit zu sehen, die so lange in Betrieb bleiben wird, wie es die finanzielle Lage erlaubt, und solange das Unternehmen für die Eigentümer und Aktionäre Gewinne erwirtschaften kann, die über den Kapitalkosten liegen. Wer über diese Sichtweise verfügt und an die lange Lebensdauer eines Unternehmens glaubt, dem wird es leichtfallen, Aktien zu kaufen, die aufgrund schlechter Quartalsrenditen abgestoßen werden. So etwas kommt sehr häufig vor und eröffnet Marktteilnehmern mit langem Atem Gelegenheiten für Investments. Lassen Sie es uns so formulieren: Auch Michael Jordan, der wohl beste Basketballspieler aller Zeiten, hatte mal einen schlechten Tag und traf hier und dort im entscheidenden Moment den

Korb nicht. Doch ihn aus dem Team der Chicago Bulls zu feuern, nur weil er im Lauf seiner herausragenden Karriere ein oder zwei Spiele vermasselte, wäre ein Riesenfehler gewesen.

Und drittens und letztens: Wenn Sie ein Schnäppchenjäger sind, können Ihre potenziellen Erträge im krassen Gegensatz zum auf dem Markt vorherrschenden Pessimismus stehen. Mit anderen Worten: Erreicht der Pessimismus hinsichtlich eines Unternehmens seinen Höchststand, so wächst Ihr Potenzial, durch das Halten der Unternehmensaktie zu verdienen, proportional, wenn Stimmung oder Prognosen umschlagen. Je schlechter die Aussichten, desto größer wird die Belohnung ausfallen, wenn sich die Aussichten verändern. Die grundlegende Prämisse hinter dem Konzept der Investition am Punkt des maximalen Pessimismus lautet: Verändert sich die Stimmung im Hinblick auf eine Aktie, dann besteht für Sie die Chance, die außergewöhnlichsten Renditen zu generieren, die der Kurs zu bieten hat. Man könnte auch sagen, dass man nach Aktien sucht, wenn sich der Markt unvernünftig zeigt, nur um dann von dieser Unvernunft der Marktteilnehmer zu profitieren. Die Anwendung dieser Denkweise gestaltet sich oft schwierig, da sie sich gegen die menschliche Intuition, stets nach den besten Prognosen Ausschau zu halten, richtet. Als Schnäppchenjäger müssen Sie in denjenigen Bereichen nach Pessimismus suchen, in denen die Situation, die für die negativen Prognosen sorgt, nur vorübergehend ist.

Doch verlassen Sie sich nicht nur auf das, was wir Ihnen erzählen. Hören Sie auf Onkel John, der stets sagte: »Ich werde immer wieder gefragt, wo die Aussichten am besten sind, doch das ist die falsche Frage. Die richtige Frage muss lauten: Wo sind die Aussichten am schlechtesten?«

Kapitel 3

Gesunder Menschenverstand und Global Investing – eine vernünftige, doch scheinbar seltene Kombination

Es ist doch eigentlich nichts weiter als gesunder Menschenverstand, wenn man sich bei der Suche nach diesen lukrativen Schnäppchen nicht nur auf ein Land, wie zum Beispiel Kanada, beschränkt. Natürlich kann man nur in Kanada danach suchen und man wird auch fündig werden, ebenso wie man fündig werden wird, wenn man ausschließlich in den USA nach Schnäppchen sucht. Doch warum die Suche nicht auf den Rest der Welt ausweiten? Und genau das ist es, was wir seit 40 Jahren tun: Wir suchen überall auf der Welt.

– Sir John Templeton, November 1979 –

Das Konzept des Global Investing ist mittlerweile keine Ausnahmeerscheinung mehr. Es gibt viele Investmentfonds, die es den Anlegern ermöglichen, ihre Ersparnisse gewinnbringend an den unterschiedlichen Börsen außerhalb der Vereinigten Staaten zu investieren. Obwohl das Global Investing heutzutage weit verbreitet ist, wurden die Märkte im Ausland viele Jahrzehnte lang nicht ausreichend genutzt und ihr Potenzial weithin verkannt. Mangels einer besseren Formulierung müssen wir es einfach so stehen lassen: Im Ausland zu investieren erschien vielen als ein fremdländisch anmutender Gedanke.

Als Onkel John den Templeton Growth Fund im November 1954 gründete, gehörte er zu den Pionieren des Global Investing. Er, der vom *Forbes Magazine* oftmals der »Dean of Global Investing« genannt wurde, ließ sich auf der Suche nach attraktiven Schnäppchen von geographischen Grenzen nicht aufhalten. Es gibt zwei vernünftige Gründe, warum man sich bei der Suche nach Schnäppchenaktien nicht nur auf den heimischen Markt beschränken sollte. Erstens ergibt sich dadurch eine größere Auswahl potenzieller Schnäppchen. Haben Sie sich als Schnäppchenjäger das Ziel gesetzt, nur solche Aktien zu kaufen, die die größte Diskrepanz zwischen dem Aktienkurs und dem von Ihnen errechneten Unternehmenswert aufweisen, so ist es sinnvoll, überall auf der Welt nach entsprechenden Wertpapieren zu suchen. Der Schnäppchenbestand, aus dem Sie international wählen können, ist auf jeden Fall sehr viel größer. Während also zum Beispiel in den USA nur etwa 3.000 Aktien Ihren Anforderungen entsprechen, steigt die Zahl auf ungefähr 20.000, wenn man auch den Rest der Welt in die Suche mit einbezieht. Ihre Chancen, langfristig erfolgreich zu sein, sind demnach sehr viel höher, wenn Sie flexibel bleiben und sich von den verschiedenen internationalen Börsen sagen lassen, wo Sie am besten investieren sollten.

Dem Anleger bietet sich durch Global Investing nicht nur eine breitere Auswahl, sondern es lassen sich in manchen Ländern auch bessere Schnäppchen finden als in anderen. Haben Sie es sich zur Aufgabe gemacht, aus Pessimismus, Angst oder Negativität an den Börsen Kapital zu schlagen, dann werden Sie wohl recht schnell feststellen, dass manche Länder besser in ihr Schema passen als andere. Da sich Perspektiven und Stimmung von Land zu Land unterscheiden, entsteht zwischen den einzelnen Ländern eine Art Preisbildungsasymmetrie im Bereich der Assets. Mit anderen Worten: Aufgrund unterschiedlicher Perspektiven kann es sein, dass eine Aktie in einem Land mehr zum Schnäppchen taugt als in einem anderen Land. Als Schnäppchenjäger ist es Ihr Ziel, die Asymmetrie zwischen Aktienkurs und geschätztem Unternehmenswert zu maximieren. Tritt eine solche Asymmetrie also in einem bestimmten Land auf, so könnte dies ein Anzeichen für eine Schnäppchen-Agglomeration sein. Ist das Risiko jedoch zu hoch, dann ist dem vielleicht doch nicht so. Diese Risiken zu beurteilen ist ein wichtiger Schritt, mit dem wir uns später in diesem Kapitel noch eingehend befassen werden.

Wer ohne Rücksicht auf den Aktienstandort nach den besten Schnäppchen sucht, hat noch einen weiteren, ebenso wichtigen Vorteil: Die automatische Diversifizierung. Ausschließlich in den USA, einem beliebigen einzelnen Land, oder sogar in einer einzigen Assetklasse zu investieren hat sich über die Jahre hinweg oftmals als keine gute Idee erwiesen. Vermutungen nicht nur dahingehend anzustellen, welches Investment sich bezahlt machen wird, sondern auch, wann es sich bezahlt machen wird, sind zwecklos. Führt man diesen Gedankengang weiter, wird klar: Durch Diversifizierung kann man sich vor sich selbst schützen. Die simple Wahrheit lautet, dass es bisher noch niemandem geglückt ist, den Markt mit der besten Performance auszusuchen und gleichzeitig treffend vorherzusagen, wann diese einsetzen wird. Im Hinblick auf Ihre Investments als Schnäppchenjäger ist es also grundsätzlich eine gute Idee, zu diversifizieren, da Ihnen Investment-Gelegenheiten noch vor den anderen Marktteilnehmern ins Auge stechen und Sie folglich früher investieren als andere. Dies ist eine bei den Schnäppchenjägern und Value-Investoren gängige Eigenschaft.

Dafür, dass Sie die Schnäppchen vor der breiten Masse erspähen, zahlen Sie einen Preis: Sie sitzen herum und warten darauf, dass sich die Einstellung der Investoren bzw. ihre Wahrnehmung des Marktes verbessert. Manchmal verbringt man Jahre damit, zu warten. Es passiert auch nicht selten, dass Schnäppchenjäger eine Aktie kaufen, deren Kurs dann aber weiter sinkt. Aus diesem Grund ist die Geduld nicht nur eine Tugend, sie ist auch das Schlüsselmerkmal eines erfolgreichen Value-Investors. Trotz der üblicherweise recht langen Wartezeit hat es auch einen Vorteil, wenn man seine Investments weitläufig streut: Wenn sich die Stimmung ändert, dann tut sie dies sehr schnell. Raten Sie mal, was passiert, wenn Sie erst auf den Stimmungsumschwung warten, bevor Sie investieren ... richtig, dann folgen Sie der Masse. Außerdem – und das ist der vielleicht wichtigste Punkt – gehen Ihnen dann ein Großteil der Renditen oder sogar die gesamten Erträge durch die Lappen, die im Rahmen dieses Stimmungsumschwungs generiert wurden. Onkel John sagte stets, dass die Stimmung, wenn sie umschlägt, dies sehr plötzlich tut. Hat man dann nicht investiert, lässt man sich einen großen Teil der Renditen entgehen. Diese Anfangsrenditen allein würden wohl schon ausreichen, um Ihre Erträge deutlich von den durchschnittlichen Renditen des übrigen Marktes zu unterscheiden. Wenn Sie der breiten Masse folgen, unterscheiden sich Ihre Renditen kein bisschen von denen der anderen. Außerdem zeigen jahrelange Studien, dass die Ergebnisse der breiten Masse meist ziemlich enttäuschend ausfallen und oft hinter den Durchschnittswerten des Index zurückbleiben. Auf jeden Fall wird die Streuung Ihrer Assets über mehrere Länder dazu beitragen, den Kum-

1993	1994	1995	1996	1997	1998	1999
Hong Kong 116,7%	Japan 21,4%	S&P 500 37,6%	Hong Kong 33,1%	S&P 500 33,4%	Germany 29,4%	MSCI EM 66,9%
MSCI EM 74,8%	MSCI EAFE 7,8%	Russell 2000 28,5%	UK 27,4%	Germany 24,6%	S&P 500 28,6%	Japan 61,5%
Germany 35,6%	Germany 4,7%	Hong Kong 22,6%	S&P 500 23,0%	UK 22,6%	MSCI EAFE 20,0%	Hong Kong 59,5%
MSCI EAFE 32,6%	S&P 500 1,3%	UK 21,3%	Russell 2000 16,5%	Russell 2000 22,4%	UK 17,8%	MSCI EAFE 30,0%
Japan 25,5%	UK −1,6%	LB Agg 18,5%	Germany 13,6%	LB Agg 9,7%	LB Agg 8,7%	Russell 2000 21,3%
UK 24,4%	Russell 2000 −1,8%	Germany 16,4%	MSCI EAFE 6,1%	MSCI EAFE 1,8%	Japan 5,1%	S&P 500 21,0%
Russell 2000 18,9%	LB Agg −2,9%	MSCI EAFE 11,2%	MSCI EM 6,0%	MSCI EM −11,6%	Russell 2000 −2,6%	Germany 20,0%
S&P 500 10,1%	MSCI EM −7,3%	Japan 0,7%	LB Agg 3,6%	Hong Kong −23,3%	Hong Kong −2,9%	UK 12,5%
LB Agg 9,8%	Hong Kong −28,9%	MSCI EM −5,2%	Japan −15,5%	Japan −23,7%	MSCI EM −25,4%	LB Agg −0,8%

Abbildung 3.1: Periodensystem der Investmentrenditen

Quelle: Bloomberg

mer, sei er nun Ergebnis der langen Wartezeit oder einer Fehlentscheidung, zu lindern. Außerdem ist es nicht ungewöhnlich, dass der Wertanstieg mancher Ihrer Aktien nicht synchron mit den übrigen Titeln in Ihrem Portfolio abläuft. Was die Vorteile der Diversifizierung angeht, sagte Onkel John stets, dass »nur diejenigen Investoren nicht zu streuen brauchen, die immer recht haben«.

All denjenigen, die den Vorteilen der Diversifizierung noch immer skeptisch gegenüberstehen, wollen wir Abbildung 3.1 ans Herz legen. Diese Grafik ist auch als »Periodensystem der Investmentren-

2000	2001	2002	2003	2004	2005	2006
LB Agg 11,6%	LB Agg 8,4%	LB Agg 10,3%	Germany 63,8%	MSCI EM 25,9%	MSCI EM 34,5%	Germany 36,0%
Russell 2000 −3,0%	Russell 2000 2,5%	MSCI EM −6,0%	MSCI EM 56,3%	Hong Kong 25,0%	Japan 25,5%	MSCI EM 32,6%
S&P 500 −9,1%	MSCI EM −2,4%	Japan −10,3%	Russell 2000 47,3%	MSCI EAFE 20,3%	MSCI EAFE 13,5%	UK 30,6%
UK −11,5%	S&P 500 −11,9%	UK −15,2%	MSCI EAFE 35,6%	UK 19,6%	Germany 9,9%	Hong Kong 30,4%
MSCI EAFE −14,2%	UK −14,1%	MSCI EAFE −15,9%	Hong Kong 38,1%	Russell 2000 15,3%	Hong Kong 8,4%	MSCI EAFE 26,3%
Hong Kong −14,7%	Hong Kong −15,6%	Hong Kong −17,3%	Japan 35,9%	Germany 16,2%	UK 7,4%	Russell 2000 18,4%
Germany −15,6%	MSCI EAFE −21,4%	Russell 2000 −20,5%	UK 32,1%	Japan 15,9%	S&P 500 4,9%	S&P 500 15,8%
Japan −28,2%	Germany −22,4%	S&P 500 −22,1%	S&P 500 25,7%	S&P 500 10,9%	Russell 2000 4,6%	Japan 6,2%
MSCI EM −30,7%	Japan −29,4%	Germany −33,2%	LB Agg 4,1%	LB Agg 4,3%	LB Agg 2,4%	LB Agg 4,3%

LB AGG = Lehman Brothers Aggregate Bond Index
MSCI EM = Morgan Stanley Capital International Emerging Market Index
MSCI EAFE = Morgan Stanley Capital International Europe, Australasia, Far East Index, Hong Kong, Germany, Japan
UK = Morgan Stanley Capital International Individual Country Indices
Russell 2000 = die 2000 kleinsten Unternehmen auf dem Russell 3000 Index
S&P 500 = Standard and Poor's kapitalisierungsgewichteter Index der 500 Aktien aus den wichtigsten Branchen

diten« bekannt, und wir haben sie in dieses Buch aufgenommen, um zu zeigen, wie sich die Performance der verschiedenen internationalen Märkte stetig verändert.

Wie Abbildung 3.1 deutlich macht, kann es zu jahrelang dauernder schlechter Performance führen, wenn man nur ein Pferd vor seinen Karren spannt. Ganz anders sieht es hingegen aus, wenn die Assets etwas weiter gestreut sind, da dies bessere und ausgeglichenere Resultate zur Folge hat. Denken Sie unter dem Aspekt der Opportunitätskosten über diese Beziehung zwischen den verschiedenen internationalen Märkten nach, und Sie werden sie besser verstehen. Das Konzept der Opportunitätskosten ist in den Bereichen Wirtschaft und Finanzen sehr beliebt und besagt, dass wir mit jeder unserer Handlungen die Möglichkeit aufgeben, von den Vorteilen eines alternativen Vorgehens zu profitieren. In unserem Kontext können die Opportunitätskosten, die durch ausschließlich in den USA stattfindende Investments entstehen (vorausgesetzt, wir erzielen mit dem S&P 500 vergleichbare Ergebnisse), sehr hoch ausfallen. Ein Beispiel: Hätten Sie im Jahr 2002 Ihr Geld ausschließlich in den S&P 500 angelegt, so hätte Ihr Investment – vorausgesetzt, Ihre Erträge wären mit denen des Index identisch gewesen – eine Rendite im Wert von -22,1 Prozent abgeworfen. Hätten Sie Ihr Investment jedoch gleichmäßig über die verschiedenen Märkte verteilt, hätten Sie eine Rendite im Wert von -14,5 Prozent generiert. Nun mögen viele von Ihnen denken, dass das im Vergleich, weniger Geld zu verlieren, nun wirklich kein Grund zum Jubeln ist, doch für all diejenigen, die für die Rente oder das Studium der Kinder sparen, machen geringere Verluste über einen längeren Zeitraum einen gewaltigen Unterschied. Sehen Sie es doch einmal so: Wer im Jahr 2002 ausschließlich in den S&P 500 investierte, der hat auf ein Renditeplus von etwa 10 Prozent verzichtet. Dieses Beispiel ist zwar recht aufschlussreich, doch es ist immer hilfreicher, sich damit zu beschäftigen, wie die Dinge im echten Leben laufen.

Lassen Sie uns also einen Blick auf einige Beispiele aus dem echten Leben werfen, die zeigen, welche Vorteile es bringt, wenn man Diversifizierung und Schnäppchenjagd zu einer Strategie verbindet. Im Rahmen dieses Beispiels werden wir uns mit einem echten Vermögensverwalter beschäftigen, der echtes Geld investierte und etwa 40 Jahre seines Lebens damit verbrachte, echte Menschen reich zu machen.

Dieses Beispiel (siehe Abbildung 3.2) untersucht eines der besten Investmentinstrumente, die wir kennen – den Templeton Growth Fund. Onkel John betreute diesen Fonds von 1954 bis 1987.

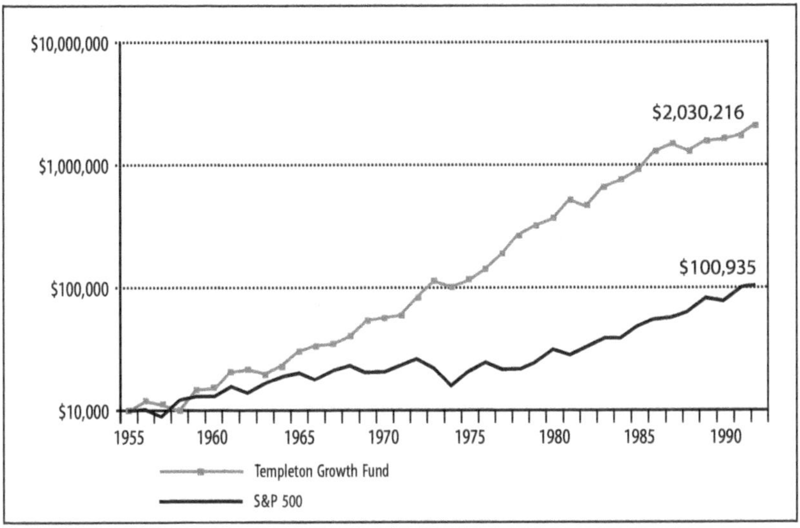

Abbildung 3.2: Renditen des Templeton Growth Fund und des S&P 500, 1955–1992

Quellen: Templeton Growth Fund, Ltd., Bloomberg

Hätten Sie im Jahr 1954, dem Gründungsjahr des Templeton Growth Funds, 10.000 US-Dollar in den Fonds investiert, so wäre Ihr ursprüngliches Investment bis zum Jahr 1992, in dem Onkel John den Fonds an Franklin Resources verkaufte, auf einen Wert von mehr als 2 Millionen US-Dollar angewachsen. Die Betreuung dieses Fonds basierte auf den Grundregeln des Schnäppchenjagens, die wir in Kapitel 2 erläuterten, und dem Einführungsmaterial zum Thema Global Investing aus diesem Kapitel. Mit anderen Worten: Die Wertsteigerung des ursprünglichen Investments von 10.000 US-Dollar kam zustande, weil die Fondsmanager ungeachtet des Aktienstandorts nach den vielversprechendsten Schnäppchen suchten und in diese investierten. Die Illustration hat unter anderem den Zweck, die Vorteile der Diversifizierung empirisch zu demonstrieren.

Natürlich hätten Sie auch auf Nummer sicher gehen und während dieses Zeitraums ausschließlich in den USA investieren können. Doch bei einem Investment in den S&P 500 wäre der Wert Ihrer Anlage lediglich auf 100.935 US-Dollar angestiegen. Wendet man das Konzept der Opportunitätskosten an, so wären Ihnen dadurch, dass Sie Ihre 10.000 US-Dollar nicht in den Templeton Growth Fund anlegten, etwa 1,9 Millionen US-Dollar durch die Lappen gegangen.

Wie Sie sehen, ist es also ein teurer Spaß, nur in den USA zu investieren; ein Spaß, der in diesem Fall ein siebenstelliges Preisschildchen trägt. Die wenigsten vernünftig denkenden Menschen würden wohl dankend ablehnen, bestünde die Möglichkeit, dass ihr Investment über die Dauer seiner Laufzeit zusätzliche 1,9 Millionen US-Dollar auf das Trading-Konto spülen könnte. Doch Investoren, die im Jahr 1954 nicht zusammen mit Onkel John in die internationalen Märkte einstiegen, ließen sich jedes Mal, wenn sie 10.000 US-Dollar in den S&P 500 investierten, 1,9 Millionen US-Dollar entgehen.

Zwar mag der enorme Wertanstieg, den ein Investment über 10.000 US-Dollar durch Anlage in den Templeton Growth Fund erfahren kann, manche Investoren von den Vorteilen der globalen Diversifizierung überzeugen; manche andere allerdings stehen unserer Strategie, nur die lukrativsten Schnäppchen auf dem Markt zu kaufen, skeptisch gegenüber. Manche Investoren sind vielleicht vom Konzept der Diversifizierung begeistert, ihnen widerstrebt jedoch die Vorstellung, Aktien von Unternehmen zu kaufen, die in Ungnade gefallen, langweilig, verhasst, uninspirierend oder einfach nur völlig unbekannt sind. Wir werden zeigen, dass es sich lohnt, nicht nur durch globale Investments zu diversifizieren, sondern auch auf Schnäppchenjagd zu gehen.

Obwohl es keinen brauchbaren internationalen Leitindex gibt, der bis ins Jahr 1954 zurückgeht, können wir doch mit dem landläufig bekannten MSCI World Index arbeiten, der Daten ab dem Jahr 1969 liefert. Abbildung 3.3 vergleicht die Vorteile der internationalen Schnäppchenjagd mit denen eines internationalen Investments innerhalb eines breit angelegten Index wie dem MSCI World Index.

Bei der Betrachtung der Ergebnisse zweier Investments im Wert von je 10.000 US-Dollar in den Templeton Growth Fund und einen breit angelegten Index wie den MSCI World Index fällt erneut die Performance-Disparität auf. Hätten wir im Jahr 1969 10.000 US-

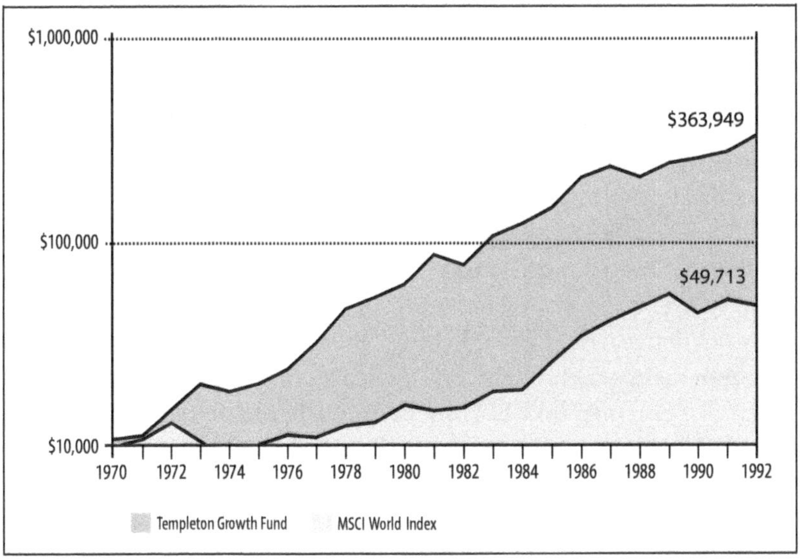

Abbildung 3.3: Wertentwicklung eines Investments über $ 10.000 in den Templeton Growth Fund und den MSCI World Index, 1970–1992

Quellen: Templeton Growth Fund, Ltd., Bloomberg

Dollar in den Templeton Growth Fund investiert, so wäre der Wert des Investments bis zum Jahr 1992 auf 363.949 US-Dollar gestiegen (vorausgesetzt, Ausschüttungen und Dividenden wären reinvestiert worden). Hätten wir lediglich in die auf dem MSCI World Index notierten Aktien investiert, so hätte unser Investment im Jahr 1992 einen Wert von 49.713 US-Dollar erreicht. Die wichtige Frage, die Sie sich als Investor stellen müssen, lautet: Was entgeht Ihnen, wenn das Schnäppchenpotenzial einer Aktie kein Auswahlkriterium ist oder Sie Ihr Geld nicht in die Hände von Profis geben, die gemäß diesem Kriterium handeln? Im Fall von Onkel Johns Fonds war die Antwort leicht zu finden: Sie hätten sich bereit erklärt, auf zusätzliche 314.236 US-Dollar zu verzichten. Dies setzt natürlich voraus, dass Sie bei der Auswahl der Aktien ein ebenso gutes Händchen haben wie Onkel John, oder dass Sie in der Lage sind, Renditen zu generieren, die über dem Durchschnittswert des so genannten Alpha-Index liegen. Betrachten wir das Thema »Globale Schnäppchenjagd als Investment-Strategie« in diesem Licht, so kann die Frage nicht länger lauten, ob man überall auf der Welt nach Schnäppchen suchen sollte; die Frage muss vielmehr lauten: Können Sie es sich leisten, es nicht zu tun? Ist die Antwort ein vernünftiges »Nein«, dann sind Sie auf dem besten Weg, die Welt mit den Augen eines internationalen Schnäppchenjägers zu sehen.

Bei einem flüchtigen Blick auf Abbildung 3.3 kann es durchaus geschehen, dass einem die starke Performance des Templeton Growth Fund während der 70er-Jahre entgeht. Nach allem, was man so hört, war es in den 70ern aufgrund einiger heimtückischer und gefährlicher Faktoren nicht gerade leicht, erfolgreich zu investieren. Da gab es zum einen den Aufstieg und Fall der berühmt-berüchtigten Story Stocks, der Märchen-Aktien, auch als Nifty Fifty bekannt, die bei vielen Investoren für massive Verluste sorgten. Und als ob das noch nicht genug gewesen wäre, hatten die Investoren auch noch mit der rasant steigenden Inflation, der Energiekrise und dem schleppenden Wirtschaftswachstum zu kämpfen. Dieses Jahrzehnt bietet sich als solides empirisches Argument für die Vorteile der Schnäppchenjagd in Verbindung mit globaler Diversifizierung geradezu an. Angesichts all der Schwankungen im wirtschaftlichen Umfeld und des Nichtvorhandenseins eines erkennbar positiven Trends ist der Aktienmarkt der 70er-Jahre dadurch definiert, dass er sich am Ende der Dekade auf demselben Niveau befand wie schon zu Beginn des Jahrzehnts. Hätten Sie Anfang der 70er-Jahre in Dow-Aktien investiert, so hätten Sie möglicherweise am Ende der zehnjährigen Laufzeit Ihres Investments nichts vorzuweisen gehabt. Zieht man noch die Inflationsrate in Betracht, dann hätten Sie wohl sogar Geld verloren, denn zur damaligen Zeit erodierte die Kaufkraft massiv.

Abbildung 3.4 bildet den US-Markt über diese Zeitspanne ab und bietet uns die Gelegenheit, eine wichtige Frage zu stellen: Müssen die Kurse an der Börse steigen, damit Sie Geld verdienen? Die einfache Antwort lautet: »Nein«. Wenn Sie Ihre Strategie als Schnäppchenjäger richtig anwenden – also nur diejenigen Aktien kaufen, die im Verhältnis zu Ihrer Einschätzung des entsprechenden Unternehmenswertes am niedrigsten bewertet sind –, dann investieren Sie im Grunde ausschließlich in die besten zur Verfügung stehenden Angebote. Indem Sie so vorgehen, folgen Sie nicht unbedingt der Performance des Mark-

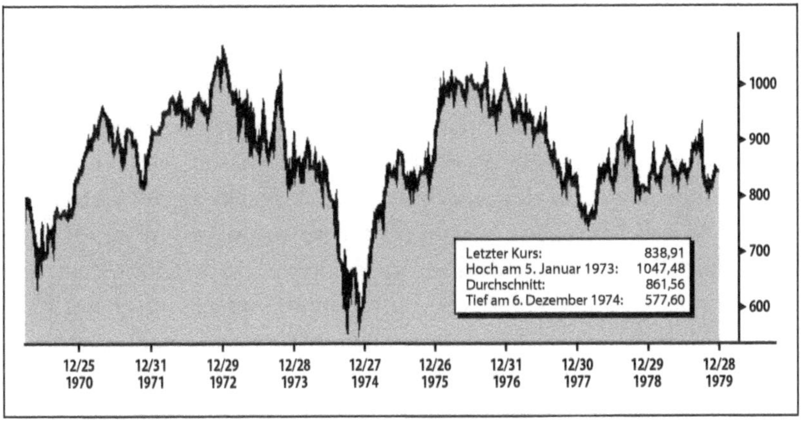

Abbildung 3.4: Der Dow Jones Industrial Average, 1969–1979

Quelle: Bloomberg

tes, es sei denn, die im Verhältnis zu ihrem tatsächlichen Wert am niedrigsten bewerteten Aktien werden zufällig in einem der populären Marktkennziffern, wie etwa dem Dow Jones Industrial Average, dem S&P 500 oder dem NASDAQ geführt. Es wäre nicht das erste Mal: Anfang der 80er-Jahre kaufte Onkel John zum Beispiel in den USA zahlreiche so genannte »Famous Name Stocks«, also Aktien mit berühmtem Namen, als deren Kurs-Gewinn-Verhältnisse drastisch bis auf einen Wert fielen, der unter der Hälfte ihrer langfristigen Durchschnittswerte lag. Doch in den meisten Fällen wird die breite Masse die Aktien, die für Sie von Interesse sind, nicht kennen oder einen weiten Bogen darum machen. Im Grunde genommen geht es hierbei darum, sich das attraktivste Portfolio, bestehend aus den besten Schnäppchen auf dem Markt, zusammenzustellen, indem Sie eine Aktie nach der anderen kaufen.

Wenn Sie all die Aktien gekauft haben, deren Kurse womöglich nicht einmal halb so hoch sind, wie sie es Ihrer Meinung nach sein sollten, werden Sie sich vielleicht Ihre Sammlung ansehen und zu dem Schluss kommen, dass die meisten dieser Aktien in einem bestimmten Land, zum Beispiel Japan, gehandelt werden. Also wären Sie vielleicht geneigt zu sagen: »Japanische Aktien sind Schnäppchen.« Doch eben dieses Vorgehen führt dazu, dass Sie eine scheinbar makroökonomische Aussage über ein Land treffen. Während seiner gesamten Karriere war Onkel John berühmt dafür, erfolgreich einzelne Länder für seine Investments auszuwählen, doch nur wenige wissen, dass seine Sicht eines Landes stets auf der eingehenden Untersuchung der Aktien auf der Unternehmensebene beruhte. In Investorenkreisen nennt man diese Vorgehensweise die Bottom-up-Analyse. Das bedeutet, dass man seine Suche nach aussichtsreichen Investments auf der untersten Ebene des Marktes – also bei dem einzelnen Unternehmen – beginnt. Dies ist einer der Bereiche, in denen Onkel John vermutlich missverstanden wurde. Weil er bei seinen Empfehlungen normalerweise ein bestimmtes Land einem andern vorzieht, gehen Beobachter davon aus, dass er die beiden Länder auf makroökonomischer Ebene miteinander vergleicht, um zu dieser Entscheidung zu kommen. Doch meist entschied er, ob sich ein Land zu Investmentzwecken eignet, indem er zuerst überprüfte, welches der Länder eine höhere Dichte günstiger Aktien aufweisen konnte. Mit anderen Worten: Seine Sichtweise einzelner Länder war das Resultat einer Assimilation der Bottom-up-Analyse und kam nicht dadurch zustande, dass Onkel John die Top-down-Methode anwandte, um das BIP, die Beschäftigungsprognosen oder andere Aspekte eines Landes zu untersuchen. Schnäppchenjäger sollten sich einer Sache bewusst sein: Um ein Land richtig einschätzen zu können, muss man zuerst einzelne Unternehmen richtig einschätzen und nicht andersherum.

Die richtige, angemessene Sichtweise der Börse sieht wie folgt aus: Man sollte sie nicht als Indexnummer betrachten, sondern als Ansammlung von Aktien. Nimmt man den Markt mit all seinen einzelnen Aktien wahr, so wird man erkennen, dass an der Börse nie nur ein Marktszenario vorherrscht, sondern dass immer mehrere einzelne Hausse- und Baissemärkte gleichzeitig existieren. Tatsächlich ist jede Aktie ihr eigener Markt, was so viel heißen soll wie: Jede Aktie hat Käufer und Verkäufer. Die Anwendung dieser Sichtweise ermöglicht es Ihnen, mehrere Aktien zu finden, die während einer Baisse auf den Indizes gut performen oder während einer Index-Hausse schwächeln.

In manchen Fällen kann diese Art der Analyse dazu führen, dass die Performance der eigenen Aktien von der der breiteren Markt-Indizes, wie etwa dem Dow Jones, dem S&P 500 und dem MSCI World Index, abgekoppelt wird. Das klingt großartig und ist auch großartig, solange der Kurs Ihrer Schnäppchenaktien steigt und der Index fällt. Die Kehrseite sieht so aus, dass Sie vielleicht auch Zeiträume durchstehen müssen, in denen die Performance Ihrer Aktien schlechter ausfällt als die des Marktdurchschnitts. Hierbei handelt es sich um eine psychologische Form der Magenverstimmung, die nur wenige Marktteilnehmer, ja noch nicht einmal die erfahrensten Investoren, problemlos wegstecken; doch dieses Szenario ist als Begleiterscheinung eines erfolgreichen Investments auf lange Sicht nicht ungewöhnlich. Ein Blick in die Vergangenheit beweist: Selbst wenn Ihre allgemeine Performance als Investor über den Durchschnittswerten des Marktes liegt, wird es sicher auch Phasen geben, in denen Ihre Performance hinter der des Marktes zurückbleibt. Ihre Performance kann sogar massiv unter den Marktwerten liegen. Doch Ihr Vorteil als Schnäppchenjäger ist, dass Sie sich sicher sein können, im Vorfeld Ihre Hausaufgaben gemacht zu haben, und dass die Zeit auf Ihrer Seite ist. Der Moment wird kommen, an dem der Markt erkennt, was Sie schon längst wissen. Sie sollten sich darauf einstellen, dass Ihre Performance einige Jahre lang unter der des Marktes liegen wird.

Wenn Sie diese grundlegende Tatsache von vornherein akzeptieren, dann gibt Ihnen dies die geistige Stärke, die Sie brauchen, um nicht sofort die Flucht zu ergreifen, sollte kurzfristig einmal nicht alles nach Ihren Vorstellungen laufen. Der Drang, Ihre Verlust-Aktien aufzugeben und sich in »bessere« Investments einzukaufen – womit für gewöhnlich Aktien mit steigendem Kurs gemeint sind –, kann schier überwältigend sein. Doch wenn Sie im Vorfeld solide analysiert und recherchiert haben, dann ist es wichtig, diesem Drang zu widerstehen. Egal mit welchem der großen Investmentfonds-Manager, die zehn Jahre oder länger im Geschäft waren, Sie sich auch befassen – Sie werden sehen, dass sie alle Phasen durchliefen, in denen ihre Performance hinter dem Marktwert zurückblieb, und das, obwohl sie es langfristig schafften, den Markt zu überflügeln.

Aus Abbildung 3.5, die die jährlichen Renditen des Templeton Growth Fund und des Dow Jones Industrial Average zeigt, lässt sich deutlich ersehen, welche Konsequenzen es haben kann, wenn man Nerven zeigt, nur weil die Performance kurzfristig unter der des Mark-

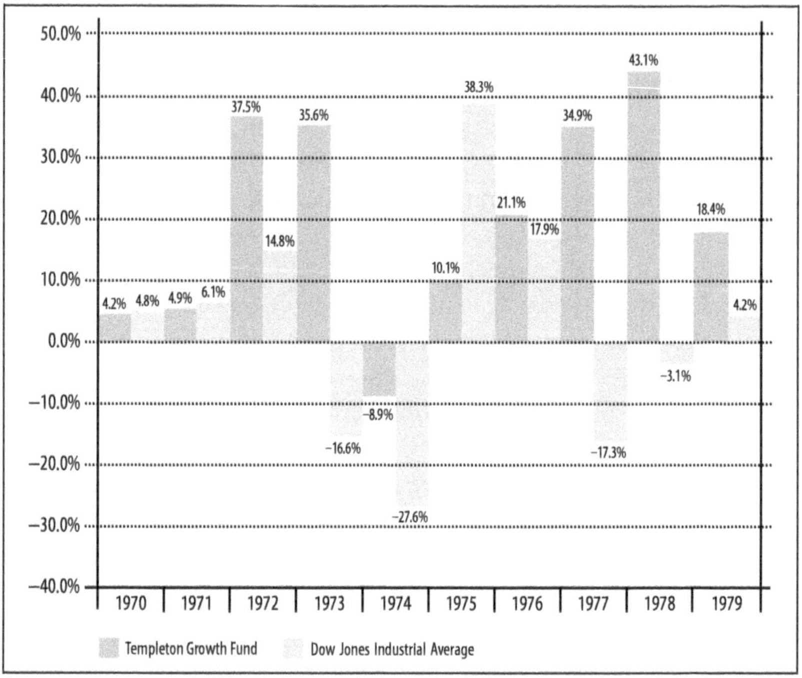

Abbildung 3.5: Jahresrenditen des Templeton Growth Fund und des Dow Jones Industrial Average, 1970–1979

Quellen: Templeton Growth Fund, Ltd., Bloomberg

tes bleibt. Investoren, die in den Jahren 1970, 1971 oder 1975 angesichts der vergleichsweise schlechten Performance des Fonds beunruhigt waren, hätten durch den Verkauf ihrer Anteile einen großen Fehler begangen, denn der Fonds generierte im Verlauf des gesamten Jahrzehnts eine durchschnittliche Rendite von 22 Prozent, während die Rendite des Dow lediglich 4,6 Prozent betrug. Doch alle Investoren, seien sie nun Schnäppchenjäger auf der Suche nach Aktien oder Schnäppchenjäger auf der Suche nach Investmentfonds, haben eines gemeinsam: Sie neigen für gewöhnlich dazu, im unpassendsten Moment als Reaktion auf eine kurzfristig schwache Performance zur Reise nach Jerusalem aufzubrechen. Da sich Onkel John dieses psychologischen Handicaps bewusst war, gab er stets den folgenden Ratschlag:

»Über Ihre Investment-Methoden sollten Sie sich Gedanken machen, wenn Sie am erfolgreichsten sind, und nicht dann, wenn Sie einen Fehler nach dem anderen machen.«

Bisher haben wir Ihnen einige empirische Argumente aus dem echten Leben präsentiert, die für die Schnäppchenjagd auf internationaler Ebene sprechen. Doch selbst heutzutage gibt es noch Investoren, die die internationalen Märkte völlig ignorieren und ausschließlich in den USA investieren. Man sollte meinen, die Zeiten hätten sich geändert, doch die in den 30er-Jahren bei Onkel Johns Kommilitonen in Yale vorherrschenden Ansichten existieren noch immer und sind noch fast ebenso lächerlich wie damals. Damals war man sich einig, die Vereinigten Staaten seien das wichtigste Land und folglich der beste Markt für Investments. Heutzutage beschweren sich die meisten Investoren, dass bei Anlagen im Ausland stets ein Mangel an Information herrsche. Um die Sache noch weiter zu verkomplizieren, haben die Pessimisten, was den Informationsmangel angeht, auch noch recht! Den Anlegern, die in Unternehmen im Ausland investieren, stehen tatsächlich weniger Informationen zur Verfügung, vor allem dann, wenn sie vorhaben, in aufstrebende Märkte zu investieren. Doch Ihre Zukunft als internationaler Schnäppchenjäger hängt nun von Ihrer Sichtweise der Dinge ab. Ist das Glas halb leer? Lassen Sie sich angesichts des Mangels an Information ins Bockshorn jagen? Oder ist das Glas halb voll? Sind Sie in der Lage, aus diesem Informationsmangel einen Vorteil zu ziehen, die Gelegenheit am Schopf zu packen und zu investieren, bevor es die breite Masse tut? Onkel John, der ewige Optimist, hätte in diesem Fall die Ärmel hochgekrempelt und seine Hausaufgaben gemacht. Als Schnäppchenjäger sollten Sie sich einer Sache bewusst sein: Finden Sie Aktien, über die nur wenig Information zur Verfügung steht, und Sie finden mit großer Wahrscheinlichkeit Wertpapiere, die falsch bewertet wurden.

Onkel Johns Kauf der mexikanischen Telefongesellschaft Telefonos de Mexico Mitte der 80er-Jahre liefert uns ein gutes Beispiel für diese »Informationslücken« und zeigt anhand realer Ereignisse, wie Onkel John damit umging. Onkel John glaubte, dass man sich auf die damals für das Unternehmen veröffentlichten Zahlen nicht verlassen konnte. Um dieses Problem zu lösen, zählte er einfach, wie viele Telefonanschlüsse es in Mexiko gab, und multiplizierte diese Zahl dann mit dem Tarif, den die Bürger des Landes zahlten. Natürlich war dies sehr arbeitsintensiv und erforderte viele Nachforschungen, doch schließlich konnte Onkel John, basierend auf seiner eigenen Hochrechnung, sagen, dass der Aktienkurs im Vergleich zum Unternehmenswert viel zu niedrig war. Dieses Beispiel mag ein wenig zu extrem klingen, doch es verdeutlicht ganz ausgezeichnet, worauf sich Schnäppchenjäger bei ihrer Suche nach der Wahrheit gefasst machen müssen.

Nachdem wir ja in Kapitel 2 über die Wahrnehmung des Marktes und deren Abkopplung von der wirtschaftlichen Realität, die den Wert eines Unternehmens bestimmt, gesprochen haben, sollte Ihnen diese Diskussion doch recht bekannt vorkommen. Die Fehlwahrnehmung einer Aktie und deren Verhältnis zum jeweiligen Unternehmen kann viele Gesichter haben, doch der Mangel an Informationen ist an den internationalen Märkten und vor allem an den aufstrebenden Märkten einer der häufigsten Gründe dafür. Im Fall der Telefongesellschaft war es eben dieser Mangel an Information, der die Investoren auf Abstand hielt. Da Investoren aus diesem Grund einen weiten Bogen um die Aktie machten, war es nur vernünftig, Nachforschungen anzustellen und der Wahrheit auf die Spur zu kommen, nachdem die Investoren den Kurs gedrückt hatten, nur weil sie nicht genug über das Unternehmen wussten. Dadurch, dass die anderen Investoren nicht bereit waren, sich die Hände schmutzig zu machen und sich die nötigen Informationen zu besorgen, eröffnete sich für Onkel John eine Gelegenheit, die er voll ausnutzte.

Oftmals legt man sich selbst Steine in den Weg, nur weil man nicht bereit ist, ein kleines bisschen härter zu arbeiten als die anderen, um wichtige Antworten zu erhalten. Für Onkel John war eine ausgeprägte Arbeitsmoral die elementare Philosophie, die jedem Erfolg zugrunde liegen musste, egal ob es sich nun um Erfolg beim Investieren oder in einem anderen Lebensbereich handelte. Diesen Glauben daran, dass es sich bezahlt macht, wenn man härter arbeitet als andere, nannte er die »Doktrin des bisschen extra Arbeit«. Dies erinnert an den berühmten Ratschlag, den Henry Ford einst gab: »Genie, das ist 1 Prozent Inspiration und 99 Prozent Transpiration.« Nach Onkel Johns Überzeugung arbeiten – unabhängig vom Beruf oder vom Betätigungsfeld – diejenigen, die ein bisschen Erfolg haben, *fast* so hart wie die *Erfolgreichsten*. Mit anderen Worten: Was die Besten vom Rest unterscheidet, ist ihre Bereitschaft, eine Stunde länger zu lesen, eine Stunde länger zu üben, eine Stunde länger zu trainieren, eine Stunde länger zu lernen. Jeder von uns ist doch schon einmal jemandem begegnet, der mit Talent im Überfluss gesegnet war, sei es nun hinsichtlich des Berufs, beim Sport oder in der Schule, und der doch nie so erfolgreich war, wie er oder sie es eigentlich hätte sein können. Dies zeigt, dass es gelegentlich auch von Nachteil sein kann, der klügste Schüler oder die beste Athletin zu sein. Dies gilt für jeden Bereich des Lebens und betrifft nicht nur Investoren. Die besten Schnäppchenjäger wissen, dass der eine zusätzliche Unternehmensbericht, den sie lesen, das eine Konkurrenzunternehmen, mit dem sie sich auseinandersetzen, oder der eine zusätzliche Zeitungsartikel, den sie überfliegen, ausschlaggebend sein kann für das beste Investment ihres Lebens.

Durch das Wachstum im Bereich internationale Investments beschäftigen sich seit etwa 30 Jahren immer mehr Analysten mit Wertpapieren, sodass die Zahl der veröffentlichten Studien seit den 70er-Jahren deutlich gestiegen ist. Dass es heute mehr internationale Investoren und Maklergesellschaften, die die Investoren mit Informationen versorgen, gibt, hat dazu beigetragen, der massiven Marktineffizienz beizukommen. Doch unserer Meinung nach gibt es an der Börse noch immer eine Menge Aktien, zu denen keine Informationen zur Verfügung stehen oder mit denen sich nur eine Handvoll Analysten beschäftigen. Diese Aktien sollten Schnäppchenjäger, die bereit sind, sich voll einzubringen und ein wenig grundlegende Bottom-up-Analyse zu betreiben, definitiv als Jagdgrund für sich nutzen. Aktien, die an Börsen im Ausland gehandelt werden und über die nur wenig bekannt ist, können insofern mit massiver Ineffizienz behaftet sein, als dass niemand weiß, was in den Unternehmen vorgeht, wie die Geschäfte laufen und wie der Markt die Unternehmen wahrnimmt. Solche Disparitäten zu suchen und zu finden ist eine altbewährte Methode erfolgreicher internationaler Schnäppchenjäger.

Bei all dem Gerede über die weltweite Suche nach Schnäppchenaktien und die Ausnutzung der durch einen Mangel an Informationen auf dem Markt entstehenden Ineffizienz haben wir noch nicht über den Leitstern gesprochen, der den Schnäppchenjäger zum Ziel, dem geplanten Kauf, führt. Für Onkel John war der Leitstern in den meisten Fällen das KGV. Manchen mag dies allzu simpel erscheinen, doch das Kurs-Gewinn-Verhältnis (Kurs geteilt durch Gewinn pro Aktie) ist tatsächlich eine durchaus adäquate Kennziffer bzw. ein Ausgangspunkt für die Bewertung. Niedrige KGV-Werte führten Onkel John in den 60er-Jahren nach Japan, in den 80ern in die Vereinigten Staaten und in den 90er-Jahren nach Südkorea. Seine Einschätzung der drei Länder war in jedem Fall richtig und seine Investments dort erwiesen sich als außergewöhnlich. Natürlich wollen wir damit nicht sagen, dass Sie jede Aktie mit niedrigem KGV, die Sie in die Finger bekommen, kaufen sollen, doch eine von Onkel Johns grundlegenden Prämissen war, für zukünftige Erträge so wenig wie möglich zu zahlen.

Um sicherzustellen, dass die Erfolgschancen für Sie günstig stehen, sollten Sie nach Aktien Ausschau halten, die im Verhältnis zu den Erträgen eines Unternehmens mit überdurchschnittlichen langfristigen Wachstumsaussichten und überdurchschnittlichem langfristigem Ertragspotenzial ausnehmend niedrig bewertet sind. Am besten lässt sich diese Strategie bei Aktien anwenden, die abgestoßen wurden und in Ungnade gefallen sind, die der breiten Masse nicht bekannt sind oder die vom Markt falsch eingeschätzt werden. Um Ihnen einen Eindruck davon zu vermitteln, wie Onkel Johns Bezugswerte aussahen, sei gesagt, dass er oft nach Aktien suchte, deren Kurs nicht höher als das Fünffache des aktuellen Aktienkurses geteilt durch die von ihm errechneten Erträge der nächsten fünf Jahre war. Mit anderen Worten: Teilte er den Aktienkurs durch seine Berechnung der Unternehmenserträge pro Aktie im fünften Jahr, so musste sich das Ergebnis auf kleiner/gleich 5 belaufen. Onkel John bemerkte allerdings auch, dass er manchmal nur das Ein- bis Zweifache der von ihm geschätzten Erträge, die für das folgende Jahr angegeben wurden, bezahlen musste. So etwas ist jedoch natürlich nur in einer Situation extrem niedriger Werte möglich. Doch genau das ist es, wonach Schnäppchenjäger Ausschau halten müssen: *extreme* Fälle von Fehlbewertung.

Vielleicht stellen Sie sich nun die Frage: Wie kann man sich sicher sein, was ein Unternehmen in fünf Jahren erwirtschaften wird? Nun ja, nur die wenigsten können dies mit Sicherheit vorhersagen. Die meisten Analysten umgehen dieses Problem, indem sie eine Rückkehr zu den durchschnittlichen Ergebnissen, die das Unternehmen in der Vergangenheit generierte, prognostizieren; natürlich vorausgesetzt, es zeichnen sich hinsichtlich des Unternehmens oder der jeweiligen

Branche keine maßgeblichen Veränderungen ab. Anders formuliert heißt das: Betrug die langfristige durchschnittliche Netto-Gewinnspanne während der vergangenen zehn Jahre 5 Prozent, generierte das Unternehmen jedoch im Lauf des letzten Jahres 7 Prozent, so wäre dem Schnäppchenjäger wohl anzuraten, für die Dauer der kommenden fünf Jahre von einer 5-prozentigen Marge auszugehen, es sei denn, das Unternehmen hätte während des vergangenen Jahres etwas bewerkstelligt, was das Ertragspotenzial langfristig positiv beeinflussen wird und einen langfristigen Anstieg der Gewinnspanne auf 7 Prozent realistisch erscheinen lässt. Konservative Schnäppchenjäger könnten aber – zur Sicherheit – trotzdem von der 5-Prozent-Marge ausgehen, immerhin ist das mit der Zukunft und den Prognosen so eine Sache.

Verwendet man bei der Erstellung seiner Prognosen konservative Werte, so schafft man sich dadurch einen Sicherheitsspielraum. Dabei handelt es sich um ein von Benjamin Graham entwickeltes Konzept, das für die Schnäppchenjagd von grundlegender Bedeutung ist. Eine Möglichkeit, dieses elementare Konzept anzuwenden, ist, bei der Erstellung von Prognosen mit angenommenen Werten zu arbeiten, die auch suboptimale Umstände in Betracht ziehen. Es geht dabei darum, Ergebnisse für einen gesamten, für gewöhnlich fünfjährigen »Zyklus« zu prognostizieren, wobei der Schnäppchenjäger gute ebenso wie nicht so gute Zeiten in seine Berechnungen mit einbezieht. Langfristige Schnäppchenjäger wissen, dass sie beide Szenarien in Erwägung ziehen müssen. Fällt der Aktienkurs im Vergleich zu diesen suboptimalen oder lediglich durchschnittlichen Ergebnissen noch immer niedrig aus, so haben Sie eine Aktie mit Sicherheitsspielraum entdeckt.

Mit einer mittel- bis längerfristigen 5-Jahres-Prognose zu arbeiten mag nicht ganz einfach sein, doch dadurch werden Sie gezwungen, Ihre Gedanken auf Linie zu bringen und sich auf Themen zu fokussieren, die für Ihr Vorhaben relevant sind. So sollten Sie sich zum Beispiel fragen, welche Wettbewerbsvorteile ein bestimmtes Unternehmen besitzt. Gelingt es dem Unternehmen, sein Ertragspotenzial über einen langen Zeitraum aufrechtzuerhalten, so sollte das Unternehmen über einen Wettbewerbsvorteil verfügen. Sind die Produktionskosten des Unternehmens niedriger? Ist die Marke des Unternehmens besser, sodass die Wahrnehmung der Qualität des Produkts höhere Verkaufspreise zur Folge hat? Lautet die Antwort auf eine oder mehrere dieser Fragen »Ja«, so können Sie mit einem stärkeren Gefühl der Sicherheit prognostizieren, dass die Gewinnspannen dieser Unternehmen auch in Zukunft aufrechterhalten werden können. Dadurch bietet sich Ihnen auch eine bessere Grundlage, um die zukünftigen Erträge des Unternehmens zu beurteilen. Die Wahrheit sieht ganz einfach so aus: Wollen Sie Aussagen über die Zukunft treffen, so müssen Sie ein dynamisches Verständnis des Unternehmens und seiner Aussichten entwickeln. Um dieses dynamische Verständnis entwickeln zu können, müssen Sie sich Fragen bezüglich der langfristigen Aussichten des Unternehmens stellen. Langzeit-Perspektiven werden in Jahren gemessen, nicht in Quartalen. All die Fragen und Antworten, auf die Sie bei Ihrem Versuch, die in weiter Ferne liegenden Unternehmenserträge zu berechnen, stoßen werden, ermöglichen Ihnen eine Wahrnehmung des Unternehmens, die der Sichtweise anderer Käufer und Verkäufer auf dem Markt überlegen ist.

Der Versuch, vorherzusagen, wie viel ein Unternehmen in fünf Jahren einnehmen wird, hat noch einen anderen Vorteil: Sie werden dadurch auf psychologischer Ebene gezwungen, die Ohren vor den kurzfristigen Nebengeräuschen, die den Markt fest in der Hand haben, zu verschließen. Dieser Aspekt bezieht sich auf Kapitel 2, wo es darum ging, sich kurzfristige Volatilitäten, hervorgerufen durch schnelle Veränderungen des Kurses, die das Ergebnis kurzzeitiger Rückschläge eines Unternehmens sind, zunutze zu machen. Langzeit-Prognosen über ein Unternehmen zu erstellen gehört nicht zu den fantasiereichen Methoden, die manche Fondsmanager in ihren Annoncen anpreisen. Wird die Prognose jedoch korrekt erstellt, so bietet sie einen psychologischen Vorteil, den gute Schnäppchenjäger nutzen, um aus den vorübergehenden Problemen eines Unternehmens Kapital zu schlagen.

Bisher haben wir Ihnen einige Argumente für die Vorteile der globalen Schnäppchenjagd geliefert, doch der aufgeweckte Investor weiß: Die Schnäppchenjagd hat auch Tücken und Risiken. Weil viele »globale Investoren« um die Existenz dieser Risiken wissen und sich ihnen nicht aussetzen wollen, tauchen sie nur vorsichtig den großen Zeh in die internationalen Märkte, indem sie für gewöhnlich in eines der »sichereren« Unternehmen mit höherer Marktkapitalisierung investieren. Die Risiken, die mit einem internationalen Investment einhergehen, zu verstehen und zu bemessen, ist eine echte Herausforderung. Eines der größten Bedenken, mit denen sich die meisten Investoren beim Kauf einer Auslandsaktie auseinandersetzen müssen, ist zu akzeptieren, dass das Risiko der Währungsschwankungen besteht.

Der Ratschlag, den Onkel John in Bezug auf Devisen stets gab, gründete auf seiner festen Überzeugung, dass Devisentrends in der Regel mehrere Jahre andauern. Außerdem sollte man sich seiner Meinung nach bei der Wahl zwischen zwei Währungen stets für die »weniger riskante« und nicht für die angeblich »gute« Währung entscheiden. Mit anderen Worten: Alle Währungen bringen Risiken mit sich, doch das eine Risiko, das Onkel John offenbar nie bereit war einzugehen, waren übermäßige Staatsausgaben. Aus den ersten beiden Kapiteln wissen wir, dass eines seiner Grundprinzipien lautete: Sei sparsam. In vielerlei Hinsicht wandte er dieses Prinzip nicht nur auf sich und sein Umfeld an, sondern auch auf Landesebene. Anders formuliert: Länder mit geringem Schuldenaufkommen und hoher Sparquote haben die risikoärmsten Währungen. Im Laufe der Zeit ist die Liste der Länder, die diese Kriterien erfüllen, zwar kürzer geworden, doch es gibt noch eine Menge solcher Länder. Eines der Paradoxe, die mit Investments in unserer zunehmend freien Welt auf den Fersen der sich ausbreitenden Demokratie einhergehen, ist der wesentliche langfristige Anstieg der Inflation. Das soll jedoch nicht heißen, Onkel John wäre gegen Demokratie und freies Unternehmertum. Das Gegenteil ist der Fall und er unterstützt diese Dinge mit seinem eigenen Geld. Neben der Förderung der Spiritualität und der Charakterentwicklung ist das freie Unternehmertum Onkel Johns Kernanliegen als Philanthrop. Doch eine der Begleiterscheinungen der Verbreitung der Demokratie ist die Inflation, da die Wählerschaft dazu neigt, Amtsträger zu wählen, die immer mehr Geld ausgeben und nicht sparen. Onkel John glaubt, dass die Wähler einen Politiker, der viel ausgibt, immer vorziehen werden, während sie Politiker, die ihnen nicht geben, was sie wollen, nicht wiederwählen. Dies war bisher in jeder Demokratie so, und die Vereinigten Staaten sind das Paradebeispiel, wenn es um hohe Ausgaben geht. Das Problem ist, dass die massiven Ausgaben zu übermäßiger Kreditaufnahme führen können, was letztendlich die Währung des Schuldners so weit schwächt, bis sie an Wert verliert. Schnäppchenjäger sollten sich mit den extremen Beispielen für dieses Szenario, zu denen die Ausfälle der von der Asienkrise (1997–1998) betroffenen Länder sowie Argentiniens (2001) gehören, eingehend beschäftigen.

Nun wissen wir also, was wir tunlichst vermeiden sollten – übermäßige Kreditaufnahme einer Regierung. Wir sollten die Chance nutzen und dieses Konzept in eine etwas greifbarere Richtlinie umwandeln, an die wir uns als Schnäppchenjäger halten können. Schon vor Jahren lieferte Onkel John uns ein grundlegendes Rezept dafür, wie man herausfindet, welche Länder für Investoren, die in der entsprechenden Währung angelegt haben, weniger riskant sind. Wollen Sie Unternehmen meiden, die bei ihren Geschäften riskanten Währungen ausgesetzt sind, so sollten Sie sich zuallererst auf Unternehmen konzentrieren, die 25 Prozent ihrer Geschäfte in Ländern machen, die weniger Güter importieren als sie exportieren. Von einem anderen Standpunkt aus betrachtet bedeutet dies, dass der Exporteur Rücklagen oder Ersparnisse bildet und dass durch den Verkauf der Güter an andere Länder Aufwärtsdruck auf die Währung des Exportlandes ausgeübt werden kann, was zu einer Stabilisierung oder sogar einer Wertsteigerung führen sollte. Zweitens sollten Sie sicherstellen, dass die Staatsverschuldung des Landes nicht mehr als 25 Prozent des jährlichen Bruttosozialproduktes beträgt. Eben daran sollten Schnäppchenjäger sich orientieren, wenn es darum geht zu entscheiden, ob der Staatshaushalt eines Landes ausgeglichen ist. Hoch verschuldete Länder geraten dann ins Trudeln, wenn die Gläubiger oder Investoren befürchten, ihr Geld nicht zurückzuerhalten oder in einer abgewerteten Währung bezahlt zu werden. Greift unter den Gläubigern und Investoren aufgrund der soeben genannten Gründe Unruhe um sich, so versuchen sie die Schuldscheine und Investments, die sie in dem hoch verschuldeten Land halten, abzustoßen. Es kommt zu Verkäufen in der Landeswährung und dadurch verliert die Währung an Wert.

Andere Risiken, mit denen sich Schnäppchenjäger auseinandersetzen sollten, haben mit der politischen Landschaft des Landes, in dem sie investieren wollen, zu tun. Wie bereits erwähnt, ist Onkel John ein starker Befürworter des freien Unternehmertums und der Freiheit des Einzelnen, seine Ziele und Interessen zu verfolgen. Er wurde zum überzeugten Anhänger des Konzepts des freien Unternehmertums, nachdem er Adam Smiths Buch *Der Wohlstand der Nationen – Eine Untersuchung seiner Natur und seiner Ursachen* gelesen hatte. Dieses Buch hält er für eines der wichtigsten Werke, die je geschrieben wurden, und es hatte entscheidenden Einfluss auf seine Entwicklung und Einstellung.

Onkel John zieht es stets vor, in einem Umfeld zu investieren, in dem es *weniger Vorschriften* gibt und es dem Einzelnen leichter fällt, seine Ziele zu verfolgen. Was Investment-Entscheidungen angeht, glaubt er, dass sich die Märkte ohne Fremdeinwirkung weitgehend selbst regeln. Doch in der Realität mischen Regierungen sich sehr häufig ein, greifen in den Markt ein und bauen die Rolle, die sie in der Geschäftswelt spielen, über die Maßen aus. Onkel John suchte also nach Ländern, in denen hinsichtlich Regierungsform oder politischer Linie der Trend zu Kapitalismus und freien Märkten herrschte.

Ein gutes Beispiel für diese Sichtweise in unserer heutigen Welt ist China. Es heißt zwar immer, das Land sei kommunistisch, die Realität sieht jedoch so aus, dass sich Regierung und Märkte während der letzten 28 Jahre immer mehr geöffnet haben und sich ein *Trend* hin zu freieren Märkten und Kapitalismus abzeichnet. Genau das Gegenteil trifft auf Venezuela zu, ein Land, das als »Demokratie« bezeichnet wird, dessen Präsident jedoch seine Autorität nutzt, um Assets zu Staatseigentum zu machen und dafür sorgt, dass aus privatem Eigentum staatlicher Besitz wird. Diese Regierung entwickelt sich rapide in Richtung Sozialismus. Sozialistische Tendenzen können für Investoren problematisch sein, vor allem dann, wenn die Assets des Unternehmens, in das sie investiert haben, von der Regierung konfisziert und verstaatlicht werden. Die Konsequenzen der Verstaatlichung von Assets sind oftmals ein chronischer Mangel an Investments aus dem Ausland und dem öffentlichen Sektor, letztlich gefolgt von unausreichender Ausnutzung und Performance der verstaatlichten Assets. Als Schnäppchenjäger sollten Sie alles in Ihrer Macht Stehende tun, um solchen Szenarien aus dem Weg zu gehen.

Onkel John glaubt, dass man die Menschen letzten Endes sich selbst überlassen und es ihnen erlauben sollte, ihre wirtschaftlichen Ziele uneingeschränkt zu verfolgen. Das Konzept, die Märkte sich selbst zu überlassen, wurde von Adam Smith populär gemacht, der wirtschaftsliberales und interventionsfreies Verhalten befürwortete. Die seinen Thesen zugrunde liegende Aussage lautet, eine »unsichtbare Hand« werde für die bestmöglichen Ergebnisse sorgen, da Kapitalisten ihre Mittel den besten Kaufgelegenheiten zuweisen, während sie die schlechtesten meiden. Im Gegensatz zu diesem Konzept der unsichtbaren Hand könnte man das Eingreifen der Regierung als gewaltsame Hand bezeichnen. In einem zentralistisch oder sozialistisch regierten Land gehört die Hand, die den Markt leitet, der Regierung.

Wirtschaftlich gesehen ist die Handlungsweise der gewaltsamen Hand dann besonders bedauerlich, wenn der einzelne Bürger enteignet wird und sein Besitz auf staatliche Einrichtungen, die von der Regierung kontrolliert werden, übergeht. Dieses Vorgehen steht in krassem Gegensatz zum Konzept der freien Marktwirtschaft. Des Weiteren schafft der Mangel an Wettbewerb, den die Verstaatlichung einer Branche zur Folge hat, in der Regel ein Umfeld der Lethargie und Selbstzufriedenheit, was wiederum zu mittelmäßiger Performance führt. Ist das Eigentum erst einmal auf den Staat übergegangen, haben die übrigen Unternehmer nicht länger das Gefühl, an den Assets oder den Aktivitäten der Assets beteiligt zu sein. Das normalerweise bestehende Risiko, nämlich dass Misserfolg den Bankrott zur Folge haben kann, empfinden sie als gering. Diese Mentalität kann ein Unternehmen im Vergleich mit den Wettbewerbern in freien Marktwirtschaftssystemen, in denen Unternehmen sich konstant verbessern müssen, um nicht vom Markt verdrängt zu werden, um Jahre, ja sogar Jahrzehnte zurückwerfen. Die Verstaatlichung von Assets ist also nicht nur eine schlechte Investition, sie richtet sich auch gegen eine von Onkel John tief empfundene philosophische Überzeugung. Er ist nämlich sicher, dass freies Unternehmertum und der daraus resultierende Wettbewerb zu Fortschritt führen. Fortschritt ist für Unternehmen gut und wichtig. Fortschritt ist auch in allen anderen Bereichen des Lebens gut und wichtig, unabhängig davon, ob es sich um die Technologie, die Wissenschaft oder Sonstiges handelt. Wird der Wettbewerb unterdrückt, so wird auch der Fortschritt unterdrückt.

Bisher haben wir uns mit der Strategie, Schnäppchen auf einer Fall-zu-Fall-Basis zu suchen, beschäftigt und uns mit einigen gängigen Risiken, die es bei der Auswahl von Schnäppchen aus vielen verschiedenen Ländern zu beachten gilt, auseinandergesetzt. Nachdem wir nun diese beiden strategischen Komponenten erwogen haben, ist es notwendig, sie zu einer Sichtweise zusammenzufügen. Anders formuliert: Nachdem Sie Ihre potenziellen Schnäppchen durch die Bottom-up-Analyse aufgespürt haben, müssen Sie nun herausfinden, ob Sie mit den Top-down-Risiken auf Landesebene leben können. Der Aktienkurs eines Unternehmens kann durchaus 50 Prozent oder sogar noch weiter unter dem von Ihnen geschätzten Wert des Unternehmens notieren. Nach weiteren Untersuchungen merken Sie vielleicht, dass die Regierung, die den Geschäftsbereich des Unternehmens beaufsichtigt, Preiskontrollen für die Produkte des Unternehmens eingeführt hat und dem Unternehmen eine Anhebung der Preise untersagt. In einem solchen Fall wäre es wohl am besten, die Aktien nicht zu kaufen und nach einem Schnäppchen Ausschau zu halten, dessen Risiken mehr nach Ihrem Geschmack sind.

Die hier zugrunde liegende Idee ist, dass Sie wirklich versuchen müssen, der Kursdisparität auf den Grund zu gehen, wenn Sie vielversprechende Schnäppchenaktien gefunden haben. Sind kurzfristige oder vorübergehende Probleme der Grund für das Wertgefälle, so sollte der Nachlass, der in die Aktien eingepreist ist, erträglich sein. Natürlich ist es gang und gäbe, dass Aktien im Vergleich zu ihrem längerfristigen Wert aus Gründen falsch bewertet sind, die nichts mit dem Land, in dem die Aktien gehandelt werden, zu tun haben. Abgesehen davon ist es unser Ziel, jede einzelne Situation unabhängig zu interpretieren und zu bewerten. Dadurch können sich Ihnen Muster erschließen, die darauf hinweisen, dass ein Aktienblock aufgrund eines üblichen Faktors, wie zum Beispiel der Besorgnis im Hinblick auf das makroökonomische Umfeld innerhalb des Landes, zu niedrig bewertet wurde. Möglicherweise finden Sie heraus, dass ein großer Aktienblock in einem bestimmten Land zu niedrig bewertet wird, weil in der Vergangenheit etwas vorgefallen ist, das die Investoren beunruhigte – dazu zählen Faktoren wie etwa die Aussicht auf eine Verlangsamung des Wachstums oder sogar eine echte Rezession –, sich aber nicht in die Zukunft fortsetzen wird. Ist die Ursache, die aus einer Aktie ein Schnäppchen macht, von begrenzter Dauer, dann sollten Schnäppchenjäger stets investieren.

Kapitel 4

Als Erster die aufgehende Sonne sehen

Es ist schön, Japan zu besuchen und Zeuge der Einstellung der Menschen in diesem Land zu werden. Vor 50 oder 60 Jahren wurden Geschäftsleute in den USA bewundert. Man war stolz darauf, hart zu arbeiten und gute Produkte herzustellen. An Samstagen wurde gearbeitet. Die Menschen waren stolz auf das Unternehmen, für das sie arbeiteten. In Japan existieren all diese Dinge noch, und deshalb wird Japans Industrie weiterhin doppelt so schnell wachsen wie die der Vereinigten Staaten.

– Sir John Templeton, September 1981 –

Zu dem Zeitpunkt, da Onkel John in *The Wall Street Transcript* diese Aussagen über Japan machte, hatte er seine Investments in Japan aufgrund der wachsenden Popularität und Marktwerte seiner Fonds bereits beträchtlich zurückgefahren. Dennoch lässt dieses Zitat tief blicken, denn es liefert ein wichtiges Beispiel dafür, wie er seine Analyse einzelner Unternehmen und deren Zeitwert mit anderen, seiner Meinung nach bedeutsamen Überlegungen kombiniert. Natürlich investierte er vor allem deshalb so massiv in Japan, weil die Aktien und Unternehmen in diesem Land in den 50er- und 60er-Jahren nachweislich niedrige Kurs-Gewinn-Verhältnisse und hohe Wachstumsraten aufwiesen. Doch er war wohl deshalb so überzeugt davon, an seinem Aktienbesitz festzuhalten und auf einen Anstieg der Marktwerte zu warten, weil er mit eigenen Augen gesehen hatte, dass in Japan all die Werte galten, die auch ihm selbst so wichtig waren: Sparsamkeit, absolute Zielstrebigkeit und harte Arbeit. Die Menschen in Japan verkörperten diese Ideale und die Unternehmen, die diese Menschen beschäftigten, wurden zur wirtschaftlichen Manifestation dieser Eigenschaften.

Während der 80er-Jahre erkannten die meisten US-Amerikaner, dass Japan zu den dominierenden Wirtschaftsmächten der Welt gehörte. Diese Sichtweise ist jedoch meilenweit davon entfernt, wie die USA Japan in den 20 Jahren nach dem Ende des Zweiten Weltkriegs wahrnahmen. Besonders bemerkenswert an dieser sich ändernden Sicht der Dinge ist jedoch, dass Onkel John bereits in den 50er-Jahren, also nur kurz nach Kriegsende, Japan als vielversprechenden Investment-Standort ausgemacht hatte. Während der drei Jahrzehnte, die den 80er-Jahren – der Zeit, als Onkel John in Japan zu investieren begann – vorausgingen, blickte die Welt nicht mit Angst oder Bewunderung auf Japan. Im Großen und Ganzen sah man Japan als Niedriglohnland, das minderwertige, billige Produkte herstellte. US-Investoren betrachteten das Land als industrielle Provinz. Abgesehen von gelegentlichen Beschwerden über Dumping-Praktiken in der Textilbranche schenkten die USA Japan lediglich hinsichtlich seiner Rolle als freies Land in einer Region, die sich zum Kommunismus hin entwickelte, Beachtung.

Obwohl die USA Japan als wirtschaftlich unterlegen sahen, konnte man – sah man nur genau genug hin – durchaus erkennen, dass es sich das Land zum Ziel gesetzt hatte, wieder zu einer mächtigen Industrienation zu werden und nicht länger als Hersteller von billigem Nippes zu gelten. Tatsächlich ergriffen die Japaner scharfe Maßnahmen, um ihre eigenen Herstellungsmethoden zu analysieren und zu verbessern, während man gleichzeitig versuchte, so viel wie möglich über US-amerikanische Verkaufspraktiken und die Vorlieben der US-Verbraucher zu erfahren. Als Japan im Jahr 1950 in mehreren Städten der Vereinigten Staaten, darunter auch New York, Auslandshandelsstellen eröffnete, sagte ein Mitglied der japanischen Regierung in einem Zeitungsartikel der *New York Times*: »Weitere Ziele dieser Handelsstellen sind es, Beschwerden amerikanischer Käufer über die Handelspolitik japanischer Geschäftsleute aus der Welt zu schaffen und dafür zu sorgen, dass die amerikanische Öffentlichkeit ihre negative Einschätzung der japanischen Produkte als ›billiges Zeug‹ revidiert.«

Etwa sechs Jahre später, im Jahr 1956, begannen sich Japans harte Arbeit, Sparsamkeit und Zielstrebigkeit auszuzahlen, und das Land, das einst den Ruf des Nippes-Produzenten hatte, stieg langsam aber stetig zum Hersteller komplexerer technischer Maschinenanlagen auf. In einem Artikel der *New York Times* aus dem Jahre 1956 ließen einige Journalisten dies auch den Rest der Vereinigten Staaten wissen, doch natürlich stieß diese Information auf taube Ohren. »Während man sich in Japan einst auf die Produktion billiger, minderwertiger Konsumgüter konzentrierte, will man dort nun Maschinenanlagen und Qualitätsprodukte herstellen ... Japan setzt nun also auf schweres Gerät und maschinelle Anlagen und somit auf Bereiche, in denen das Land mit den USA, Großbritannien und Europa in Konkurrenzkampf um den asiatischen Markt treten kann.« Etwa vier Jahre später hatte Japan auf dem Weg zum Nachkriegs-Ziel, nämlich eine Industriemacht zu werden, erste nennenswerte Erfolge.

Um 1960 nahmen nur wenige US-Beobachter Notiz von der voranschreitenden Industrialisierung Japans. Im Juni dieses Jahres erschien in der *New York Times* ein Artikel mit dem Titel »Made in Japan Dilemma«, dessen Autor sich als besonders vorausahnend erwies. Er hatte erkannt, dass durch die Importe japanischer Güter in die USA die Präsenz des japanischen Industrialismus in den Vereinigten Staaten immer mehr zunahm und schrieb:

> *Das Ziel, als Industrienation einen höheren Stellenwert einzunehmen, das Japan schon vor dem Zweiten Weltkrieg verfolgte, ist nun zentraler Punkt der Nachkriegspolitik. Mittlerweile sind im Land einige hochspezialisierte Industriezweige entstanden, und so werden dort unter anderem Kameras, Nähmaschinen und Transistorradios für den Verbrauchermarkt und wissenschaftliche Instrumente, schweres Gerät und Metalle für die Industrie hergestellt.*

Während dieser Transformationsphase wuchs die japanische Wirtschaft rasant und legte so den Grundstock für ein Jahrzehnt herausragenden Wachstums in den 60er-Jahren. Da wir unsere Aufmerksamkeit nun den Entwicklungen während der 60er und Japans Zukunft widmen wollen, sollten wir uns einmal die Wachstumsraten des Bruttoinlandsproduktes (BIP) ansehen, das den letztendlichen Marktwert aller Güter und Dienstleistungen eines Wirtschaftssystems misst. Allgemein gesagt ist das BIP ein Maßstab für das Wachstum einer Wirtschaft und für den »Gesundheitszustand« ihrer gesamten Produktion. Wie Sie in Abbildung 4.1 sehen können, betrug die Wachstumsrate des BIP in Japan durchschnittlich schier atemberaubende 10,5 Prozent. Das BIP der Vereinigten Staaten gibt hingegen beim direkten Vergleich mit den japanischen Werten in Abbildung 4.1 deutlich weniger Anlass zu Aufregung.

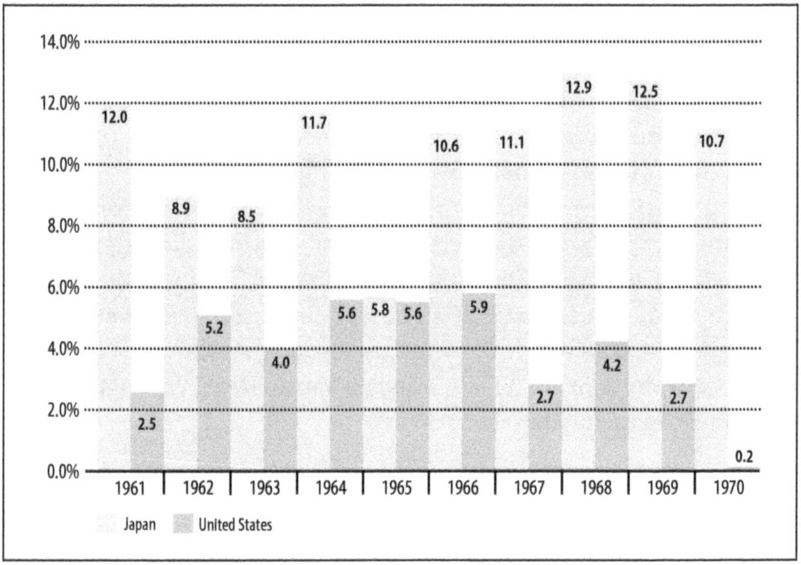

Abbildung 4.1: Jährliches Wachstum des japanischen und US-amerikanischen BIP, 1961–1970

Quelle: Weltbank

Wie die Abbildung zeigt, wuchs die japanische Wirtschaft mehr als doppelt so schnell wie die Wirtschaft der Vereinigten Staaten, doch dem Großteil der Investoren fiel dies nicht weiter auf. Der Wandel Japans zur mächtigen Industrienation zeichnete sich immer mehr ab und wurde immer greifbarer, und das nicht nur in Form der kurzen Anekdoten in den Presseberichten der anderen Industrienationen. Wir können zum Beispiel anhand der Tabelle 4.1 ersehen, wie sich die Exportartikel Japans zwischen 1955 und 1968 veränderten. Dabei sollten Sie Ihr Augenmerk vor allem auf den sinkenden Prozentanteil der Textilien und den steigenden Prozentanteil der Maschinenanlagen an Japans Exporten richten. Sie werden sehen, dass die Wachstumsrate der Maschinenanlagen im Jahr 26 Prozent betrug, beziehungsweise dass deren Wachstumsrate etwa 3,5-mal so hoch war wie die der Textilexporte. Dies ist ein Anzeichen dafür, dass die Wirtschaft ihren Plan, zur Industriemacht aufzusteigen und das Image als Billighersteller hinter sich zu lassen, in die Tat umsetzte.

	1955	1960	1968
Nahrungsmittel	6,3%	6,3%	3,3%
Textilien	37,2%	30,1%	15,2%
Nicht-eisenhaltige Metalle, Bergbauerzeugnisse	4,8%	4,2%	2,5%
Chemikalien	5,1%	4,5%	6,2%
Metalle	19,2%	13,8%	18,1%
Maschinenanlagen	13,7%	25,4%	43,6%
Andere	13,7%	15,7%	11,1%
	100,0%	100,0%	100,0%

Tabelle 4.1: Japanische Exporte, bewertet auf Grundlage der Verzollung

Quelle: Financial Analysts Journal

Während man in Japan hart daran arbeitete, das Land in ein industrielles Machtzentrum zu verwandeln, schien der Rest der Welt, allen voran die Aktieninvestoren, mit offenen Augen zu schlafen. Doch ein Investor bildete die Ausnahme.

Nachdem Onkel John Japan nach dem Krieg besucht hatte, war er der festen Überzeugung, dass das Land aufgrund der beim Volk vorherrschenden Mischung aus Genügsamkeit und tief verwurzelter Arbeitsmoral erneut als bedeutende Industrienation Beachtung finden würde. Warum auch nicht? Immerhin ist dieses Rezept, diese Mischung aus Sparsamkeit und harter, unermüdlicher Arbeit, auch für Onkel Johns eigenen Geschäftserfolg verantwortlich. Bereits Anfang der 50er-Jahre hatte Onkel John einen englischsprachigen Broker in Japan ausfindig gemacht und angefangen, seine privaten Ersparnisse an der japanischen Börse zu investieren. Doch in den 50er-Jahren investierte Onkel John noch nicht das Geld seiner Kunden in Japan, da das Land die Kapitalströme damals kontrollierte und Investoren daher gezwungen waren, ihre Investments in Japan zu belassen. Mit anderen Worten: Geld konnte zwar in Form von Aktieninvestments ins Land fließen, konnte jedoch dann nicht mehr abgezogen werden. Onkel John war bereit, dieses Wagnis mit seinen eigenen Ersparnissen einzugehen, wollte aber seine Kunden diesem Risiko nicht aussetzen.

Er ging dieses Risiko für sich selbst ein, weil er davon überzeugt war, dass das Land seine Märkte weiter öffnen und den freieren Fluss ausländischen Kapitals erlauben würde. Onkel John erkannte Japans Bereitschaft, hinsichtlich einiger Regularien Kompromisse einzugehen, um so weiter am internationalen Handel teilnehmen zu können. Seiner Meinung nach würde Japan im Lauf der Zeit seine Märkte noch weiter öffnen und so dafür sorgen, dass Kapital von Investoren aus dem Ausland leichter fließen könnte. Dazu gehörte, dass Japan den Aktionären aus dem Ausland erlaubte, ihr Geld bei Bedarf aus dem Land abzuziehen. All dies war nötig, damit Japan den ehrgeizigen Plan, zur führenden Industrienation zu werden, in die Tat umsetzen konnte.

Anfang der 60er-Jahre wurde Onkel Johns Glaube an die japanische Kompromissbereitschaft belohnt, als das Land einige der Beschränkungen aufhob, die es ausländischen Investoren unmöglich machten, ihre Mittel zurückzuziehen. Als Japan diese Restriktionsmaßnahmen für ausländische Investoren schließlich endgültig abschaffte, packte Onkel John die Gelegenheit sofort beim Schopf und begann damit, die Gelder seiner Kunden in den japanischen Markt zu investieren. Erfahrene Schnäppchenjäger und Neulinge auf diesem Gebiet werden gleichermaßen verstehen, warum sich Onkel John kopfüber in den japanischen Markt und die japanischen Aktien stürzte, wenn sie bedenken, dass die von ihm vorgefundenen Aktien zu einem KGV gehandelt wurden, das nur einem Vierfachen seiner Schätzung der Erträge entsprach. Im Gegensatz dazu lag das KGV US-amerikanischer Aktien zu dieser Zeit bei einem Wert, der 19,5-mal so hoch war wie die Schätzung. Lassen Sie uns hier kurz innehalten und uns eingehender mit diesem Vergleich befassen.

Anfang der 60er-Jahre betrug die durchschnittliche Wirtschaftswachstumsrate in Japan 10 Prozent, während sie in den USA etwa 4 Prozent betrug. Mit anderen Worten: Die japanische Wirtschaft wuchs 2,5-mal so schnell wie die US-Wirtschaft, doch der Kurs vieler japanischer Aktien lag 80 Prozent unter dem durchschnittlichen Aktienkurs in den USA (ein KGV von 4 verglichen mit einem KGV von 19,5). Hierbei handelt es sich um enorme Diskrepanzen, vor allem wenn man bedenkt, dass die Investoren schon seit Jahren mit wachstumsstarken Unternehmen liebäugeln. Wie konnte es bei der Bewertung der Assets zu einem solchen Preisgefälle kommen? Bei der Beantwortung dieser Frage werden zahlreiche Gründe ins Feld geführt. Diese Gründe haben entweder mit der aktuell vorherrschenden landläufigen Meinung oder simplen Fehleinschätzungen zu tun. Der erste Grund ist, dass ein Investment im Ausland, vor allem in einem so exotischen Land wie Japan, für damalige Verhältnisse einfach zu fortschrittlich war. Shintaro Sakata, Chef der Forschungsabteilung bei Daiwa Securities (einer großen japanischen Maklergesellschaft), legte in einem Bericht, den er Ende der 60er-Jahre für das *Financial Analysts Journal* schrieb, die am häufigsten angeführten Gründe dar, warum ausländische Anleger sich vor Investments in Japan scheuten. Schnäppchenjäger werden angesichts der von Sakata dargelegten Gründe sofort verstehen, warum Onkel John den japanischen Markt in den 60er-Jahren – natürlich abgesehen von den offensichtlich überragenden Wachstumsraten und niedrigen KGV-Werten – als dermaßen attraktiv empfand.

»Die Kursschwankungen sind zu extrem.«
»Es gibt nicht genug Informationen.«

Dies sind wörtliche Zitate! Sie sehen also, dass zwei der Bedenken, die aktive Investoren gegenüber Sakata immer wieder ins Feld führten, eben jene Merkmale waren, nach denen Onkel John bei seiner weltweiten Schnäppchenjagd Ausschau hielt. Ironischerweise fand Onkel John an einem Investment-Umfeld eben jene Eigenschaften als besonders attraktiv, die andere Investoren von Japan fernhielten. Des Weiteren handelt es sich hierbei nur um die Gründe, die von professionellen Investoren angeführt wurden. Doch auch die breite Öffentlichkeit in den Industrienationen stand Japan mit einiger Negativität und

Skepsis gegenüber. Die Meinung der Öffentlichkeit sah in etwa so aus: »Warum sollte irgendjemand überhaupt in Japan investieren wollen? Immerhin haben die doch den Krieg verloren. Die stellen in ihren Niedriglohn-Fabriken Nippes her und könnten sich in der Geschäftswelt doch ohnehin niemals mit der Stärke und Macht der USA messen.« Diese Vorurteile den Japanern gegenüber waren falsch, unfair und zeugten von der Ignoranz der Menschen. Doch was für Schnäppchenjäger am wichtigsten ist: Ohne diese Vorurteile wären die Kurse japanischer Aktien im Vergleich zum intrinsischen Wert der jeweiligen Unternehmen niemals derart niedrig ausgefallen. Hätten alle anderen das gewusst, was Onkel John wusste – nämlich, dass es sich hierbei, basierend auf seinen sorgfältigen Studien, um die weltweit günstigsten Aktien handelte –, dann wäre die Allgemeinheit auf den Trichter gekommen und hätte fleißig investiert. Damit wären japanische Aktien die längste Zeit billig gewesen.

Im Nachhinein kann man natürlich leicht erkennen, dass diese landläufig geltende Einstellung gegenüber Japan das Resultat von Kurzsichtigkeit und Ignoranz war. Der Philosoph Kierkegaard sagte einmal: »Wir leben das Leben vorwärts, doch verstehen es rückwärts.« In der Welt der Investments ist diese Aussage besonders bedeutsam. Diese klaffenden Preisgefälle und Fehleinschätzungen sind die Fallstricke der landläufigen Meinung. Doch in der Regel finden diese Irrtümer und Fehlannahmen breiten Anklang, da sie ja von einer Mehrheit getragen werden. Stellt man sich der landläufigen Meinung entgegen, so wird man vermutlich für das Durchbrechen der Linie kritisiert. Doch wenn Sie sich beim Investieren der landläufigen Meinung anschließen, dann werden Sie niemals bessere Erträge generieren als die breite Masse.

Herzlich willkommen in der Welt der vernachlässigten Aktien. Als Schnäppchenjäger ist diese Welt Ihre liebste Zufluchtsstätte. Bei der Auswertung vernachlässigter Aktien ist es nicht notwendigerweise so, dass Sie in großem Stil mit einer Vielzahl an »Problemen« auf Unternehmens- oder Branchenebene konfrontiert werden. Sie haben es vielmehr mit krassen Fehleinschätzungen oder dem geringen Bekanntheitsgrad der Aktien auf dem breiteren Markt zu tun. Vielleicht fragen Sie sich, wie der Markt das, was in Japan vor sich ging, übersehen oder ignorieren konnte, und machen die »Unwissenheit« der Investoren in den 60er-Jahren für diesen Lapsus verantwortlich. Vielleicht glauben Sie ja auch, dass so etwas heute auf dem modernen Markt gar nicht mehr vorkommen könnte. Sollten Sie tatsächlich dieser Auffassung sein, dann werden Sie bald schon die Möglichkeit bekommen, es sich noch einmal zu überlegen – nämlich spätestens dann, wenn wir uns in Kapitel 8 mit dem südkoreanischen Markt der späten 90er-Jahre befassen, der sich bis in das neue Jahrtausend erstreckte.

Investoren können natürlich zur Entstehung negativer Vorurteile gegenüber Aktien, Branchen, Börsen und Assetklassen beitragen. Diese Vorurteile sind wie Scheuklappen, die dafür sorgen, dass Investoren das Schnäppchen-Konzept völlig links liegen lassen. Sollten Sie auf solche Aktien stoßen oder besser noch auf ein ganzes Land voll solcher Aktien und versucht sein, weiter nach populäreren Aktien zu suchen, dann halten Sie inne und tun Sie es nicht. Denn wenn Sie sich nicht die Zeit nehmen, selbst Nachforschungen anzustellen und sich eine eigene Meinung zu bilden, dann macht Sie das zum passiven Investment-Herdentier. Manchmal haben wir die besten Kaufgelegenheiten direkt vor Augen, doch weil andere Investoren sie keines Blickes würdigen oder belächeln, lassen auch wir sie links liegen. Bestätigung aus der Gruppe ist von großer Bedeutung und beeinflusst die Menschen in ihrem Handeln, doch Sie müssen alles in Ihrer Macht Stehende tun, damit sie nicht auch Ihre Investment-Entscheidungen beeinflusst. Oftmals verändert sich die gesamte Wirtschaft eines Landes grundlegend – gerade so wie in Japan in den 50er- und 60er-Jahren –, ohne dass die breite Masse es bemerkt. Und das nur, weil die Menschen nicht bereit waren, in die entsprechende Richtung zu sehen.

Genau das passierte in Japan. Die fundamentalen Veränderungen, die den Grundstock für das moderne Japan legten, fanden vor allem in den beiden Jahrzehnten nach dem für die Nation verheerenden Zweiten Weltkrieg, und nicht in den 70er- und 80er-Jahren, statt. Als die Resultate dieser Entwicklungen in den 70er- und 80er-Jahren langsam offenbar wurden, war Onkel John der breiten Masse bereits zehn Schritte voraus, denn er hatte im Namen seiner Kunden in Japan bereits ein Vermögen gemacht und suchte die Welt nun nach neuen Schnäppchen ab.

Man kann die Beziehung zwischen wirtschaftlichen Fundamentaldaten auch als einen Tsunami betrachten, eine Flutwelle, die von einem unterseeischen Erdbeben viele hundert Meilen vor der Küste verursacht wird. Im Falle Japans kam es in den 50er-Jahren, als das Land mit dem Wiederaufbau begann, zu einem solchen Erdbeben. In den darauf folgenden 20 Jahren näherte sich die Flutwelle unauffällig und unter Wasser dem Land. Als der Großteil der Marktteilnehmer dann endlich begriff, was da vor sich ging, war die Welle kurz davor, den Strand zu überrollen und dann in sich zusammenzubrechen. Hätten Sie abgewartet, bis auch die breite Masse Japan in den 80er-Jahren als Wirtschaftsmacht anerkannte, so wären Sie mit dem Strom geschwommen und unaufhaltsam auf den Abgrund zugetrieben. Bei vernachlässigten Aktien kommt es ständig zu solchen Erdbeben, doch man muss auf die offene See hinaus und nach ihnen suchen, während die anderen Marktteilnehmer am sonnigen Strand herumliegen und auf die nächste große Welle warten.

In dem Kampf, den Sie beim Investieren in vernachlässigte Aktien führen, brauchen Sie psychologisches Rüstzeug. Das Problem mit vernachlässigten Aktien: Sie belohnen die Geduldigen. Es kann tatsächlich vorkommen, dass man einige Jahre damit zubringt zu warten. Onkel John zum Beispiel konnte erst Ende der 60er-, Anfang der 70er-Jahre, als seine Performance die der anderen US-Fondsmanager weit hinter sich ließ, die Früchte seiner bereits Anfang der 60er in Japan getätigten Investitionen ernten. Der Kauf vernachlässigter Aktien ist der Fischerei gar nicht so unähnlich: Manchmal weiß man haargenau, wo die Fische sind und welchen Köder man benutzen muss, und doch sitzt man herum und wartet, dass die Fische anbeißen. Vielleicht beißen sie ja wegen der momentan herrschenden Bedingungen nicht, aber die Bedingungen können sich ändern. Sie können nicht vorhersagen, wann die Fische anbeißen werden. Ebenso wenig können Sie den Fischen vorschreiben, wann sie zu beißen haben, aber wenn die Fische es dann letztendlich tun, dann werden Sie den Fang Ihres Lebens machen und alle anderen Angler werden vor Neid erblassen.

Um Ihnen einen Eindruck davon zu vermitteln, wie lange Sie womöglich warten müssen, und um Ihnen zu zeigen, wie lange es dauern kann, bis der Markt versteht, was außenstehende Beobachter schon längst wissen, wollen wir uns das Wachstum ausländischer Investments auf dem japanischen Aktienmarkt in den 60er-Jahren ansehen. Abbildung 4.2 zeigt zwei Maßeinheiten: Den Betrag in US-

Dollar, der in Japan investiert wurde, und das prozentuale Wachstum der investierten Dollar-Beträge. Da der japanische Aktienmarkt damals noch immer recht unterentwickelt war und weder von den Investoren noch den Unternehmen im Inland voll genutzt wurde, wurde der Markt durch die Kapitalströme aus dem Ausland deutlich beeinflusst. Wie Sie sehen können, stiegen die Investitionen aus dem Ausland im Jahr 1968 innerhalb eines Jahres um mehr als 370 Prozent. Diese Abbildung demonstriert eindrucksvoll, warum es sich lohnt abzuwarten, nachdem man ein vielversprechendes Schnäppchen aufgetan hat. Das Geld floss dermaßen schnell, dass all diejenigen, die nicht bereits investiert hatten, erst gegen Ende des Trends auf diesen aufzuspringen vermochten, wodurch ihnen, während sie vom Spielfeldrand zusahen, massive Erträge durch die Lappen gingen. Wie aus Berichten und Erzählungen hervorgeht, brachten vor allem Europäer, und nicht so sehr die Amerikaner, diese Investitionswelle ins Rollen.

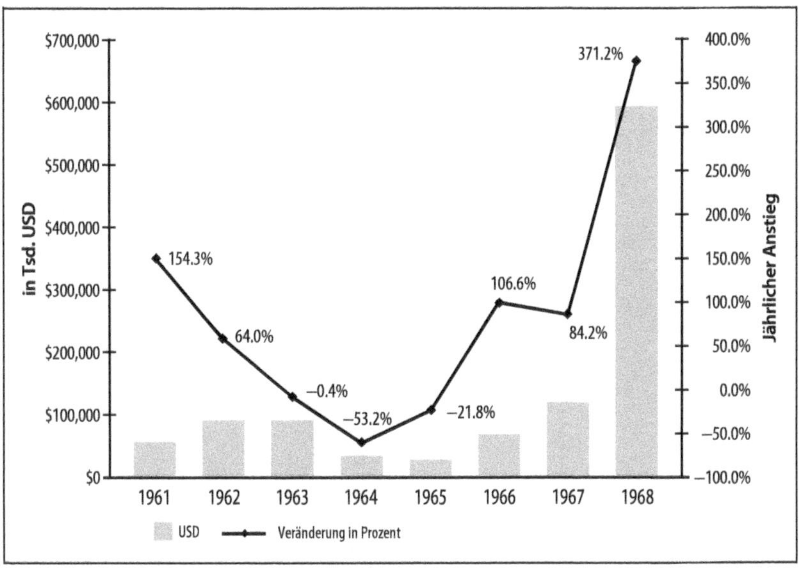

Abbildung 4.2: Ausländische Brutto-Portfolioinvestments in Japan, 1961–1968

Quelle: Financial Analysts Journal

Vor allem für Onkel John zahlten sich die Warterei und seine Geduld letztendlich aus. Als der US-Aktienmarkt in den späten 60er-Jahren an Wert verlor, lief sich der Templeton Growth Fund gerade erst warm. In mancherlei Hinsicht leitete der Anstieg der japanischen Aktien, der während der darauf folgenden Jahrzehnte stattfinden sollte, Onkel Johns Karriere als internationaler Investor ein. Der Beweis dafür folgte prompt im Januar des Jahres 1969 (siehe Abbildung 4.3).

Templeton-Fonds, der Topverdiener des Jahres 1969

19-prozentiger Anstieg in Lipper-Studie – Werte der Gruppe im Durchschnitt jedoch gesunken

Von Robert D. Hershey, Jr.

Der Templeton Growth Fund Inc., ein kleiner Fonds mit Sitz in Toronto, der derzeit keine Aktien zum öffentlichen Verkauf stellt, hat sich im Rennen um den Titel Investmentfonds mit der besten Performance des Jahres 1969 den ersten Platz gesichert. Die Daten, aufgrund derer das Ranking erstellt wurde, wurden vom Arthur Lipper Mutual Fund Performance Analysis Service gesammelt und gestern veröffentlicht.

Der Templeton-Fonds, dessen Assets sich auf lediglich 6,7 Millionen US-Dollar belaufen, konnte im letzten Jahr einen Anstieg von 19,38 Prozent des Nettovermögenswertes pro Aktie verzeichnen und schoss so von Platz 19 der Liste der 376 von der Lipper Organization untersuchten Fonds auf Platz 1.

Die Top 25 der Investmentfonds des Jahres 1969 (A)
Reihenfolge folgt den Performance-Werten

Rang	Fonds	gesamter Vermögenswert am 30.09.1969 (Mio.)	%-Anstieg 1969	Rang 1968
1.	Templeton Gr. Fd.	$ 6.7	+19.38	19
2.	Loomis-S. C. & I..	21.0	+11.04	89
3.	United F. C. & I..	10.0	+10.76	123
4.	Vantage-Ten-N. F..	0.9	+ 8.62	(B)
5.	Conn. W. Mutual..	0.5	+ 7.60	11
6.	Insur. & Bk. S. F.	2.9	+ 6.22	31
7.	Chemical Fund ..	532.0	+ 5.89	273
8.	Scudder I. Invest.	16.2	+ 5.54	98
9.	Trustees' Eq. Fund	2.7	+ 5.12	34
10.	Natl. Inv. Corp...	735.0	+ 4.38	253
11.	Natl. Western Fd..	0.3	+ 3.93	126
12.	T. Rowe P. G. Stk.	556.9	+ 3.68	251
13.	W. L. Morgan G. F.	14.2	+ 3.30	(B)
14.	Canadian Fund ..	27.8	+ 3.14	145
15.	Boston C. S. Fund.	35.7	+ 2:15	62
16.	Rochester Fund ..	0.4	+ 1.91	(B)
17.	David L. Babson I.	25.4	+ 1.34	118
18.	Johnston Mut. Fd.	129.9	+ 0.53	259
19.	Mass. Inv. Gr. Stk.	1201.1	+ 0.17	301
20.	Investors Sel. Fund	30.9	— 0.13	277
21.	Putnam Inv. Fund.	293.7	— 0.35	190
22.	Horace Mann Fund.	11.4	— 0.38	238
23.	Berkshire Gr. Fd..	1.0	— 0.65	(B)
24.	Pro Fund	18.7	— 0.69	255
25.	Decathalon Fund ..	1.8	— 0.77	(B)

(A) Anzahl der im Jahr 1968 untersuchten Fonds: 309; Anzahl der im Jahr 1969 untersuchten Fonds: 376
(B) Fonds existierte nicht

Abbildung 4.3: Der Templeton Growth Fund im Jahre 1969

Quelle: New York Times

Um einen umfangreicheren Zeitrahmen für die Vorteile zu erhalten, die die Erschließung des japanischen Aktienmarktes Anfang der 60er und Investitionen auf diesem Markt mit sich brachten, sehen Sie sich

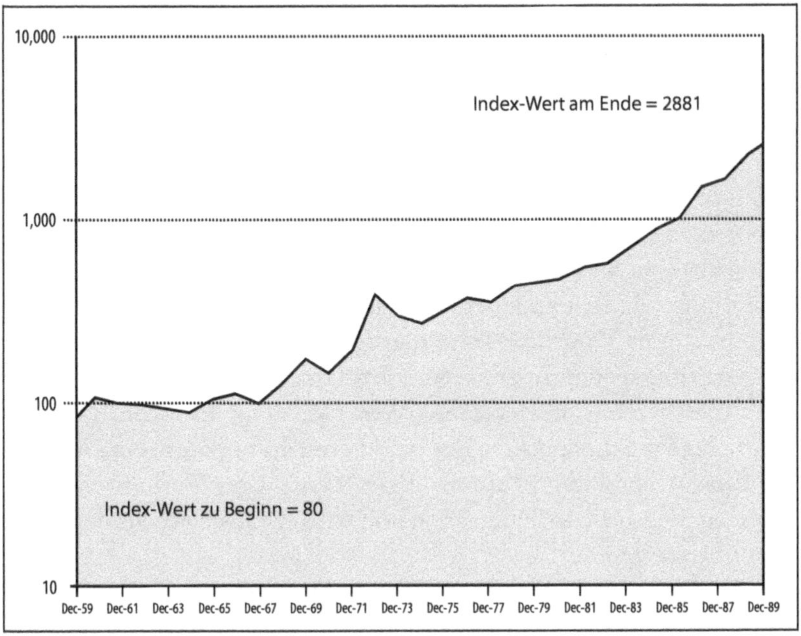

Abbildung 4.4: TOPIX Aktienindex (Tokioter Börse, Dezember 1959 – Dezember 1989)
Quelle: Bloomberg

bitte den TOPIX Index der Tokio-Aktien an. So können Sie besser verstehen, wie sich der Markt verhielt, nachdem die tatsächliche wirtschaftliche Situation bekannt wurde (siehe Abbildung 4.4).

Der immense Anstieg im Marktindex, der innerhalb der 30 Jahre, nachdem Onkel John zum ersten Mal in Japan investiert hatte, stattfand, ist nicht zu übersehen. Insgesamt stieg der Wert des TOPIX, eines Aktienindex an der Tokioter Börse, um das 36-Fache, nämlich von seinem Anfangswert vom 31. Dezember 1959 bei 80 Zählern zum Endwert von 2.881 Zählern (Stand: 31. Dezember 1989). Die meisten Investoren und Beobachter an der Börse träumen gelegentlich von einem so genannten »10-Bagger«, einem Super-Trade, der dann eintritt, wenn sie eine Aktie kaufen und deren Wert dann auf das Zehnfache des Anfangswerts steigt. In unserem Fall zeigt sich, welche Ausmaße es annehmen kann, wenn in vernachlässigte Aktien investiert wird: Der

Index stieg auf das 36-Fache seines Anfangswerts. Natürlich wäre Onkel John der Erste, der Ihnen sagen würde, dass er seine Investments schon lange aus Japan abgezogen hatte, als der Markt dort Ende der 80er-Jahre seinen absoluten Höhepunkt erreichte.

Manche mögen ein Problem damit haben, »Geld auf dem Tisch liegen zu lassen« und zu früh aus einem Investment auszusteigen. Doch erfahrene Schnäppchenjäger wissen, dass sie alle dieses Schicksal, Aktien frühzeitig verkaufen zu müssen, teilen, was jedoch nicht weiter schlimm ist, da sich anderweitig billigere Schnäppchen auftun. Dem liegt die simple Vorgehensweise zugrunde, seine Aktien durch einträglichere Schnäppchen zu ersetzen, sobald der Kurs der Aktien den von Ihnen geschätzten angemessenen Wert übersteigt. Es ist doch klar ersichtlich: Wir Schnäppchenjäger profitieren davon, wenn eine Aktie in der Krise steckt und ihr Kurs sinkt, doch sobald der Markt wieder Gefallen an dieser Aktie findet, kann und wird ihr Kurs erneut den Zeitwert übersteigen.

All denjenigen, die noch immer mit dem Konzept des »zu frühen« Verkaufens hadern, sei gesagt: Wenn Sie an Ihren Aktien festhalten, auch wenn sie den von Ihnen geschätzten angemessenen Kurs bereits hinter sich gelassen haben, dann werden Sie zum Akteur im Spiel der *Spekulation,* und das hat nichts mehr mit *Investments* zu tun. Dieses Spiel ist gemeinhin auch unter dem Namen »Greater Fool Theory«, die Theorie des größeren Narren, bekannt. Die Spielregeln sehen in etwa so aus: Sie halten Ihre Aktie, bis der Kurs steigt, und verkaufen sie dann an einen größeren Idioten. Dieses Spiel mag bis zu einem gewissen Grad zu Zeiten Jay Goulds und all der Börsenspekulanten funktioniert haben, die den Markt noch künstlich verengen, ihn überschwemmen oder ihre Aktien dem nichts ahnenden Markt vorsetzen konnten, doch dieses Spiel heutzutage erfolgreich zu spielen ist schier unmöglich, es sei denn, man mag schwedische Gardinen. Schnäppchenjäger finden die »Greater Fool Theory« auf jeden Fall von hinten bis vorne völlig idiotisch. Der ganzen Theorie liegt Arroganz zugrunde, und der unerklärliche Glaube an das Markt-Timing. Außerdem ist Arroganz in zehn von zehn Fällen der Tod des Investors. Man mag es schaffen, den einen oder anderen Haken zu schlagen, vielleicht hält man sogar ein paar Jahre lang durch, doch letztendlich wird einem der Hochmut zum Verhängnis und es wird kurzer Prozess gemacht.

In den letzten Abschnitten konzentrierten wir uns auf die Renditen, die man generieren kann, wenn man eine große geografische Zone findet, deren Aktien massiv vernachlässigt werden. Börsenleute nennen dies auch den Länder-Rabatt. Doch, wie bereits in vorhergegangenen Kapiteln erwähnt, sind wir nicht am Markt selbst interessiert, denn wir sind auf der Suche nach Schnäppchenaktien und wollen größere Aktienkörbe zusammenstellen, die dann auf der Basis »Fall-zu-Fall« oder »Aktie-um-Aktie« zu Stellvertretern der unterbewerteten Märkte werden. Nun, da wir unseren Fokus auf die Unternehmensebene richten, können wir uns mit einem weiteren wichtigen Instrument im Arsenal des Schnäppchenjägers befassen. Bisher haben wir uns mit einigen der größeren Irrtümer beschäftigt, die in den 60er-Jahren die Aktienkurse in Japan bestimmten. Anders formuliert heißt das: Wir haben uns mit den Vorurteilen und der im Ausland herrschenden negativen Stimmung beschäftigt, die Investoren davon abhielten, die Aktien japanischer Unternehmen zu kaufen.

Doch nicht nur die Einstellung der Investoren war problematisch; auch die Tatsache, dass Fehlinformationen die japanischen Unternehmen betreffend existierten und wie ein Tuch über den Großteil des Marktes ausgebreitet wurden, sorgte damals für Unverständnis. Es dauerte Jahre, bis die Investoren verstanden, was vor sich ging und die Situation ausnutzten. Auslöser für diese flächendeckenden Fehlinformationen waren die Bilanzierungsvorschriften, die festlegten, wie japanische Firmen ihre Umsätze anzugeben hatten. Dieser letzte Satz mag einige von Ihnen in Angst und Schrecken versetzt haben, doch seien Sie versichert, dass wir Sie nun keineswegs mit einer akademischen Abhandlung zum Thema internationale Bilanzierungsstandards quälen wollen. Vielmehr werden Sie uns sicher zustimmen, dass die Fehlinformationen das Resultat einer simplen und elementaren Diskrepanz waren, die ein gewitzter Schnäppchenjäger sofort durchschaut hätte.

Onkel John machte sich diese Bilanzierungsineffizienz einmal zunutze, als er in ein weithin bekanntes japanisches Unternehmen investierte. Die meisten von Ihnen werden wohl schon einmal von dem großen und bekannten Elektronikunternehmen Hitachi gehört haben. Tatsächlich handelte es sich bei Hitachi um eine Ansammlung mehrerer Unternehmen. Mit anderen Worten: Die meisten Menschen sehen

Hitachi als nur eine große Einheit, doch in Wahrheit bestand das Unternehmen aus einer Vielzahl anderer Unternehmen, die dem Mutterunternehmen mit Namen Hitachi gehörten. Stellen Sie sich Hitachi als Regenschirm vor, der das Dach für viele einzelne Tochterunternehmen, die sich alle im direkten Besitz Hitachis befinden, bildet.

Aufgrund der damals geltenden Bilanzierungsvorschriften tauchten die Einkünfte der Unternehmen, die sich im Besitz von Hitachi befanden, nicht im Geschäftsbericht von Hitachi auf. Folglich fiel das Kurs-Gewinn-Verhältnis, teilte man den Kurs der Hitachi-Aktie durch die Einkünfte des Mutterunternehmens (das die Einkünfte der Unternehmen, die es besaß, nicht widerspiegelte), fälschlicherweise recht hoch aus. Onkel John war klar, dass er mit den Hitachi-Aktien in gewisser Weise auch die Aktien all der Unternehmen, die zu dem Mutterunternehmen gehörten, kaufte. Als Onkel John also selbst den Wert des gesamten Unternehmens, inklusive all der kleineren Unternehmen in dessen Besitz, berechnete und den Wert mit dem Marktwert verglich, bot sich ihm ein völlig anderes Bild als dem Durchschnittsinvestor, der eine solche Berechnung nicht angestellt hatte. Mit anderen Worten: Angeblich wurde Hitachi mit einem KGV von 16 gehandelt (Aktienkurs geteilt durch Ertrag pro Aktie = 16). Doch würde man den Aktienkurs nicht nur durch den Ertrag pro Aktie teilen, sondern in die Berechnung auch die Erträge all der kleineren Tochterunternehmen mit einbeziehen, so beliefe sich der neu berechnete Kurs geteilt durch die neu berechneten Erträge nicht länger auf ein 16-Faches, sondern vielmehr auf das 6-Fache.

Im Rahmen seiner Analyse fasste Onkel John die Einkünfte des Mutterunternehmens, die äußerst gering waren, mit den Einkünften all der kleineren Tochterunternehmen, die beachtlich waren, zusammen. Immerhin kaufte er nicht nur einen Anteil an Hitachi, sondern auch am »Drum und Dran«, also auch den Tochtergesellschaften, und in diesem Fall war das »Drum und Dran« wesentlich wertvoller als das Mutterunternehmen Hitachi selbst. Letztendlich änderte der japanische Gesetzgeber die Bilanzierungsvorschriften, und so mussten japanische Unternehmen zusätzlich zu den Gewinnen der Mutterunternehmen auch ihre konsolidierten Gewinne angeben. Die bis zu diesem Zeitpunkt tief vergrabenen Börsenschätze traten so zu Tage und die Investoren begannen daraufhin, die Kurse in die Höhe zu treiben.

Dieses Beispiel rüttelt gehörig am Fundament des Arguments, man könne in Japan nicht investieren, weil es einfach zu wenig Informationen gäbe. Es stimmt natürlich, dass es gerade im Fall von Hitachi an wichtigen Informationen mangelte, doch für Onkel John war dies von Vorteil, denn er nahm sich die Zeit und untersuchte die Situation eingehend. Der entscheidende Punkt hierbei ist: Man darf nicht blindlings investieren, wenn Informationen Mangelware sind. Vielmehr wollen wir Ihnen vor Augen führen, welche Vorteile es haben kann, ein potenzielles Schnäppchen nicht von vorneherein zu verwerfen und, wie bereits in einem früheren Kapitel erwähnt, ein kleines bisschen härter zu arbeiten als die anderen. In diesem speziellen Fall war dies ausgesprochen vorteilhaft und sehr lukrativ. Anders formuliert: Wer in eine Aktie investiert, ohne vorher seine Hausaufgaben gemacht zu haben, der kann sein blaues Wunder erleben.

Solche Situationen entstehen oft aus Bilanzierungsvorschriften, die den damals in Japan geltenden nicht unähnlich sind. Doch handelt es sich bei den nicht aufgeführten Posten um Verbindlichkeiten und nicht, wie im Falle Hitachis, um Assets, so kann die Sache ganz schön ins Auge gehen. Sucht man nach einem passenden Beispiel, so wird man in Gestalt des US-amerikanischen Aushängeschilds für undurchsichtige Bilanzen, Enron, leicht fündig. Auch im Fall Enron gab es einige »Unternehmen«, die in den Geschäftsberichten nicht auftauchten, doch diese so genannten »Unternehmen« dienten lediglich dazu, den Führungskräften Gelder zuzuschanzen und die erschreckende Wahrheit vor den Investoren geheim zu halten. Im Gegensatz zu Hitachi war Enron nicht mehr wert, als es die Zahlen vermuten ließen, sondern weniger. Schnäppchenjäger sollten jedoch bei einem Mangel an Informationen auf keinen Fall das Weite suchen, sondern die Fehlinformation vielmehr als Gelegenheit begreifen und versuchen, die Wahrheit herauszufinden. Ignoriert man Details, so kann es zu Fehlern kommen: Man lässt Japan links liegen oder investiert in Enron.

Diese Diskussion der japanischen Bilanzierungspraktiken beleuchtet eine mikrokosmische Ineffizienz, die mit der umfassenderen makrokosmischen, im Zusammenhang mit der Einstellung der Investoren stehenden Ineffizienz zusammenwirkte. Es geht darum, dass die Denkweise, die den Kurs eines Assets bestimmt, stets hinterfragt werden muss. So mancher Leser mag sich angesichts dieser Diskussion der

Bilanzierungsmethoden und anderer ihn in Zukunft erwartender Überraschungen überfordert fühlen, doch die Welt ist voller Menschen, die sich für Bilanzen und Buchhaltung interessieren, sich damit auskennen und davon gar nicht genug bekommen können. Wird Ihnen also schon flau im Magen, wenn Sie das Wort Buchführung nur hören, dann geben Sie den Job an jemanden ab, der Spaß daran hat. Die von Ihnen ausgewählten Investmentfonds sollten mehr als genug Analysten beschäftigen, die undurchsichtige Bilanzen durchschauen und versteckte Kaufgelegenheiten aufspüren können. Stellen Sie jedoch bitte bereits im Vorfeld sicher, dass diese Investment-Profis Ihr investiertes Geld auch schützen. Bevor Sie jemanden einstellen, der für Sie Aktieninvestments auswählt, sollten Sie sich mit der jeweiligen Person unterhalten und herausfinden, wie er oder sie arbeitet und wogegen er oder sie sich absichert.

Nachdem wir uns nun also eingehend mit den undurchsichtigen Bilanzierungsmethoden und der Ineffizienz, die aus der Einstellung der Investoren resultiert, beschäftigt haben, können wir uns jetzt damit befassen, was Onkel John an diesen Aktien wirklich reizte. Im Großen und Ganzen faszinierte Onkel John an den Aktien deren niedriger Kurs im Verhältnis zu ihrer immensen Ertragskraft und den wirklich bemerkenswerten Wachstumsaussichten. Anders gesagt: Er glaubte, dass der Preis, den er Anfang der 60er-Jahre für die japanischen Aktien bezahlte, in keinem Verhältnis zu dem stand, was die Aktien Jahre später wert sein würden. Im Grunde genommen tat Onkel John außergewöhnlich erfolgreiche Unternehmen wie Toyota auf, lange bevor andere Anleger den japanischen Markt als heißes Pflaster für ihre Investitionen wahrnahmen. Die Unternehmen, die er sah, wirtschafteten äußerst profitabel und ihre Umsätze und Einkünfte stiegen schnell, vor allem wenn man die Werte mit denen US-amerikanischer Unternehmen verglich.

Bevor wir uns mit der Mechanik und Methodik hinter Onkel Johns Aktienkäufen in Japan auseinandersetzen, sollten wir noch auf die verschiedenen, sehr beliebten Fachausdrücke zu sprechen kommen, die manchmal etwas verwirrend sein können. Jeder weiß oder kann sich zumindest denken, dass es verschiedene Arten von Investoren gibt, deren Investment-Stile sich voneinander unterscheiden. Soll zwischen Investoren unterschieden werden, dann werden sie für gewöhnlich in eines der folgenden beiden Lager gesteckt: das der Value Investors oder das der Growth Investors. Glaubt man der landläufigen Meinung, dann ist ein Value Investor jemand, der bevorzugt in langsamer wachsende, voll entwickelte Unternehmen investiert. Ein Growth Investor hingegen investiert in jüngere Unternehmen und macht sich über den für eine Aktie zu bezahlenden Preis wesentlich weniger Gedanken, da er oder sie mit einem baldigen großen Erfolg des zugehörigen Unternehmens rechnet. Wenn auch Sie in diesen vorgefertigten Kategorien denken und versuchen wollen, Onkel John in eine dieser Schubladen zu stecken, so werden Sie damit Ihre liebe Not haben.

Onkel Johns Hauptanliegen ist es, Dinge deutlich unter ihrem eigentlichen Wert zu kaufen. Muss man dafür begrenztes Wachstumspotenzial in Kauf nehmen, so geht das in Ordnung. Bedeutet es, dass man ein Asset kauft, das im Laufe der nächsten zehn Jahre mit einer Rate im zweistelligen Bereich wachsen wird, so ist das natürlich noch besser. Wächst das Unternehmen, so ist es wichtig, dieses Wachstum nicht mitzubezahlen. Unternehmenswachstum ist eine feine Sache; wenn Sie es schaffen, Aktien wachsender Unternehmen zu Schnäppchenpreisen zu kaufen, dann können Sie jahrelang an diesen Aktien verdienen. Dies darf jedoch nicht als Entschuldigung für einen zu hohen Kaufpreis gelten. Wenn Sie glauben, ein Unternehmen gefunden zu haben, das schon bald sehr erfolgreich sein und langfristig wachsen wird, dessen Kurs jedoch in froher Erwartung eben dieses Wachstums bereits in die Höhe getrieben wurde, dann suchen Sie weiter. Es bringt nichts, die Fundamentaldaten richtig einzuschätzen, wenn diese aber bereits in den Kurs eingepreist sind. Als Schnäppchenjäger sollten Sie sich auf extreme Gefälle zwischen dem Kurs und dem tatsächlichen Wert einer Aktie konzentrieren und nicht auf simple Nuancen. Jedes Unternehmen kann, zumindest von Zeit zu Zeit, solche Gefälle aufweisen. Daher müssen Sie als Schnäppchenjäger, wenn es um die oberflächliche Unterscheidung zwischen Value Investors und Growth Investors geht, agnostisch und möglichst unvoreingenommen bleiben, da Befangenheit Ihnen das Aufstöbern von Schnäppchen unmöglich macht.

Lassen Sie uns nun auf die spezifischen Aktien in Japan zurückkommen und darauf, wie Onkel John zu dem Schluss kam, diese Aktien seien zum damaligen Zeitpunkt vielversprechende Schnäppchen. Ito-Yokado, eine große Supermarktkette, war zum Beispiel eine solche japanische Aktie, die Onkel John damals kaufte. Das KGV dieser Aktie betrug 10 und während Japan sich zur echten Industrienation entwickelte, wuchsen die Erträge der Aktie jährlich mit einer Rate von 30 Prozent. Onkel John glaubte, es handle sich bei dieser Aktie um ein erfolgsversprechendes Schnäppchen, weil der Preis, den er für die zukünftigen Erträge bezahlte, vermutlich sehr weit unter dem Betrag lag, den er anderswo für dasselbe Produkt hätte bezahlen müssen. Um zu dieser Schlussfolgerung zu gelangen, setzte Onkel John ein Instrument ein, das den meisten Schnäppchenjägern ein Begriff ist – den Preisvergleich. Onkel John verglich Ito-Yokado mit dem großen und bekannten US-Supermarkt Safeway und kam zu dem Schluss, dass er durch ein Investment in Ito-Yokado ein wesentlich besseres Geschäft machte, als wenn er sein Geld in ein auf den anderen Märkten verfügbares Produkt investierte. Um zu diesem Schluss zu gelangen, verglich Onkel John, wie viel er angesichts der geschätzten langfristigen Wachstumsraten der Erträge pro Dollar dieser zukünftigen Erträge bezahlen müsste. Um in einem solchen Fall eine Entscheidung zu fällen, bedarf es lediglich der Anwendung eines simplen Zahlenverhältnisses, das allgemein als das PEG-Ratio (Price/Earnings to Growth), also das Verhältnis von Kurs/Gewinn und Wachstum, bekannt ist. Das PEG-Ratio ist nicht anderes als das KGV einer Aktie geteilt durch die langfristigen Wachstumsschätzungen der Erträge. In unserem Fall nehmen wir also die jeweiligen Kurs-Gewinn-Verhältnisse von Ito-Yokado und Safeway, teilen diese Werte durch die angemessenen Schätzungen des Wachstums der Erträge und vergleichen dann, wie viel wir in etwa für die zukünftigen Wachstumsaussichten der Unternehmen bezahlen. Hier nun eine kleine Illustration dieser Rechenübung:

Ito-Yokado

KGV = 10

Geschätztes Wachstum = 30 %

PEG = KGV (10) ÷ geschätztes Wachstum (30) = 0,3

Safeway

KGV = 8

Geschätztes Wachstum = 15 %

PEG = KGV (8) ÷ geschätztes Wachstum (15) = 0,5

Da das PEG-Ratio, das wir für Ito-Yokado errechneten, unter dem PEG-Ratio von Safeway liegt, sollten wir Ito-Yokado, trotz der Beziehung zwischen den jeweiligen Kurs-Gewinn-Verhältnissen der beiden Unternehmen, als das aussichtsreiche Schnäppchen betrachten. Relevant ist hierbei nämlich, dass wir für Ito-Yokado de facto weniger bezahlen, da die Wachstumsrate der in der Zukunft wahrscheinlichen Erträge des Unternehmens wesentlich höher ist.

Für Sie als Schnäppchenjäger ist es jedoch von größter Bedeutung, genauestens auf die Plausibilität dieser Wachstumsmutmaßungen zu achten. Bei der Verarbeitung der Informationen und der Betrachtung dieser Beziehungen müssen Sie Ihre Skepsis bewahren. Schließlich beläuft sich auch das PEG-Ratio einer Aktie mit dem KGV von 30 und einer angenommenen Wachstumsrate der zukünftigen Erträge pro Aktie von 100 Prozent auf 0,3. An diesem Punkt müssen Sie sich dann selbst ganz offen fragen: »Ist diese Annahme plausibel? Ist es wirklich wahrscheinlich, dass die Erträge so schnell wachsen werden?« Die Antwort lautet »Nein« – und selbst wenn die Möglichkeit bestünde, so stehen die Chancen doch mehr als schlecht. Die Verhältnisse und Annahmen, aus denen diese Ratios bestehen, aktiv zu hinterfragen, lohnt sich. Ratios sind nicht zwingend Anfang und Ende beim Investieren, es sei denn, Sie haben Ihr gesamtes Geld investiert, alles auf eine Karte gesetzt und vertrauen darauf, dass die Verhältniswerte stimmen. Mit anderen Worten: Es obliegt Ihnen herauszufinden, ob Sie wirklich den kleinstmöglichen Betrag für die wahrscheinlichsten Zukunftsaussichten eines Unternehmens bezahlen.

Wenn Sie mit einem Ratio arbeiten, dann werten Sie stets aus, was genau es besagt. Schlüsseln Sie es in seine Bestandteile auf und untersuchen Sie diese einzelnen Komponenten eingehend. Vielleicht ist innerhalb des PEG-Ratio ja das KGV fehlerhaft. Ein Beispiel: Ein KGV von 10 ist für ein Unternehmen, dessen geschätzte Gewinne pro Aktie (das G im KGV) voraussichtlich um 5 Prozent wachsen werden, vielleicht angemessener, als es das für ein Unternehmen wäre, dessen Gewinne pro Aktie erst um 50 Prozent wachsen müssen, um über ein solches KGV zu verfügen. Blindlings Aktien mit niedrigem PEG-Ratio zu kaufen ist in etwa so sinnvoll, wie alle Aktien mit niedrigem KGV aufzukaufen, da Sie sich dadurch vermeidbaren Fehlern aussetzen. Im Fall von Ito-Yokado mag die geschätzte Wachstumsrate von 30 Prozent etwas zu optimistisch erscheinen, doch gleichzeitig stand dieses Unternehmen damals an der Schwelle zu jahrzehntelanger Expansion. Onkel John investierte in seine Überzeugung, dass die Japaner ihr Pro-Kopf-Einkommen weiter steigern würden und somit Konsummuster, die denen der Verbraucher in den großen Industrienationen wie den USA und Europa entsprachen, übernehmen würden.

Wichtiger jedoch als die grundlegende Interpretation der Aussichten von Ito-Yokado ist die Erkenntnis, dass der Preisvergleich bei Schnäppchen eines der wichtigsten Instrumente im Arsenal des Schnäppchenjägers ist. Onkel John pflegte stets zu sagen, dass es hunderte Wert-Maßstäbe gäbe, anhand derer Analysten den Wert einer Aktie bemessen könnten, doch der Preisvergleich ist eine der Methoden, die er selbst immer und immer wieder anwandte. Außerdem lässt sich diese Methode sehr gut mit der Strategie vereinbaren, sein Investment in die besten verfügbaren Schnäppchen stets aufrechtzuerhalten. Indem man diese relativen, wertbasierten Urteile fällt, schätzt man permanent die Attraktivität seiner bereits bestehenden Investments im Vergleich mit anderen auf dem Markt erhältlichen Produkten ab.

Dieser ständige Vergleich ist ein äußerst probates Mittel, um sich mit der wahrscheinlich kompliziertesten Frage im Bereich Investments auseinanderzusetzen – nämlich der Frage, wann man eine Aktie am besten verkauft. Onkel John beschäftigte sich viele Jahre lang mit dieser Frage, und seine Antwort, die sowohl in seiner Arbeit als auch in seinem Privatleben Anwendung fand, lautete: »Man verkauft dann, wenn man eine wesentlich bessere Aktie als Ersatz gefunden hat.« Preise und Kurse immer wieder zu vergleichen lohnt sich, weil dadurch die Entscheidung, zu verkaufen, wesentlich leichter fällt, als wenn man sich ausschließlich auf eine Aktie und das dazugehörige Unternehmen konzentriert. Nähert sich der Kurs einer Aktie dem von Ihnen geschätzten Wert, dann ist die Zeit gekommen, um nach möglichem Ersatz zu suchen. Es kann passieren, dass Ihnen bei der routinemäßigen Schnäppchensuche eine Aktie auffällt, deren Kurs deutlich niedriger notiert, als es der von Ihnen geschätzte Wert des Unternehmens vermuten ließe. Deshalb werden Sie womöglich in Betracht ziehen, Ihr Portfolio neu zu bestücken. Sie sollten dabei jedoch diszipliniert vorgehen und sicherstellen, dass Sie Ihr Portfolio nicht aus einer Laune heraus umgestalten.

Damit Ihr Depot nicht unnötig umgeschichtet wird und sinnlose, unwirtschaftliche Aktivität entsteht, rät Ihnen Onkel John, nur dann eine Ersatz-Aktie zu kaufen, wenn Sie ein um 50 Prozent besseres Wertpapier gefunden haben. Mit anderen Worten: Wenn Sie eine Aktie besitzen, die in der Vergangenheit sehr erfolgreich war, mittlerweile für 100 US-Dollar getradet wird und von der Sie glauben, dass sie nicht mehr als 100 US-Dollar wert ist, dann könnten Sie ein Investment in eine neue, um 50 Prozent unterbewertete Aktie in Erwägung ziehen. Nehmen wir einmal an, Sie hätten neue Aktien aufgetan, die zu 25 US-Dollar gehandelt werden, Ihrer Meinung nach jedoch 37,50 US-Dollar wert sind. In diesem Fall sollten Sie Ihre alte 100-Dollar-Aktie (die Ihrer Ansicht nach 0 Prozent mehr wert ist als der Kurs, zu dem sie gehandelt wird) durch die neuen 25-Dollar-Aktien ersetzen (von denen Sie glauben, dass sie 50 Prozent mehr als ihr aktueller Kurs wert sind).

Indem Sie sich erfolgreich an diese Strategie halten – also indem Sie permanent nach Schnäppchen suchen, die besser und aussichtsreicher als die von Ihnen momentan gehaltenen Titel sind –, gewinnen Sie das nötige Wissen und das psychologische Rüstzeug, um sich nicht von der Euphorie, die den Kurs Ihrer Aktien nach oben treibt, den Boden unter den Füßen wegziehen zu lassen. Der Nervenkitzel bei der Suche nach neuen Schnäppchen und der Kick, wenn man sie tatsächlich findet, sollten viel interessanter und lohnender sein, als sich zurückzulehnen und sich an den Erfolgen der Vergangenheit zu erfreuen. Dies bedeutet im Grunde genommen nichts anderes als: Es ist sehr viel wichtiger, sich auf die Zukunft zu konzentrieren, als immer nur zurückzublicken.

Professionelle Schnäppchenjäger haben so einiges mit Profi-Sportlern gemein: Sie werden stets von allen nach dem letzten Trade oder dem letzten Wurf, Stoß oder Schuss beurteilt. Um im Spiel zu bleiben, muss man sich immer auf die nächste Chance konzentrieren. Und gerade diese ständige Suche nach verhältnismäßig vielversprechenden Schnäppchen sorgte dafür, dass Onkel John Japan den Rücken kehrte, bevor es dort zu verheerenden Kurseinbrüchen kam. Als schließlich auch die breite Öffentlichkeit auf den Trichter gekommen war und Japan zu ihrem bevorzugten Investitionsstandort auserkoren hatte, da hatte Onkel John seinen Aktienbesitz in Japan schon längst heruntergefahren und den Portfolioanteil japanischer Titel von 60 Prozent auf weniger als 2 Prozent reduziert. Dieser mechanische, quantitative Vorgang, bei dem ständig Schnäppchen miteinander verglichen werden, sollte Ihnen also immer wieder einen Schub in die richtige Richtung, nämlich in Richtung der besten Schnäppchen, geben und sicherstellen, dass Sie sich keinen unnötigen Gefahren aussetzen. Sie werden über das nötige Wissen und den richtigen Blickwinkel verfügen, um den Hype zu umgehen oder ihn zu ignorieren und der breiten Masse immer einen Schritt voraus zu sein. Dies ist der stets gleich bleibende Modus Operandi des Schnäppchenjägers.

Onkel John fiel die Entscheidung, Japan zu verlassen, nicht schwer. In Kanada, Australien und den Vereinigten Staaten boten sich ihm aussichtsreichere Schnäppchen. Der Entscheidung lag kein qualitativer Faktor zugrunde; er fällte die Entscheidung vielmehr auf der Grundlage einfacher Berechnungen der Aktienkurse verglichen mit den Unternehmenswerten. Hätte er qualitative Gründe in die Entscheidungsfindung mit einfließen lassen, so hätte dies sein Urteilsvermögen getrübt. Doch ist der zentrale Grundsatz der Schnäppchenjagd, dass es stets unvoreingenommen zu urteilen gilt.

Um besser zu verstehen, wie Onkel John diese Strategie anwandte und welche Variablen ihn tatsächlich zum Ausstieg aus den japanischen Investments veranlassten, werfen Sie bitte einen Blick auf Abbildung 4.5. Diese Abbildung zeigt, wie viel der Markt für japanische Unternehmenseinkünfte, die im Lauf der Zeit stetig stiegen, bezahlte. Wenn Sie sich mit Abbildung 4.5 befassen, machen Sie sich bitte klar, dass die steigenden Kurs-Gewinn-Verhältnisse in direktem Zusammenhang mit der wachsenden Aufmerksamkeit stehen, die Japan zuteil wurde, da man sich des zunehmenden wirtschaftlichen Fortschritts und Einflusses des Landes bewusst wurde. Oder anders gesagt: Japanische Aktien wurden zu eben den Märchen-Aktien, um die Schnäppchenjäger einen weiten Bogen machen.

Sich anzusehen, wie viel Investoren im Lauf der Zeit bereit waren, für Gewinne zu bezahlen, ist aus verschiedenen Gründen sehr aufschlussreich. Zum einen erhalten Investoren so einen Eindruck von der Entwicklung eines Marktes, von dem anfangs kaum jemand wusste und den nur wenige verstanden und der später, gegen Ende der 80er-Jahre, noch bis kurz vor seinem Zusammenbruch in aller Munde war.

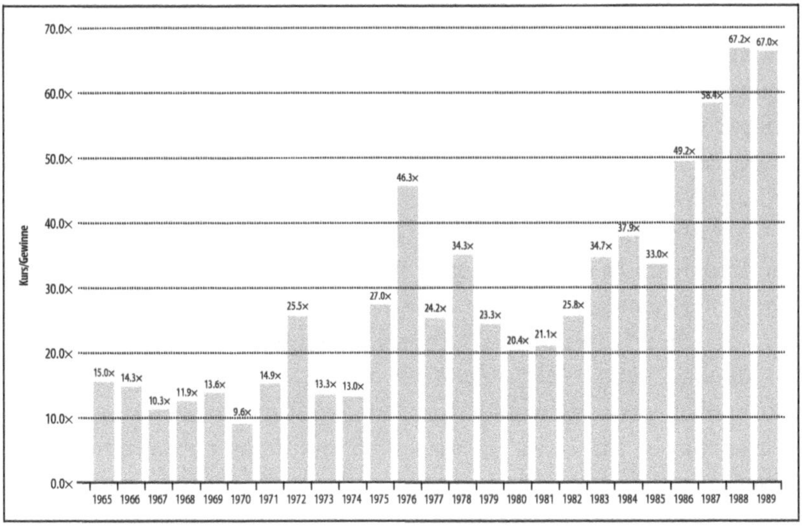

Abbildung 4.5: TOPIX Index KGV-Werte

Quelle: Morgan Stanley

Vergleichbar wäre diese Entwicklung mit der eines Mädchens, das binnen weniger Jahre vom Mauerblümchen zur Ballkönigin avanciert. So etwas passiert nicht nur in Disney-Filmen, sondern auch immer wieder an der Börse.

Außerdem sind die nominalen KGV-Werte der Abbildung relevant – es sollte jedoch gesagt sein, dass der Index zur damaligen Zeit nur eine kleine Gruppe größerer, von ausländischen Investoren bevorzugter japanischer Unternehmen enthielt, da es über diese Aktien mehr Informationsmaterial gab. Diese Aktien wurden auch bevorzugt, weil ihre Märkte größer waren, wodurch Investoren der Ein- und Ausstieg erleichtert wurde. Die allgemeine Popularität dieser Aktien wurde durch diese Sichtbarkeit, das umfangreiche Informationsmaterial und die hohe Liquidität noch weiter gesteigert, weshalb die Aktienkurse im Verhältnis zu den Gewinnen pro Aktie höher ausfielen. Onkel John kaufte oft Aktien, die nicht auf dem TOPIX Index gelistet waren. Für ihn waren Unternehmen, deren Aktienkurse sich nur auf ein 3-Faches oder 4-Faches der Gewinne pro Aktie beliefen, das bessere

Investment. Er hatte kein Problem damit, in den Niederungen des Marktes, um die niemand wusste oder die niemand verstand, nach Kaufgelegenheiten zu suchen. Aufgrund der Umstände, nicht aufgrund eines Zufalls, waren die Kurse der Aktien mit niedrigerem Bekanntheitsgrad oder der Titel, die niemand so recht verstand, im Vergleich zu ihren Werten deutlich niedriger.

Schnäppchenjäger sollten sich dieser Beziehung zwischen Ineffizienz und Kurs bewusst sein und stets versuchen, Kapital daraus zu schlagen. Besonders betonen möchten wir, dass das ursprüngliche Gefälle zwischen Kurs und zukünftigem Gewinnwachstum, welches Onkel John zum ersten Mal in den 50er- und 60er-Jahren aufgefallen war, letztendlich zusammenbrach. Im Laufe der Zeit erodierte es völlig, da der japanische Markt als Investment-Standort immer bekannter und beliebter wurde.

Nehmen wir das KGV des TOPIX und teilen den Wert durch die durchschnittliche 5-Jahres-Wachstumsrate der Unternehmensgewinne Japans, so erschließen sich uns die gemeinsamen Auswirkungen steigender Aktienkurse und der Verlangsamung des Gewinnwachstums in den 70er-Jahren. Durch die Veränderung dieser beiden Variablen verlor der japanische Markt deutlich an Anziehungskraft und war bei Weitem nicht mehr so attraktiv wie damals, als Onkel John dort zu investieren begann.

Außerdem nahm dadurch die Attraktivität vergleichbarer Schnäppchen auf anderen Märkten überall auf der Welt stark zu. Abbildung 4.6 liefert eine arithmetische Darstellung der grundlegenden Phänomene, die Onkel John in den 70er-Jahren dazu bewogen, Japan den Rücken zu kehren und im Rest der Welt in aussichtsreichere Schnäppchenmärkte zu investieren. Zwei elementare Entwicklungen führten im Laufe des Jahrzehnts zum Anstieg des PEG-Ratio japanischer Aktien: Die Aktienkurse und KGV-Werte stiegen, als Japans Popularität wuchs, und die phänomenale Gewinnwachstumsrate, die einst der Auslöser für Onkel Johns Investitionen gewesen war, begann sich dramatisch zu verlangsamen. Dadurch zahlten die Investoren, die sich noch immer auf den Markt drängten, immer mehr, während sie jedoch, je weiter das Jahrzehnt voranschritt, immer weniger zurückbekamen.

Schließlich wurden immer mehr Menschen auf Japan und die wirtschaftlichen Veränderungen, die dort in den vergangenen Jahr-

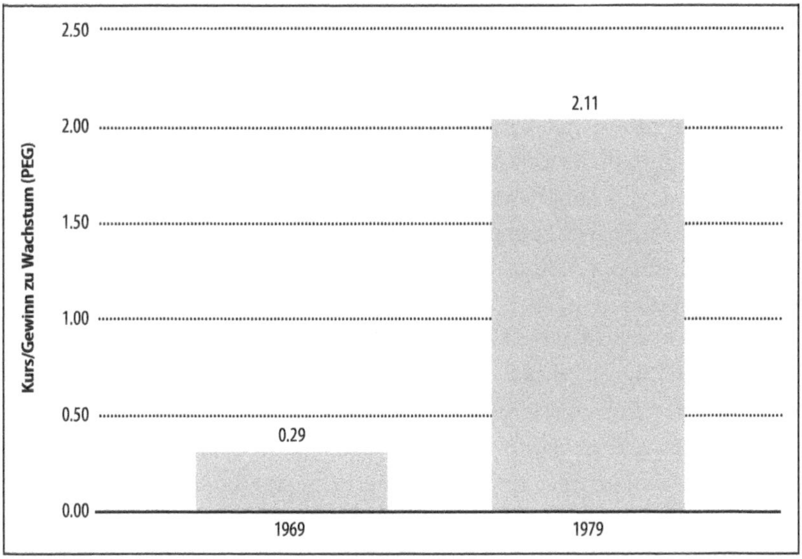

Abbildung 4.6: TOPIX, repräsentatives PEG-Ratio
Quellen: Morgan Stanley, Ministry of Internal Affairs and Communications

zehnten stattgefunden hatten, aufmerksam. Ergebnis dieser verspäteten Aufmerksamkeit war, dass sich bis zum Ende der 80er-Jahre auf dem Markt ein regelrechter Über-Enthusiasmus im Hinblick auf japanische Aktien entwickelt hatte. Die Preise, die Investoren für Assets, wie etwa Aktien oder Immobilien, bezahlten, stiegen zunehmend. Sie erreichten schließlich einen Grad, der nicht länger als glaubhaft, sondern schon als wunderlich beschrieben werden konnte. Für diesen massiven Anstieg der Assetpreise in den späten 80er-Jahren gab es zahlreiche Gründe. Einer dieser Gründe war, dass viele ungelernte Investoren eine Kaufstrategie entwickelten, die auf dem Mythos basierte, der Markt würde immer weiter wachsen. Außerdem gab es, wie eigentlich immer, wenn an der Börse eine Blase entsteht, Makler und Verkäufer, die jegliche Gedanken an Risiken oder Verluste von der Hand wiesen. Oftmals stiegen die Kurse an der Börse nur deshalb, weil sie auch am Vortag gestiegen waren. Die meisten Käufer, die für den Anstieg der Kurse verantwortlich waren, wurden zu weiteren Käufen angetrieben, da sie dachten, so jeden Tag immer mehr Geld auf ihre Trading-Konten umlegen zu können.

Ein besonders gefährlicher Aspekt dieses Phänomens war, dass die Marktteilnehmer ihr Konsumverhalten änderten, weil sie glaubten, sich durch den an der Börse erwirtschafteten Reichtum auf dem Papier einen luxuriösen Lebenswandel leisten zu können. Als der Markt aufgrund mehrerer Anhebungen der Zinssätze zusammenbrach, lernten diese Marktteilnehmer eine schmerzhafte Lektion, was die Instabilität von Aktienkursen angeht. Zum Zeitpunkt all dieser Geschehnisse war Onkel John schon längst aus dem japanischen Markt ausgestiegen, doch er verfolgte die Vorgänge dort natürlich noch immer aufmerksam, um die Ereignisse zu dokumentieren und aus der öffentlichen Unvernunft, die sich ihm dort offenbarte, zu lernen. Indem er diese Ereignisse beobachtete und sich diese Erfahrungen, die er zwar nicht selbst gemacht hatte, deren er aber Zeuge geworden war, zu eigen machte, konnte er sich auf eine zukünftige Börsen-Blase vorbereiten. Diese Blase, die er für einen außergewöhnlich profitablen Trade nutzte, wollen wir in den weiteren Kapiteln noch besprechen.

Kapitel 5

Der Tod der Aktien oder die Geburtsstunde einer Hausse?

Der Tod der Aktien scheint fast so etwas wie ein Dauerzustand zu sein.
– Business Week, August 1979 –

Der Tod der Aktien« – das klingt, gelinde gesagt, ein wenig dramatisch. Wie würden Sie reagieren, wenn jemand auf Sie zukäme und Ihnen erzählte, dass Aktien bald überflüssig seien oder für immer in Ungnade fallen würden? Erscheint Ihnen diese Aussage lächerlich? Wenn ja, dann herzlich willkommen in der »Hinterher weiß man immer mehr«-Welt, wo die Sichtverhältnisse stets perfekt sind und wir Irrsinn und Aberwitz schon von Weitem erkennen. Hätten Sie die Aussage zum Zeitpunkt, da sie gemacht wurde, auch als übertrieben abgetan? Der Grund, warum wir diese Frage stellen, ist der, dass diese Meinung Ende der 70er-Jahre unter Investoren durchaus weit verbreitet war. Dies war das Ergebnis der vorangegangenen zehn miserablen Börsenjahre in den Vereinigten Staaten. In den 70er-Jahren bewegte sich der Markt mehr oder weniger nur seitwärts und zwischendurch kam es zu einigen unschönen Kurseinbrüchen. Mit anderen Worten: Man hätte ein Investment zehn Jahre lang halten können und am Ende der Dekade, als schließlich die 80er-Jahre anbrachen, nur wenig vorzuweisen gehabt. Wären Sie so weit gegangen, Ihre Erträge mit der Inflationsrate in den Vereinigten Staaten zu vergleichen, so hätten Sie sich wohl ziemlich unterlegen gefühlt.

Hätten Sie hingegen in Rohstoffe, Immobilien oder Sammlerobjekte investiert, so hätten Sie sich wohl auf die Schulter klopfen können, denn solche Assets behalten auch bei Inflation ihren Wert und ihre Kaufkraft. Sie hätten also entweder auf Ihre »greifbaren« Investments und deren deutlich besseren Erträge verweisen oder es bedauern können, nicht früher in solche Assets investiert zu haben, um anschließend in den Chor der Investoren einzustimmen, der das neue Zeitalter des Investierens besingt. Man ging davon aus, dass dieses neue Zeitalter anbrechen würde, weil sich durch Investitionen in Rohstoffe ansehnliche Renditen generieren ließen. Typischerweise setzten sich ein paar Investoren hin, sahen sich die Ereignisse der jüngeren Vergangenheit an und stellten auf dieser Basis Prognosen für die zukünftige Entwicklung an; doch in diesem Fall vertraten sie die ziemlich extreme Meinung, solche Investments blieben für immer in Mode. Mit kühner Überzeugung wurde das neue Zeitalter des Investierens ausgerufen, und schon bald darauf, im August des Jahres 1979, war Folgendes auf der Titelseite der *Business Week* zu lesen: »Der Tod der Aktien.«

30 Jahre später sieht man diese Überschrift und den dazugehörigen Artikel natürlich nur noch als eine Art Witz. Viele verweisen auf den Titel als ein fantastisches Kaufsignal am Aktienmarkt und gleichzeitig auch als ein ebenso gutes Zeichen dafür, dass es Zeit war, aus Rohstoffen und Konsumgütern auszusteigen. Schnäppchenjäger an der Börse hätten die Titelseite des Magazins und die Stimmung, die damit einherging, als Anzeichen für den Punkt des maximalen Pessimismus sehen müssen. Für Schnäppchenjäger war der Markt im Jahre 1979 und in den drei darauf folgenden Jahren quasi das Paradies auf Erden. Um herauszufinden, wie pessimistisch die Investoren tatsächlich waren, wollen wir uns nun genauer mit dem Artikel selbst befassen und Ihnen einen konkreten Eindruck davon vermitteln, welche Sicht der Dinge damals wirklich vorherrschte. Der Artikel begann wie folgt:

> *Die breite Masse hat sich schon vor langer Zeit von Aktien abgewandt und legt nun stattdessen in Investments an, die höhere Renditen generieren und sich weniger inflationsanfällig zeigen. Nun ist es auch den Rentenfonds –*

der letzten Hoffnung des Marktes – erlaubt, Aktien und Anleihen abzustoßen und stattdessen in Immobilien, Futures, Gold, ja sogar Diamanten anzulegen. Der Tod der Aktien scheint fast so etwas wie ein Dauerzustand zu sein – ein Dauerzustand, der vielleicht eines Tages, nicht jedoch in naher Zukunft, umgekehrt werden kann.

In dieser Einleitung werden indirekt all jene Elemente und Faktoren erwähnt, nach denen man Ausschau halten sollte, will man am Tiefpunkt des Marktes investieren. Weise Schnäppchenjäger sollten die Aussage des Artikels eher als positiven denn als negativen Indikator werten. Der erste Hinweis findet sich bereits im ersten Satz: »Die breite Masse hat sich schon vor langer Zeit von Aktien abgewandt und legt nun stattdessen in Investments an, die höhere Renditen generieren.« Nun, oberstes Gebot der Schnäppchenjäger ist es doch, der breiten Masse unter keinen Umständen irgendwohin zu folgen. Schnäppchenjäger werden vielmehr dort aktiv, wo die breite Masse nicht investiert, denn nur, wo sonst niemand investiert, lassen sich die besten Schnäppchen finden. Der nächste wichtige Hinweis versteckt sich in den Worten »Der Tod der Aktien scheint fast so etwas wie ein Dauerzustand zu sein.« Als Onkel John gefragt wurde, wie man den Zeitpunkt des maximalen Pessimismus bestimme, lautete sein Ratschlag: »Abwarten, bis der neunundneunzigste von einhundert Investoren aufgibt.«

Dann nämlich sind Sie der einzige Käufer und der Kurs der Aktie kann eigentlich nur wieder steigen, denn es ist niemand mehr übrig, der verkaufen könnte. Es ist schwer, dies zu bewerten, doch wenn die einhellige Meinung lautet, »der Tod der Aktien scheint fast so etwas wie ein Dauerzustand zu sein«, dann ist es relativ einfach, das Ausmaß des auf dem Markt herrschenden Pessimismus und der Verzweiflung einzuschätzen. Außerdem fanden sich in diesem Artikel einige sehr deutliche Hinweise darauf, dass sich der Markt einem Punkt des maximalen Pessimismus näherte: »Nun ist es auch den Rentenfonds – der letzten Hoffnung des Marktes – erlaubt, Aktien und Anleihen abzustoßen und stattdessen in Immobilien, Futures, Gold, ja sogar Diamanten anzulegen.«

Denken wir über diese Aussage nach, so scheint sie nichts anderes zu bedeuten, als dass nun auch die letzten Aktien-Anhänger bereit sind, ihre Aktien zu verkaufen. Haben wir nun also einen Punkt erreicht, an dem die letzten Verkäufer den Markt verlassen, so stellt sich die Frage, ob die Kurse nach deren Verkäufen noch viel weiter sinken können. Die Antwort auf diese Frage lautet: »Nein.« Verlassen die letzten Verkäufer den Markt, so müssen Sie zur Stelle sein und als Käufer agieren. Sind erst einmal alle Verkäufer aus dem Markt ausgestiegen, so muss die logische Schlussfolgerung lauten, dass nun nur noch Käufer übrig sind. Doch wie sieht es bei den Rohstoffen aus? Der Markt für Rohstoffe entwickelte sich gut, doch dann stiegen die letzten Käufer, die noch übrig waren, in den Markt ein. Und was dann? Wer sollte noch Rohstoffe kaufen und so den Kurs nach oben treiben? Die Antwort lautet: »Niemand.« Man sollte es nicht als Zufall abtun, dass Aktien- und Rohstoffmarkt kurz davor standen, die Plätze zu tauschen, da aus den letzten Verkäufern auf dem einen Markt die letzten Käufer auf dem anderen wurden. Dies ist ein Beispiel für die schematische Logik, die dem konträren Investieren zugrunde liegt.

Sollten Sie beim Lesen dieser Zeilen denken, der Aktienmarkt wimmelt nur so von Schnäppchen, dann haben Sie den Nagel auf den Kopf getroffen und denken wie ein wahrer Schnäppchenjäger. Bevor wir jedoch darauf zurückkommen, gibt es noch einige andere wichtige Aspekte, mit denen wir uns befassen sollten. Beschäftigt man sich mit der im Lauf der Zeit immer wieder auftretenden Markt-Manie, so fällt auf, dass sich eine gewisse Ideologie jedes Mal aufs Neue bemerkbar macht. Wir können nicht mit Sicherheit sagen, was die Menschen dazu veranlasst, lauthals ihre Meinung hinauszuposaunen, doch zuverlässig wie ein Schweizer Uhrwerk treten diese Menschen immer dann auf den Plan, wenn es auf dem Markt zu heftigen Aufwärts- oder Abwärtstrends kommt. Solche Szenen spielen sich vor allem dann ab, wenn der Markt massiv überbewertet ist oder sich in einer Blase befindet. Doch schon seit langem weiß man, dass der Pessimismus der Marktteilnehmer die Kurse mindestens ebenso sehr drücken kann, wie die Euphorie sie zu heben vermag.

Daher überrascht es also nicht, dass in einer Phase, da der Markt danieder liegt und vom »Tod der Aktien« gesprochen wird, gewisse Aussagen getroffen werden. In dieser Art von Aussage, auf die wir anspielen, wird unsinnigerweise behauptet, das finanzielle Paradigma habe sich verändert und auf dem Markt sei eine *neue Phase* angebrochen, in der Aktienkurse und Unternehmenswerte nicht länger relevant seien: »Ein neues Finanz-Zeitalter ist angebrochen. Die alten Regeln gelten nicht mehr.«

Sollten Sie in der Zukunft mit solchen Aussagen konfrontiert werden, so sollten bei Ihnen alle Schnäppchenjäger-Alarmglocken schrillen. Diese Worte und die kurzsichtigen Konzepte, die dahinterstecken, sind das krasse Gegenteil der intelligenten Schnäppchenjagd. In Zeiten, da es bei den Marktpreisen über einen längeren Zeitraum zu extremen Bewegungen kommt, tauchen solche Aussagen immer wieder einmal auf. Für gewöhnlich sind sie der Versuch, zu hohe Kaufpreise von Assets zu rechtfertigen. In diesem speziellen Fall versuchten die Experten, das »neue Zeitalter« des Investierens in Immobilien und Rohstoffe zu verteidigen. Sollte es bei dieser Aussage noch nicht klingeln, dann müssen wir sie wohl mit einer anderen ergänzen. Eine andere Aussage, die mit dem ersten Gedankengang stets einherzugehen schien, war: »Nur die älteren Semester, die die Veränderungen an den Finanzmärkten des Landes nicht verstanden haben, halten noch an ihren Aktien fest.«

Wo soll man da nur anfangen? Diese Aussage ist schließlich in so vielerlei Hinsicht falsch. Doch wie Sie später noch sehen werden, wenn wir uns mit der Technologie-Blase der späten 90er-Jahre in den USA befassen, sticheln diese New-Age-Investoren häufiger gegen die älteren Investoren, die »nicht mehr mitkommen«. Als Schnäppchenjäger wissen wir es besser und hinterfragen die Älteren nicht, die am Markt schon alles gesehen und mitgemacht haben. Ein älterer Investor zu sein ist nur selten von Nachteil und oft von Vorteil. Mit Wissen und Erfahrung verhält es sich beim Schnäppchenjäger so wie mit dem Alter im Allgemeinen: Je länger man das Spiel spielt, desto besser wird man. Es entbehrt letztendlich auch nicht einer gewissen Ironie, dass eben jene »älteren Semester, die die Veränderungen an den Finanzmärkten des Landes nicht verstanden haben«, als Einzige clever genug waren, Long-Positionen in Aktien einzugehen, als der Markt am Boden war. Sie hinkten nicht hinterher, sondern waren den anderen Marktteilnehmern vielmehr weit voraus.

Aus irgendeinem Grund scheinen diese Aussagen allesamt gegen Value-Investoren gerichtet zu sein und werden stets von einem Kichern begleitet. Vielleicht haben wir Schnäppchenjäger besondere

Probleme mit diesen Sticheleien, wer weiß; doch was auch immer dahinter steckt, wir werden uns dieses Thema für das sechste Kapitel, in dem wir uns mit der Technologie-Blase der späten 90er befassen wollen, aufheben. Unabhängig davon, um welche Zeit oder welchen Markt es geht – die Vergangenheit hat immer wieder bewiesen, dass Aussagen wie diese soeben erwähnten der Höhepunkt des Wahnsinns sind. Fakt ist ganz einfach, dass zwischen Kurs und Wert eines Assets immer eine Beziehung besteht, und ignoriert man diese, so tut man es auf eigene Gefahr.

Falls es jemals einen Moment des absoluten Pessimismus gab, der für alle deutlich sichtbar war, dann fand dieser zwischen Ende der 70er- und Anfang der 80er-Jahre auf dem US-Aktienmarkt statt. Als das Jahr 1980 anbrach, war Onkel John mit 60 Prozent seiner Geldmittel im US-Aktienmarkt engagiert. Sein Verhalten stand in krassem Gegensatz zu der damals an der Börse vorherrschenden einhelligen Meinung, der zufolge die Aktien aufgrund der galoppierenden Inflation zugrunde gingen. Die Investoren ließen die Aktien fallen wie ein heißes Eisen, doch Onkel John ging völlig anders an die Sache heran; er betrachtete die Situation und wollte herausfinden, ob es sich lohnte, das Eisen zu schmieden, solange es heiß war. Sein Vorteil war, dass er den Markt mit anderen Augen sah, da er im Gegensatz zu den anderen Marktteilnehmern die Talfahrt der US-Aktien während der vorangegangenen zehn Jahre nicht mitgemacht hatte. Genau das Gegenteil war der Fall, war er doch gerade erst vom japanischen Markt abgesprungen, von dessen Wachstum er profitiert und das ihn zum erfolgreichsten Investmentfonds-Manager des Jahrzehnts gemacht hatte.

Warum war Onkel John im Hinblick auf US-Aktien so zuversichtlich, während alle anderen einen möglichst weiten Bogen um sie schlugen? Ein Teil der Frage ist recht leicht zu beantworten: eben weil alle einen weiten Bogen um sie schlugen. Der zweite Teil der Antwort lautet: weil aufgrund der vorherrschenden Meinung einige der bekanntesten, meistgelobten und auf dem Dow gelisteten Unternehmen in den Vereinigten Staaten zu Kursen gehandelt wurden, die im Vergleich zu den Unternehmensgewinnen, dem Buchwert und anderen Werten auf ihrem historischen Tiefststand waren.

Tatsächlich stellte Onkel John einige Nachforschungen an und fand dabei heraus, dass die Aktien zu keinem Zeitpunkt in der Geschichte der US-Börsen billiger gewesen waren. Bitte bedenken Sie, dass dabei auch die Kurse während der Weltwirtschaftskrise und des Börsenkrachs, der 1929 begann, berücksichtigt wurden. Zur Bestätigung dieser Aussage wollen wir nun einige KGV-Werte heranziehen, die von Value Line, einem so genannten Research Provider, zusammengestellt wurden. Betrachten wir Tabelle 5.1, so können wir aufgrund der für den Dow Jones Industrial Average Index berechneten Kurs-Gewinn-Verhältnisse sagen, dass das durchschnittliche KGV des Jahres 1979 im Wert von 6,8 de facto der tiefste bisher gemessene Wert war. Im Gegensatz dazu geht jedoch aus den Studien von Value Line hervor, dass das langfristige durchschnittliche KGV des Dow 14,2 beträgt. Mit anderen Worten: Das durchschnittliche Dow-KGV des Jahres 1979 war 52 Prozent niedriger als der langfristige Durchschnitt seit den 20er-Jahren.

Rang	Jahr	P/E Ratio
1	1979	6,8
2	1950	7,0
3	1978	7,3
4	1980	7,3
5	1949	7,6
6	1974	7,7
7	1948	7,8
8	1981	8,2
9	1988	9,0
10	1924	9,2

Tabelle 5.1: Top 10 der niedrigsten KGV-Werte des Dow Jones Industrial Average

Quelle: Value Line

Beinahe so beeindruckend wie das Dow-KGV des Jahres 1979 von 6,8 ist die Gesamtmenge niedriger Verhältniswerte in den Jahren vor und nach 1979, also sowohl in den späten 70er- als auch frühen 80er-Jahren. Dadurch wird wunderbar deutlich, wie pessimistisch der Markt geworden war und wie sich diese negative Stimmung über viele Jahre hinweg fortsetzte. Die Investoren waren aus jeder denkbaren Richtung in die

Mangel genommen worden – von der Inflation, den hohen Zinssätzen, den Ölkrisen, einer Geiselkrise und der neuen Bedrohung durch Wettbewerb aus Japan. Von allen Seiten hatten die Investoren Schläge einstecken müssen, und sowohl die wirtschaftlichen als auch die psychologischen Auswirkungen machten sich in den Aktienkursen bemerkbar.

Das historisch niedrige KGV des Dow Jones diente damals den Schnäppchenjägern als typisches Kaufsignal. Doch diese Kaufsignale kamen aus vielen verschiedenen Richtungen, und sie alle ließen nur eine Schlussfolgerung zu: US-Aktien waren spottbillig. Onkel John betont immer wieder, wie wichtig es ist, eine Situation aus mehr als einer Perspektive zu betrachten und sich zum Beispiel nicht ausschließlich auf das KGV zu konzentrieren. Der Tod des Aktienmarktes bietet sich an, um einige der Techniken zu beleuchten, die Onkel John anwandte und die auch andere Schnäppchenjäger in Zukunft anwenden könnten.

Bei Onkel Johns Herangehensweise an die Schnäppchenjagd ging es immer auch darum, einen der »100 Wert-Maßstäbe«, die einem Wertpapier-Analysten zur Verfügung standen, anwenden zu können. Es gibt zwei gute Gründe dafür, warum dieses Vorgehen sinnvoll ist. Der erste und vielleicht wichtigste Grund ist: Arbeitet man bei der Bewertung von Aktien mit nur einer einzigen Methode, so erlebt man immer wieder Phasen – manchmal dauern diese sogar mehrere Jahre –, in denen diese Methode einfach nicht funktioniert. Dieses Konzept entspricht der Grundregel, niemals für die gesamte Dauer eines Investments nur in den Aktienmarkt eines einzigen Landes zu investieren. Investiert man in nur eine Region, ein Land, einen Finanzmarkt oder eine Branche, so wird man stets Phasen durchleben, in denen die eigene Performance hinter dem Marktdurchschnitt zurückbleibt. Da man mittels eines einzigen Maßstabes, wie etwa des KGV, nur eine begrenzte Anzahl an Schnäppchen auftun kann, gibt es bei der Arbeit mit nur einem Maßstab lediglich zwei Möglichkeiten – fressen oder sterben. Verlässt man sich also bei der Bewertung von Aktien ausschließlich auf das Kurs-Gewinn-Verhältnis, dann wird es Zeiten geben, in denen man anhand dieses Maßstabs kein Investment von Wert finden kann, während man vielleicht mithilfe eines anderen Maßstabs, wie etwa des Verhältnisses von Kurs zu Cashflow, durchaus fündig geworden wäre. Im Übrigen gibt es keine Garantie dafür, dass Ihre Methode des Schnäppchenjagens nicht irgendwann überholt sein wird.

Nach Onkel Johns Überzeugung verlieren all die Methoden der Aktienauswahl, die sich im Laufe der Zeit als erfolgreich erwiesen haben und daher vom Großteil der Investoren übernommen werden, letzten Endes ihre Gültigkeit, wenn sich viele zur gleichen Zeit dieser Methoden bedienen. Würden Sie zum Beispiel mit einigen der bewährten Auswahlmethoden arbeiten, die in Benjamin Grahams Werk *Security Analysis* detailliert beschrieben sind – unter anderem zählt dazu die Methode, Aktien zu kaufen, wenn der Marktwert des jeweiligen Unternehmens unter dem Nettobetriebskapital oder dem Lagerwert liegt –, dann würden Sie vermutlich auf diese Beschreibung passende Aktien nicht so leicht finden. Zumindest dürfte es Ihnen wesentlich schwerer fallen, als dies damals bei Graham der Fall war, als er diese Methode vorstellte, die dann als erfolgversprechend angepriesen wurde. Alles in allem sei gesagt: Wenn Sie sich bei der Auswahl von Schnäppchen nur einer Methode bedienen, könnte es durchaus geschehen, dass Sie andere offensichtliche Kaufgelegenheiten einfach übersehen.

Der zweite gute Grund, warum man mit mehreren Wert-Maßstäben arbeiten sollte, ist folgender: Durch die Verwendung verschiedener Methoden erhält man mehr Bestätigung für die gefundenen Ergebnisse. Ergibt die Anwendung fünf verschiedener Methoden, dass es sich bei einer bestimmten Aktie um ein Schnäppchen handelt, so können Sie sich dessen ziemlich sicher sein. Dieses Gefühl der Sicherheit und Überzeugung liefert das psychologische Rüstzeug, das nötig ist, um sich der Volatilität des Aktienmarktes zu stellen. Da dies nun gesagt ist, wollen wir die Gelegenheit am Schopf packen und Ihnen einige andere Wert-Maßstäbe und Indikatoren vorstellen, die Ende der 70er- und Anfang der 80er-Jahre aufkamen, als es hieß, das Ende der Aktien sei nah.

Für manche Leser mögen diese Methoden völliges Neuland sein, für manch andere sind sie vielleicht ein alter Hut, doch sie liefern in jedem Fall einen interessanten Blick auf die Einstellung zum Prozess des Schnäppchenjagens und die vielen Gesichtspunkte, die mit einbezogen werden können.

Als Onkel John sich Ende der 70er-, Anfang der 80er-Jahre mit dem US-amerikanischen Aktienmarkt befasste, fiel ihm als eine der vielen positiven Eigenschaften auf, dass die Aktienkurse oder Marktwerte im Vergleich zu dem in den Unternehmensbilanzen angegebenen Wert der verschiedenen Assets sehr viel niedriger ausfielen. Die bekannteste und am häufigsten angewandte Methode für den Vergleich des Marktwerts mit dem in einer Bilanz genannten Wert eines Wirtschaftsguts ist die Berechnung des Kurs-Buchwert-Verhältnisses (KBV). Ganz einfach formuliert teilt man den Kurs einer Unternehmensaktie durch den Wert, den man erhält, wenn man von den gesamten Assets die Schuldenmasse abzieht (Buchwert) und das Ergebnis durch die Anzahl der sich im Umlauf befindenden Aktien teilt (um den Buchwert pro Aktie zu erhalten und ihn mit dem Aktienkurs ins Verhältnis zu setzen). Schnäppchenjäger, die diesen Verhältniswert berechnen, erhoffen sich ein niedriges Ergebnis, das etwa bei 1 oder sogar darunter liegt.

Die Interpretation dieses Ratios basiert darauf, wie hoch der Kurs ist, zu dem Sie kaufen, und wie hoch der Wert ist, der in der Unternehmensbilanz als Nettowert des jeweiligen Unternehmens aufgeführt wird. Liegt der Kaufkurs unter dem angegebenen Unternehmenswert, dann könnte es sein, dass Sie ein Schnäppchen machen. Es kann natürlich auch sein, dass das Unternehmen gegen die Wand gefahren wurde und der Markt dies mitbekommen hat; in diesem Fall ist der Aktienkurs aus gutem Grund niedriger als der Buchwert oder Nettowert pro Aktie. Bei einem Ratio von 1 oder darunter erwartet der Markt nämlich nur wenig von dem fraglichen Unternehmen, was sich wiederum im Aktienkurs bemerkbar macht. Glaubt der Markt jedoch, dass das Unternehmen für seine Aktien eine Rendite generieren kann, die das von den Marktteilnehmern durch ihre Investition eingegangene Risiko kompensiert, so hat dies in der Regel ein KBV von über 1, manchmal sogar weit über 1 zur Folge – abhängig davon, wie gut der Markt die Aktie leiden kann. Hier nun eine Zusammenfassung dieses Verhältnisses:

Aktienkurs ÷ Buchwert pro Aktie = Kurs-Buchwert-Verhältnis
Buchwert pro Aktie = (gesamte Assets – Schuldenmasse) ÷ Aktien in Umlauf

Dieses Ratio existiert schon seit ewigen Zeiten, doch in den späten 70er- und frühen 80er-Jahren trat in der US-Wirtschaft ein sonderbares Phänomen auf: Es kam zu galoppierender Inflation im zweistelligen Bereich, die Investments in den Hintergrund drängte. Aufgrund der zweistelligen Inflation kam es zu einer Veränderung der herkömmlichen Beschaffenheit des KBV und die Investoren entdeckten zusätzliche Werte.

So glaubte Onkel John beispielsweise, dass die Kurse aufgrund der zweistelligen Inflationsrate im Verhältnis zu den Buchwerten zwar bereits verlockend niedrig notierten und daher starke Anziehungskraft auf Schnäppchenjäger ausübten, das Ratio jedoch nur unvollständig Auskunft über den Preisnachlass gab. Seiner Meinung nach war der *Ersatzwert* der Assets wesentlich höher als der in der Bilanz eines Unternehmens angegebene historische Preis der Assets. Mit anderen Worten: Würden wir ein Unternehmen leiten und hätten vor fünf Jahren ein Fabrikgebäude im Wert von 10 Millionen US-Dollar gebaut, so müssten wir heute bei einer jährlichen Wachstumsrate der Preise, das heißt einer Inflationsrate, von 15 Prozent deutlich mehr als diese 10 Millionen US-Dollar investieren, wollten wir ein neues Werk erbauen. Bei einem 15-prozentigen Wachstum der Preise würde es wohl etwa 20 Millionen US-Dollar kosten, das alte Fabrikgebäude durch ein neues zu ersetzen. Zum besseren Verständnis muss man sich eigentlich nur überlegen, woraus ein solches Gebäude besteht; sagen wir einmal, in diesem Fall vorrangig aus Stahl. Steigt also der Stahlpreis ab dem Zeitpunkt der Fertigstellung des Gebäudes jährlich um 15 Prozent, so würde ein späterer Neubau aufgrund des Preisanstiegs deutlich mehr kosten.

Sieht man die Dinge aus dieser Perspektive, wird deutlich, dass die Aktienkurse nicht nur im Verhältnis zu den historischen Preisen der Assets niedrig waren, sondern sogar noch viel niedriger ausfielen im Verhältnis zu den Kosten, die bei einem Austausch dieser Assets anfielen. Laut Onkel John hatten die Aktienkurse gegen Ende des Jahres 1982 ihren *absoluten bisherigen Tiefpunkt* im Verhältnis zu den Ersatzwerten der Assets erreicht.

Abbildung 5.1 zeigt die bis in die 20er-Jahre zurückreichenden KBV-Werte der im Dow Jones Industrial Average notierten Unternehmen, und wir können sehen, welche Auswirkungen es hatte, als das KBV zwischen 1978 und 1982 einige Jahre lang unter 1 lag. Berücksichtigen wir, dass sich die Inflationsrate in diesem Zeitraum im zweistelligen Bereich befand, so wird außerdem klar, wie massiv das Gefälle zwischen den Aktienkursen und ihren Ersatzwerten tatsächlich war, da Letztere sogar noch niedriger ausfielen als die entsprechenden his-

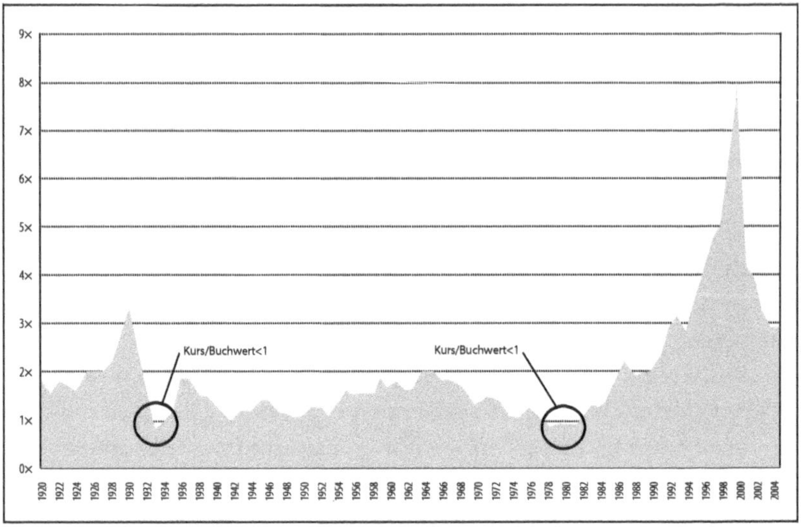

Abbildung 5.1: Jährliche Durchschnittswerte des KBV des Dow Jones Industrial Average
Quelle: Value Line

torischen Preise. Blicken wir auf die Grafik und suchen nach einer weiteren Zeitspanne, in der der Wert des Dow-Jones-KBV unter 1 lag, so müssen wir bis ins Jahr 1932 zurückgehen, wodurch diese Beziehung zwischen Kurs und Wert weiter verdeutlicht wird. Im Jahr 1932 erreichte der Markt nach dem Börsenkrach des Jahres 1929 seinen absoluten Tiefpunkt und das Land steckte mitten in der Weltwirtschaftskrise. Doch während dieser Wirtschaftskrise fielen die Preise, das heißt, es herrschte Deflation, während die späten 70er- und frühen 80er-Jahre von steigenden Preisen, also Inflation, gekennzeichnet waren. Obwohl also der Dow Jones im Jahr 1932 völlig in sich zusammengebrochen war und nur noch ein Neuntel des Wertes vom September 1929 hatte, so verfügte der Index bei weitem nicht über das Schnäppchenpotenzial, das er während der »Tod der Aktien«-Phase hatte.

Der Grund, warum der Index der Dow-Aktien an seinem vom Weltwirtschafts-Crash verursachten Tiefpunkt kein großes Schnäppchenpotenzial hatte, war der: Der Ersatzwert der von den Dow-Unternehmen gehaltenen Assets war 20 Prozent *niedriger* als der angegebene Buchwert. Mit anderen Worten: Wollten die jeweiligen Eigentümer der Dow-Unternehmen die Assets, die sich im Besitz ihres Unternehmens befanden, ersetzen, so hätte sie dies aufgrund der sinkenden Preise 20 Prozent weniger gekostet. Noch einfacher gesagt bedeutet dies, dass die Wertbeträge, die den Assets der Unternehmen 1932 zugeschrieben wurden, auf der Grundlage des Ersatzwertes als *zu hoch* angesetzt waren.

Wir könnten nun das KBV des Dow aus dem Jahr 1932 nehmen, das damals bei 0,79 lag, und berechnen, dass das echte KBV, unter Berücksichtigung des Ersatzwertes der Assets, vielmehr einen Wert von etwa 1,0 hatte (wenn wir den Wert der Assets ihrem Ersatzwert zuschreiben). Würden wir entsprechend die KBV-Werte der späten 70er- und frühen 80er-Jahre mit Blick auf deren Ersatzwerte neu interpretieren, so könnten wir sehen, dass die Kosten, die für das Ersetzen der Assets aufgebracht werden müssten, 70 Prozent über den angegebenen Buchwerten der Assets liegen. Der Grund dafür war die galoppierende Inflation, die damals in den USA mehrere Jahre lang für einen Anstieg fast aller Preise sorgte. Obwohl Berechnungen zufolge also das KBV des Dow Jones Industrial Average im Jahr 1982 1,0 betrug, lägen die Buchwerte der von den Dow-Unternehmen gehaltenen Assets unter Berücksichtigung der Inflation deutlich höher; im Hinblick auf die weiterhin steigenden Preise und die Kosten, die für uns als Eigentümer für das Ersetzen der Assets anfallen, würden wir die Wertbeträge um 70 Prozent höher ansetzen. Behalten wir dies im Hinterkopf und berechnen den Kurs im Verhältnis zum Ersatzwert der Assets, wie wir es bereits im Fall des Verhältniswerts des Jahres 1932 taten, so sehen wir, dass der Verhältniswert für das Jahr 1982 von 1,0 auf 0,59 sinkt. Mit anderen Worten: Die Aktien waren 40 Prozent billiger, als ein flüchtiger Blick auf das gängige Kurs-Buchwert-Verhältnis hätte vermuten lassen.

Manchmal erweist es sich als hilfreich, wenn man diese Beziehungen und Verhältnisse in einer Tabelle darstellt (siehe Tabelle 5.2). Sehen wir uns die nach der herkömmlichen Methode errechneten KBV-Werte einmal an und vergleichen diese dann mit den unter Berücksichtigung der veränderten Preise berechneten Ratios, so erschließen sich uns die Werte, die dem flüchtigen Beobachter verborgen bleiben.

Dow Jones Industrial Average	1932	1982
Buchwert	81,8	881,5
Indexkurs	64,6	884,4
KBV	0,79	1,0

Dow Jones (angepasste Buchwerte)	1932	1982
Ersatzwert	65,4	1498,6
Indexkurs	64,6	884,4
Kurs/Ersatzbuchwert	0,99	0,59

Tabelle 5.2: Vergleich der KBV-Werte

Aus dieser Tabelle lassen sich einige wichtige Lehren ziehen. Die erste und pragmatischste dieser Lektionen für den Schnäppchenjäger lautet: Man sollte Finanz-Ratios stets aktiv interpretieren. Ein einfacher Beobachter hätte leicht erkennen können, dass sich das KBV des Dow Jones Industrial Average Ende des Jahres 1982 auf etwa 1,0 belief und dass es sich dabei natürlich im historischen Kontext um einen niedrigen Verhältniswert handelte. Doch nur wer Zahlen und Daten aktiv interpretiert, hätte sich die Zeit genommen, sich mit der Tatsache auseinanderzusetzen, dass die in der Bilanz aufgeführten historischen Assetpreise im Verhältnis zu den aktuellen Preisen viel zu niedrig ausfielen. An diesem Punkt sei kurz angemerkt, dass man bei der Berechnung der Preise zwischen *real* und *nominal* unterscheidet, wobei die Preise, die unter Berücksichtigung der Inflation berechnet werden, als reale Preise bezeichnet werden. Ökonomen sind stets damit beschäftigt, die realen Preise mit den nominalen zu vergleichen. Sich eingehend mit den Zahlen und Daten zu beschäftigen – diese Vorgehensweise geht auf Onkel Johns Doktrin der zusätzlichen Arbeit zurück. Nur Schnäppchenjäger mit der Bereitschaft, härter zu arbeiten und mehr nachzudenken, hätten herausfinden können, dass die Aktien auf dem US-Markt im Hinblick auf ihre Ersatzwerte niemals billiger gewesen waren.

Es besteht auch eine Parallele zwischen dieser Ersatzwert-Analyse und der Analysemethode, die Onkel John anwandte, um die auf dem japanischen Markt verborgenen Börsen-Schätze ans Tageslicht zu bringen (siehe Kapitel 4). Im Falle Japans passte Onkel John die Einkünfte japanischer Unternehmen an, um so auch die Einkünfte der Tochterunternehmen, die nicht in den Unterlagen auftauchten, mit einzubeziehen. In diesem Fall förderte Onkel John nun verborgene Investmentmöglichkeiten von Wert zu Tage, indem er die Wertbeträge der Assets US-amerikanischer Unternehmen an deren Marktwerte anpasste. In beiden Fällen machte sich Onkel John die ineffiziente Informationslage zunutze, die bloßen Börsenbeobachtern verborgen blieb.

In diesen beiden Fällen wandte Onkel John diese Denkweise auch an, um der Wahrheit auf den Grund zu gehen. In diesem Fall war die Wahrheit die Antwort auf die Frage »Wie viel sind diese Assets tatsächlich wert?« Als diese Frage zu Beginn des analytischen Prozesses gestellt wurde, war es nur logisch, eben jene Anpassungen vorzunehmen, die er vorgenommen hatte, und den tatsächlichen Wert, der irgendwo unter den Bilanzrichtlinien vergraben lag, sichtbar zu machen. Wer nur beobachtet, der neigt dazu, das Vorgehen bei der Bilanzierung zu bemänteln, und wird oft dadurch, wie Geschäftsaktivitäten aufgezeichnet werden, in die Irre geführt. Schnäppchenjäger setzen sich aktiv mit den Daten auseinander und graben tiefer. So können sie das, was ihnen in Form von Bilanzen vorgelegt wird, richtig interpretieren und sind anschließend in der Lage, diese Daten mit dem, was sie in der »echten Welt« sehen, zu vergleichen. In der echten Welt besaßen japanische Unternehmen Tochterunternehmen, die in den Bilanzen nicht aufgeführte Einkünfte erwirtschafteten. In der echten Welt besaßen US-Unternehmen Assets, die deutlich mehr wert waren, als die in den Bilanzen angegebenen Wertbeträge vermuten ließen. Im Jahr 1982 sagte Onkel John, dass all jene Investoren, die stets davon sprachen, welch großartige Schnäppchen sich 1932 am Boden des Marktes hätten finden lassen, überhaupt keine Ahnung davon hatten, dass der Markt 50 Jahre später, in eben diesem Jahr 1982, wesentlich höheres Schnäppchenpotenzial besaß. Wer mit seiner Suche nach den besten Schnäppchen auf dem Markt niemals aufhört, der kommt als Schnäppchenjäger nicht in die Gefahr, eine Gelegenheit, wie sie sich 1982 auf dem US-Markt bot, zu verpassen.

Schließlich erkennen wir auch – und so kommen wir auf unser ursprüngliches Thema, die Verwendung verschiedener Wert-Maßstäbe, zurück – die offensichtlichen Vorteile, die es bringt, beurteilt man Aktien nicht nur aufgrund eines Maßstabes, wie etwa des Kurs-Gewinn-Verhältnisses. Auf Grundlage des KGV schienen die Aktien schon Schnäppchen zu sein, doch erst bei Betrachtung des Verhältnisses von

Kurs zu Ersatzwerten wurde klar, dass es sich um *echte* Schnäppchen handelte. Tatsächlich waren US-Aktien zu keinem vorherigen Zeitpunkt billiger, und so besaßen sie ein bis dahin nie da gewesenes Investmentpotenzial. Obwohl Schnäppchenjäger schon allein aufgrund des KGV und des Verhältnisses von Kurs zu Ersatzwert im Dow Jones gewusst hätten, dass ein Investment in US-Aktien äußerst lohnenswert wäre, so gab es sogar noch weitere Hinweise auf dem Markt, die auf einen günstigen Preis der Aktien hindeuteten.

Ein weiterer Hinweis, den Onkel John sehr interessant fand, war die Vielzahl der damals stattfindenden Geschäftsübernahmen. Eine von Onkel Johns Schlüsselempfehlungen an Schnäppchenjäger, die Informationen über ein Unternehmen sammeln, lautet: »Verwenden Sie auf die Erforschung der Konkurrenz ebenso viel Zeit wie auf die Erforschung des Unternehmens selbst.« Onkel John sagte stets, dass die besten Informationen über ein Unternehmen oftmals bei der Konkurrenz zu finden seien und nicht in dem fraglichen Unternehmen selbst. Gute Unternehmen konzentrieren sich nämlich auf ihre Mitbewerber und geben sich stets größte Mühe, der Konkurrenz einen Schritt voraus zu sein. Daher sammelt sich bei Konkurrenzunternehmen im Lauf der Zeit einiges an Informationen zur Arbeitsweise der Mitbewerber sowie zu den Vor- und Nachteilen der Konkurrenz an. Außerdem fällt es den Unternehmen leichter als dem durchschnittlichen Schnäppchenjäger, das Geschäftsumfeld einzuschätzen und zu erkennen, wann vorübergehend ungünstige Bedingungen zu einem massiven Absinken des Marktwertes eines Unternehmens führen können. Zieht man all dies in Betracht, so wird klar, dass Unternehmen oftmals nach fähigen Mitbewerbern Ausschau halten, die sie übernehmen und in das eigene Unternehmen eingliedern können. Die zugrunde liegenden Beweggründe können, abhängig von den jeweiligen Umständen, variieren, doch in der Regel dient eine Geschäftsübernahme dazu, sich die Vorteile eines Konkurrenten zu eigen zu machen und die Schwächen zu eliminieren.

Als Onkel John also die Zunahme der Geschäftsübernahmen bemerkte, sah er dies neben den anderen von ihm beobachteten Signalen als weiteres Marktsignal, das zusätzlich darauf hinwies, dass die Aktienkurse im Verhältnis zum intrinsischen Wert der Unternehmen viel zu niedrig waren. Onkel John wurde in seiner Überzeugung, der Markt sei voller Schnäppchen, weiter bestärkt, als er sah, dass die Beträge, die Konkurrenten für andere Unternehmen zu zahlen bereit waren, zwischen 50 Prozent und 100 Prozent über dem Marktwert des Zielunternehmens lagen. Diese Beobachtung lässt sich auf die tagtägliche Strategie beim Schnäppchenjagen übertragen. Viele aufmerksame Schnäppchenjäger beobachten aktiv die Marktwerte der Unternehmen, die im Verhältnis zu historischen Übernahme-Preisniveaus in der Branche zu niedrig ausfallen. Normalerweise ermitteln Schnäppchenjäger dieses Verhältnis, indem sie den »Unternehmenswert« einer Aktie in Bezug auf deren Erträge ohne Einberechnung der Zinsen, Abschreibungen und Steuern (landläufig bekannt ist dieser Wert als EBITDA, das Akronym steht für *earnings before interest, taxes, depreciation and amortization*) untersuchen. Der Unternehmenswert wird berechnet, indem man den Gesamtwert der an der Börse notierten Aktien des Unternehmens zur Schuldenmasse addiert und dann die liquiden Mittel, die das Unternehmen in der Bilanz ausweist, abzieht. Im Grunde genommen geht es bei dieser Verwendung des Verhältniswertes darum, sich einen Eindruck davon zu verschaffen, wie viel es kosten würde, wollte man ein Unternehmen in seiner Gänze aufkaufen, da man dann den gesamten Aktienbestand der Aktionäre kaufen und die Schuldenmasse des Unternehmens ermitteln oder abbezahlen müsste.

Unternehmenswert = Aktien-Marktwert (Marktkapitalisierung) + Schuldenmasse – Barmittel

Der Sinn dieser Berechnung ist es, einen Abriss vom Verhältnis des Übernahmewerts eines Unternehmens zu dessen »Bar«-Einkünften zu erhalten. Es heißt oft, EBITDA stelle im Grunde einen »barmittelartigen« Wert dar, da der Wert häufig als Stellvertreter für die Cash Earnings verwendet wird; doch es gibt auch hier einige tote Winkel. Hier ein praktisches Beispiel: Teilen wir den Unternehmenswert durch den EBITDA-Betrag unseres Unternehmens und finden dabei heraus, dass der Unternehmenswert dreimal so hoch ist wie der EBITDA-Betrag, und beobachten wir außerdem, dass Mitbewerber aus der Branche Unternehmen zum sechsfachen EBITDA-Wert aufkaufen, so könnten wir auf dieser Grundlage die Unternehmensaktie als ein Schnäppchen identifizieren. Das Grundprinzip hierbei ist, dass irgendein Marktteilnehmer das Schnäppchenpotenzial der Aktie erkennen wird. Dabei spielt es keine Rolle, ob ein Schnäppchenjäger die Aktie kauft oder ob ein Mitbewerber das Konkurrenzunternehmen im Rahmen einer Übernahme aufkauft. Kehren wir zu dem Fall aus den frühen 80er-Jahren zurück, so wird klar, dass Onkel Johns Beobachtung, der zufolge Unternehmen ihre Mitbewerber zu Beträgen aufkauften, die 50 Prozent bis 100 Prozent über deren Aktienkursen lagen, ebenso wie die vielen anderen damals von ihm angewandten Wert-Maßstäbe ein sehr logischer Wert-Maßstab war.

Onkel John nahm Anfang der 80er-Jahre bei seiner Beobachtung des Marktes noch etwas anderes wahr, das darauf schließen ließ, dass die Aktien großes Schnäppchenpotenzial besaßen – immer mehr Unternehmen kauften ihre eigenen Aktien mit liquiden Mitteln, die sie durch ihre Geschäfte erwirtschafteten. Dieser Umstand faszinierte Onkel John, weil er Zeuge wurde, wie hunderte Unternehmen aufgrund der flauen Kurse ihre eigenen Aktien auf dem offenen Markt kauften. Onkel John sah in diesem Vorgehen der Unternehmen seine Vermutung bestätigt, dass die Aktienkurse im Verhältnis zum Wert der jeweiligen Unternehmen zu niedrig notierten, denn immerhin sollten die Leiter der Unternehmen besser über den Wert ihrer Firmen Bescheid wissen als außenstehende Beobachter. Indem die Unternehmen Aktien kauften und tilgten, steigerten sie gleichzeitig die Gewinne pro Aktie, da es unter sonst gleichen Bedingungen nun weniger sich im Umlauf befindende Aktien im Verhältnis zu denselben Gewinnen gab. Viele Aktionäre befürworten dieses Vorgehen der Unternehmen, weil dadurch nicht nur der Gewinn pro Aktie, sondern womöglich auch der Wert des Unternehmens steigt. Viele der so genannten »Activist Shareholders«, also Aktionäre, die versuchen, durch ihr Investment Einfluss auf die Unternehmen auszuüben, ermutigen die Unternehmen zu dieser Handlungsweise, sofern den Unternehmen steigende liquide Mittel zur Verfügung stehen oder die Unternehmen es in der Vergangenheit versäumt haben, ihre überschüssigen liquiden Mittel für neue Investments in das Unternehmen zu verwenden. Wieder andere Investoren ziehen den Aktien-Rückkauf durch die Unternehmen einer Dividendenzahlung vor, da Dividenden steuerrechtlich erfasst werden, wodurch ein Teil des Geldes, das den Aktionären durch Dividendenzahlungen quasi rückerstattet werden soll, in Form von Steuerzahlungen an den Staat abgeführt werden muss.

Onkel John war von der zu niedrigen Bewertung der Aktien an der Börse und der Wahrscheinlichkeit einer bevorstehenden Trendwende endgültig überzeugt, als er sah, dass es zwar viele Investoren mit noch mehr liquiden Mitteln gab, diese es jedoch vorzogen, den Markt zu beobachten, anstatt aktiv zu werden. Damals sagte Onkel John: »Momentan sind mehr liquide Mittel vorhanden, als ich es jemals erlebt habe.« Unter anderem fielen ihm in diesem Zusammenhang auch die großen institutionellen Aktienkäufer auf, wie etwa Versicherungen, ausländische Investoren, in deren Herkunftsländern die Kurse an den Börsen wesentlich höher notierten als in den USA, und Rentenfonds. Onkel John fand heraus, dass die Rentenfonds damals insgesamt etwa 600 Milliarden US-Dollar wert waren. Zur selben Zeit prognostizierten Rentenfonds-Experten einen Anstieg des Werts der Rentenfonds auf 3 Billionen US-Dollar innerhalb der nächsten zwölf Jahre. Letzten Endes würde damit auch der Betrag, den diese Fonds investieren müssten, fünfmal so hoch sein. Investierten die Rentenfonds mindestens 50 Prozent in Stammaktien (der Durchschnitt betrug 55 Prozent), so würde dies nahelegen, dass zusätzliche 1,5 Billionen US-Dollar auf den Aktienmarkt fließen *könnten*. Der gesamte Aktienmarkt war nebenbei bemerkt im Jahr 1982 1,25 Billionen US-Dollar wert.

Dieser Gedankengang lässt weiterhin darauf schließen, dass ein Ansteigen der Aktienkurse aufgrund der zusätzlichen Käufe durchaus möglich war, und zwar einfach deshalb, weil das Geld schließlich irgendwohin fließen musste. Dies bildet einen Gegensatz zur konventionelleren Vorstellung, der zufolge ein Anstieg der Aktienkurse das Resultat zusätzlicher Käufe auf der Grundlage besserer Erträge und eines höheren intrinsischen Werts sein müsse. Auf keinen Fall glaubte Onkel John an eine Verdopplung der Aktienkurse aufgrund der Geldströme aus Richtung der Rentenfonds, doch er erkannte die Möglichkeit eines solchen Szenarios sehr wohl als einen weiteren Indikator dafür an, dass es sich bei US-Aktien um gute Schnäppchen handelte. Das Vorhandensein all diesen Bargeldes passt natürlich wunderbar zu der »Tod der Aktien«-These, der zufolge ja all die institutionellen Käufer womöglich nicht an die Börse zurückkehren und stattdessen lieber in Immobilien, Rohstoffe und Sammelobjekte investieren würden.

Den meisten Investoren erschließt sich die oberflächliche Absurdität dieser Vorstellung, sobald sie erkennen, dass dies hieße, Rücklagen für den Ruhestand oder etwa Versicherungsprämien in Sammelobjekte, wie zum Beispiel Briefmarken, anzulegen. Doch zum damaligen Zeitpunkt waren solche Sammlerstück-Investments durchaus populär, wohingegen Aktien stark an Beliebtheit eingebüßt hatten. Damals war kein Ende der galoppierenden Inflation oder der fantastischen Erträge, die durch Sammelobjekte generiert werden konnten, in Sicht und die dunkle Wolke über dem Aktienmarkt schien zum festen Inventar der Finanzwelt geworden zu sein – doch mindestens ein Investor sah Licht am Ende des Tunnels.

Im Jahr 1982 trat Onkel John in einer beliebten TV-Sendung zum Thema Investments auf, die von Louis Rukeyser moderiert wurde und den Titel *Wall Street Week* trug. In dieser Sendung, inmitten all des Pessimismus, der damals im Hinblick auf die US-Wirtschaft und den Aktienmarkt des Landes aufgrund von Inflation, Arbeitslosigkeit, hohen Zinssätzen und Rezession herrschte, machte Onkel John sehr deutlich, dass er ganz anderer Meinung war als die Mehrheit der Experten und Investoren. Damals glaubte man vielerorts noch, hohe Inflationsraten und Zinssätze im mittleren bis hohen zweistelligen Bereich würden dafür sorgen, dass die KGV-Werte der Aktien permanent auf ihrem niedrigen Niveau im niedrigen bis mittleren einstelligen Bereich feststecken würden. Für Onkel John war das Glas jedoch halb voll, und da er die Welt mit den Augen eines Schnäppchenjägers sah, wusste er, dass die Aktienkurse im Verhältnis zu dem Wert der Unternehmen, die sie repräsentierten, viel zu niedrig waren. So wandte er also alle ihm bekannten Maßstäbe, welche wir in diesem Kapitel bereits besprochen haben, an und kam zu der Überzeugung, dass der Aktienmarkt eben doch nicht im Sterben lag. Ganz im Gegenteil – er sah einen Markt, der kurz davor stand, wiedergeboren zu werden. Onkel John sagte, dass die Investoren damals an der Schwelle zu einer Hausse stünden, aufgrund derer der Dow innerhalb der nächsten zehn Jahre bis auf 3000 Zähler klettern würde.

Um diese Prognose in einen Kontext einzubetten, sei gesagt, dass der Dow damals im niedrigen bis mittleren 800er-Bereich notierte. Onkel John prognostizierte somit für die nächsten zehn Jahre quasi eine *Vervierfachung* des damaligen Standes. Für damalige Verhältnisse war dies eine unglaublich gewagte Aussage. Die Zuschauer und andere Marktbeobachter dachten, er hätte den Verstand verloren. Oberflächlich betrachtet mag seine Prognose zur damaligen Zeit verrückt geklungen haben, doch er glaubte, dass die Kurse auf dem US-Markt das größte Schnäppchenpotenzial besaßen, das er in seinem Leben bisher gesehen hatte – und er stützte seine Prognose auf gesunden Menschenverstand, vernünftige Erklärungen und einfache Mathematik.

Stiegen die Unternehmensgewinne weiterhin mit der Wachstumsrate von etwa 7 Prozent und betrüge die Inflationsrate auch künftig 6 Prozent bis 7 Prozent, so hätte dies laut Onkel John einen jährlichen Anstieg aller Gewinne um etwa 14 Prozent zur Folge. Käme es jährlich zu einem solchen Anstieg von durchschnittlich 14 Prozent, würden sich die Aktienkurse innerhalb der folgenden fünf Jahre beinahe verdoppeln, und setzte sich die Entwicklung so fort, dann fände innerhalb der nächsten fünf Jahre eine weitere Verdopplung statt. Nur aufgrund dieser Ertragsaktivitäten der Unternehmen müsste der Markt kein höheres Kurs-Gewinn-Vielfaches bestimmen, um den eigenen Wert zu verdoppeln. Doch zieht man auch das Dow-KGV von etwa 7 im Vergleich mit dem langfristigen Durchschnitt von 14 in Betracht, so macht es durchaus Sinn, dass der Index durch die Rückkehr zum durchschnittlichen KGV-Wert ebenfalls Auftrieb erhielt. Außerdem glaubte Onkel John, dass das viele Geld in den Taschen der institutionellen Käufer, die jedoch nur beobachteten und nicht investierten, letztendlich seine noch verborgene Feuerkraft entfalten und so zu einem weiteren Ansteigen des Index beitragen würde. Bedenkt man den schlechten Zustand des Investment-Umfelds und all die in die Aktien eingepreisten schlechten Nachrichten, so standen alles in allem die Chancen für eine Verbesserung der Umstände zu seinen Gunsten und den Gunsten all derer, die US-Aktien besaßen, sehr gut. In den darauf folgenden neun Jahren erwies sich seine Prognose als zutreffend.

Wie Abbildung 5.2 zeigt, traf Onkel Johns Prognose im Jahr 1991 ein, und so erkannten ihn immer mehr Menschen als Autorität auf dem Gebiet der Investments an. Wir müssen uns jedoch noch einmal seine Bereitschaft vor Augen führen, sich einer Situation zu stellen, die bereits von allen anderen als aussichtslos befunden worden war. Weil er diese Situation unvoreingenommen untersuchte, war er schließlich von seinen Erkenntnissen so überzeugt, dass er seinen eigenen Weg bis

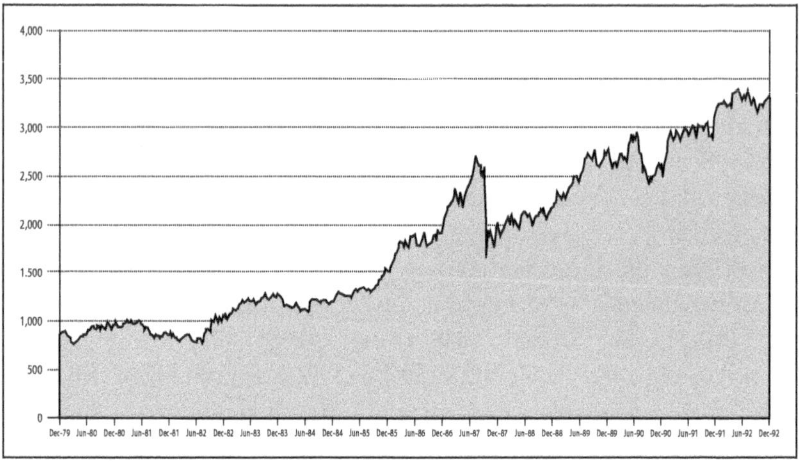

Abbildung 5.2: Der Dow Jones Industrial Average, 1980–1992

zum Ende gehen und gegen den Strom schwimmen konnte. Nach Schnäppchen Ausschau zu halten, wo andere sich zu suchen weigern, und dann die Stärke zu haben, mit seiner Meinung allein auf weiter Flur zu sein – das ist das Grundrezept für anhaltenden Erfolg als Value Investor.

Onkel John wies einmal darauf hin, dass all jene Anleger, die nach den Kaufgelegenheiten des Jahres 1932 lechzten, das Börsenpotenzial der frühen 80er-Jahre komplett verschliefen. Sie sollten sich also klarmachen, dass Sie als Schnäppchenjäger Aktien aufs Korn nehmen müssen, die andere links liegen lassen, unabhängig davon, ob es sich um eine einzelne Aktie oder den Aktienmarkt eines ganzen Landes handelt. Aus irgendeinem Grund schrecken selbst diejenigen davor zurück, die eigentlich verstanden haben, dass man Aktien am besten zu niedrigen Kursen kauft. Dieses Phänomen, dass beim Aktienabverkauf niemand zugreifen will, ist uralt und noch dazu völlig absonderlich. Können Sie sich vorstellen, dass junge Mädchen fluchtartig aus einem Kaufhaus stürmen, sich dabei boxen, knuffen und schubsen, nur um als Erste draußen zu sein, nachdem in den Läden alles um 50 Prozent reduziert wurde? Natürlich nicht, denn ein Schlussverkauf zu halben

Preisen hätte mit Sicherheit den entgegengesetzten Effekt. Und doch passiert genau das, wenn an der Börse Aktien zu niedrigen Kursen verkauft werden.

Um dieses Handicap des Menschen zu überwinden, muss man quantitativ und nicht qualitativ denken. Onkel John sagte uns stets, dass er in der Praxis immer die quantitative Vorgehensweise bevorzugte und dass es nicht die Unternehmen waren, die er mochte, sondern deren Aktien. Basiert Ihre Investment-Methode vor allem darauf, den Wert verschiedener Unternehmen zu berechnen und nach den im Vergleich zu diesen Werten niedrigsten Kursen Ausschau zu halten, dann würden Sie die Gelegenheit, die sich in Form des Todes des Aktienmarktes bietet, sicher nicht verpassen. Verlassen Sie sich jedoch ausschließlich auf Marktbeobachter, Zeitungsberichte oder Freunde, wenn es um Ihre Investments geht, dann werden Ihnen diese Quellen davon abraten, dort zu investieren, wo die Aussichten nicht besonders rosig scheinen. Doch wer eigenständig denkt, wer sich vorrangig auf Zahlen und nicht auf die öffentliche Meinung verlässt, kann so eine ausgezeichnete Investmentstrategie entwickeln, die unabhängig von den Gegebenheiten des Marktes funktioniert. Mit anderen Worten: Stoßen Sie auf Aktien, deren Kurse im Verhältnis zu ihrem geschätzten Wert auf dem absoluten Tiefpunkt notieren, und haben alle anderen Investoren diesen Wertpapieren den Rücken gekehrt und den Markt verlassen, dann ist dies der Moment des maximalen Pessimismus – der beste Zeitpunkt, um zu investieren.

Kapitel 6

Die Blase shorten? Kein Problem!

Die vier teuersten Wörter der englischen Sprache sind
»this time it's different« – diesmal wird alles anders!
– Sir John Templeton –

Nachdem ich gerade meinen College-Abschluss gemacht hatte, bekam ich einen Einstiegsposten in der Niederlassung von Morgan Stanley Dean Witter in Atlanta, Georgia, und so trat ich Anfang des Jahres 1999 in die Finanzwelt ein. Obwohl ich schon seit meinem achten Lebensjahr investiere – damals hing ein Aktienzertifikat des Bekleidungsunternehmens GAP über meinem Bett –, hätte mich nichts auf den Aktienmarkt der so genannten Go-Go-Years, der wilden späten 90er, vorbereiten können. Ich war jung, und es öffnete mir die Augen, zu sehen, wie die gewaltigen Erträge aus Börsengängen neuer, heißer Technologieunternehmen in die Taschen der Investment-Banker, der Makler und natürlich der lässigen Mittzwanziger flossen, die die Unternehmen an der Spitze der »New Economy« führten.

Ich hätte mir für meinen Einstieg in die Branche keinen besseren Zeitpunkt aussuchen können, denn nun hatte ich die Möglichkeit, selbst Zeuge zu werden, wie die Euphorie auf dem Markt im Jahr 2000 ihren Gipfel erreichte und wie die verzweifelten Investoren anschließend aus dem Markt ausstiegen. Ich konnte innerhalb weniger Jahre all die Erfahrungen sammeln, die man normalerweise nur während eines langen Investorenlebens macht. Im Jahr 2001 einen Hedgefonds zu gründen und so seine ersten Schritte auf dem Marktparkett zu machen, war auch nicht gerade einfach. In diesem Kapitel wollen wir eine kleine Zeitreise unternehmen, zurück zu den unbesonnenen Tagen der Jahre 1999 und 2000, und wir beginnen diese Reise in die Vergangenheit mit einem Besuch, den mein Vater und ich Onkel John Anfang des Jahres 1999 auf den Bahamas abstatteten.

Mein Vater und ich waren gerade am Morgen in Nassau angekommen und saßen nun mit Onkel John am Pool des Lyford Cay Club, wo er wohnt, und aßen zu Mittag. Ich wusste nicht recht, was ich sagen sollte, und so platzte ich mit einer ziemlich spontanen und bedauerlichen Frage heraus: »Onkel John, hast du schon Technologiewerte gekauft?« Ganz ruhig blickte er mich an, stellte vorsichtig seine Cola auf den Tisch und sagte mit dem Anflug eines Lächelns: »Lass mich dir eine Geschichte erzählen.«

> *Ich erinnere mich – ich war damals noch ein kleiner Junge und lebte mit meiner Familie in Winchester, Tennessee –, wie ich eines Sommerabends, als die Sonne gerade unterging, zusammen mit meinem Bruder die Straße hinunterrannte, auf eine Menschenmenge zu, die sich an der Eingangsterrasse eines Hauses versammelt hatte. Fast die ganze Stadt hatte sich vor dem Haus dieses einen Mannes eingefunden und man wartete gespannt. Schließlich erschien der Hausbesitzer an der Eingangstür, lächelte und bedeutete uns allen mit einer Handbewegung, wir sollten noch einen Augenblick Geduld haben. Er ging ins Haus zurück, und schon einen Moment später – er hatte nur einen kleinen Schalter umgelegt – war das ganze Haus hell erleuchtet. Die versammelte Menschenmenge jubelte und klatschte vor Freude … die Elektrizität hatte Einzug gehalten und das veränderte die Welt für immer. Doch schon viele Jahre vorher hätte man aus den entsprechenden Aktien aussteigen müssen.*

Anschließend beschrieb er einige der Finanzmarkt-Blasen, die im Lauf der Jahrhunderte existiert hatten, ging dabei bis ins Jahr 1630 zurück und erzählte uns von Hollands Tulpen. Dann gab es eine Mississippi-Blase, für die französische Spekulanten verantwortlich waren, eine Südsee-Blase in England und natürlich Aufstieg und Fall in der Eisenbahnbranche. Selbst in der jüngeren Vergangenheit gab es spekulative Blasen in den Bereichen Radio, Funk, Fernsehen und Autos. Onkel John war schon immer von solchen Blasen und dem menschlichen Verhalten, das sie auslöst, fasziniert; ja, seine Faszination ging sogar so weit, dass er über den Templeton Foundation Press Verlag ein Buch mit dem Titel *Extraordinary Popular Delusions and the Madness of Crowds* (Zeichen und Wunder. Aus den Annalen des Wahns) wieder auflegen ließ. Besonders bemerkenswert an seiner Geschichte über Wirtschaftsaktivität, die sich in öffentliche Euphorie verwandelt, fand ich, dass die wirtschaftlichen Umstände und die Verhaltensweise der Menschen sich wie ein roter Faden durch die von ihm angeführten Beispiele zogen. Nimmt man sich die Zeit und befasst sich eingehend mit diesen Ereignissen, selbst denen, die Jahrhunderte zurückliegen, so wird man immer wieder auf bereits bekannte Elemente stoßen. Falls Sie sich noch an die Internet-Blase erinnern können, dann werden Sie sich bei der Auseinandersetzung mit der Südsee-Blase eines gewissen Déjà-vu-Gefühls nicht erwehren können, und das, obwohl dieses Ereignis im England des 18. Jahrhunderts stattfand.

Nehmen wir einmal die Automobilbranche. Als diese Anfang des 20. Jahrhunderts noch in den Kinderschuhen steckte, war es nicht sonderlich schwer, in das Geschäft einzusteigen. Gerade so, wie während der späten 90er-Jahre und zu Beginn des neuen Jahrtausends die Dot.Com-Unternehmen wie Pilze aus dem Boden schossen, so war die Zahl der Automobilhersteller zwischen 1900 und 1908, im Anfangsstadium der Kommerzialisierung des Autos, in kurzer Zeit auf 500 gestiegen. Die ersten Automobilhersteller produzierten nicht in großem Umfang, sie bauten vielmehr einzelne Teile zusammen und unterschieden sich dabei nur wenig von den Köpfen hinter den Dot.Com-Unternehmen, die einfach eine Idee hatten und wussten, wie man Websites erstellt. In beiden Fällen brauchte es nicht viel Kapital, um ein Unternehmen zu gründen. Die Öffentlichkeit schien sich nicht weiter um das Schicksal der anfänglich großen Anzahl an Unternehmern zu kümmern, und letztendlich war es nur der Konkurrenzdruck, der die Spreu vom Weizen, die Gewinner von den Verlierern trennte.

Das leuchtet ein, denn die Öffentlichkeit neigt dazu, neue Branchen anfangs massiv zu überschätzen. Der jeweilige Boom und Investmentwahn der beiden Branchen liegt beinahe 100 Jahre auseinander, doch in beiden Branchen blieben nach dem Zusammenbruch nur wenige der Unternehmer der ersten Stunde übrig. Kaum sahen sich die Unternehmen aufgrund der starken Konkurrenz gezwungen, mit ihren eigenen Ideen Geld zu verdienen und sich nicht ausschließlich auf die Investoren zu verlassen, war die Party für all diejenigen, die nur spaßeshalber dabei waren, beendet. Auf jedes Unternehmen wie General Motors kommen einige wie New Era Motors Inc. und auf jedes Unternehmen wie Ebay kommen viele Webvans. In den Anfangsstadien der Manie, wenn sich die breite Öffentlichkeit ins Investmentgetümmel stürzt, steigt die Bereitschaft der Menschen massiv, in alles und jeden in Zusammenhang mit der neuen Branche zu investieren. Im Gegenzug vergeben Investoren auch an absolute Unternehmensküken Kapital. Diese Greenhorns gehen Bankrott, sobald der Kapitalstrom versiegt, und die naiven Investoren, die sie unterstützten, verlieren riesige Summen.

Ein weiterer Aspekt, den jeder Fall von Aktien-Wahn gemein hat, ist der nach außen hin zur Schau gestellte Optimismus ohne Rücksicht auf (Kurs-)Verluste. In der Regel wird dieser Optimismus durch haarsträubende Wachstumsprognosen für die jeweilige Branche aufrechterhalten. Außerdem wird die Entwicklung dieses Wachstums als völlig geradlinig und ohne signifikante Unterbrechungen wahrgenommen. Als die Automobilbranche um 1910 rapide wuchs, herrschte ungezügelter Optimismus, und so wurde am endlosen Wachstum nicht gezweifelt, es war vielmehr eine *Tatsache*. Während man also von endlosem Wachstum ausging, glaubte man unterschwellig auch, dass dieses Wachstum nicht unterbrochen würde; es würde sich vielmehr in einer geraden Linie fortsetzen.

So wie das Internet die New Economy einleitete, so kann man sagen, dass der Fortschritt in der Automobilbranche für uns Menschen ein »neues Zeitalter« einläutete. Dieses von den Investoren ausgerufene neue Zeitalter war die Ära des schnellen Transports. Dieses Beispiel zeigt uns, dass Technologie-Blasen, egal ob die Aufblähung im 20. oder 21. Jahrhundert stattfindet, stets lauthals vom Konzept eines »neuen Zeitalters« zu künden scheinen, sei es nun das der New Economy des ausgehenden 20. und angehenden 21. Jahrhunderts oder der Ära des schnellen Transitverkehrs um 1910. Weitere Parallelen zwischen den beiden Blasen-Phasen werden deutlich, wirft man einen Blick auf die

Zeitungsberichte der jeweiligen Zeit. In diesem Auszug eines im Jahr 1912 in der *New York Times* erschienenen Artikels finden sich angedeutete Prognosen ununterbrochenen Wachstums ebenso wie die Vorstellung, in ein neues Zeitalter aufzubrechen, in diesem Fall die Ära des schnellen Transitverkehrs.

> *Viele taten das Automobil gedankenlos als Fimmel oder fixe Idee ab. Doch nichts könnte der Wahrheit mehr widersprechen, denn jeder muss sich klar werden: Wir befinden uns im Zeitalter der schnellen Fortbewegung, und von allen Seiten besteht so großer Bedarf an Personenkraftwagen, dass ein Rückgang dieser Nachfrage unvorstellbar ist.*

»... dass ein Rückgang dieser Nachfrage unvorstellbar ist.« Na, wenn das mal keine einseitige Sicht der Dinge ist. Was nun folgt, ist ein Ende 1999 erschienener Kommentar aus dem Magazin *Wired*. Der Auszug stammt aus einem Interview mit George Gilder, einem Technologie-Haussier, der Newsletter über die Branche veröffentlicht. Auch in diesem Zitat findet sich die elementare Annahme fantastischen Wachstums, das sich schnell einstellen und sich ununterbrochen fortsetzen wird.

> *Ich glaube nicht, dass es verrückt ist, Internet-Wertermittlungen anzustellen. Vielmehr bin ich der Meinung, dass dies die grundlegende Akzeptanz des Mediums widerspiegelt und den Wunsch, die fantastischen Möglichkeiten, die es bietet, zu ergreifen. So gut wie alle Prognosen deuten auf einen tausendfachen Anstieg des Internetverkehrs innerhalb der nächsten fünf Jahre hin. Das bedeutet, dass Internet-Unternehmen heute nur etwa ein Zehntel eines Prozents des potenziellen Verkehrs abfertigen müssen, mit dem in den kommenden Jahren zu rechnen ist. Setzt sich die Entwicklung in diesem Tempo fort, wäre das Verkehrsaufkommen in zehn Jahren eine Million Mal so hoch.*

»Eine Million mal so hoch« – das ist wirklich ungezügelter Optimismus! Zugegeben, Automobil und Internet haben die Welt für immer verändert. Doch wir sind Schnäppchenjäger und uns geht es um die Tatsache, dass diese beiden Branchen massiv überbewertet und riskante Investments waren, nachdem der gesamte Aktienmarkt einhellig beschlossen hatte, sich der Meinung dieser Experten anzuschließen, und mit der Aufblähung des Marktes begann. Denken Sie an die erste Regel bei der Schnäppchenjagd nach Aktien: Unterscheiden Sie immer zwischen dem Aktienkurs und dem Unternehmen, das die Aktie repräsentiert. In diesem Fall waren die Investoren von den guten Ideen der Unternehmen begeistert und kauften die entsprechenden Wertpapiere ungeachtet der Kurse. Man nahm an, dass die Kurse stetig weitersteigen würden – weitere Gedanken wurden an die Kurse jedoch nicht verschwendet, denn alle waren sich einig, dass diese Unternehmen die Welt veränderten und dass nichts und niemand deren Wachstum aufhalten konnte. Da *Ideen* und das Wachstum, das sie mit sich bringen, eine starke Anziehungskraft auf Spekulanten ausüben, lassen diese sich immer wieder auf solche Investments ein. Als nach einigen Jahren der Investment-Wahn in der Automobilbranche einsetzte, wurde klar, dass die Börse dem Zauber der Branche, dem Versprechen endlosen Wachstums und Profits, erlegen war. Der Handelsbericht von der Wall Street aus dem Jahre 1916, aus dem der nun folgende Auszug stammt, fängt die Stimmung an der Börse ein, die das Ergebnis der ungebremsten Mutmaßungen hinsichtlich des Wachstums der Automobilbranche war.

> *Keiner, der sich heutzutage ein wenig in den Maklerbüros umhört, kann ernsthafte Zweifel am Automobil-Wahn hegen. Jeder Spekulant, der gerade erst einen erfolgreichen Abstecher zu den Auto-Aktien gemacht hat und selbst noch kein Automobil besitzt, wird sich dank seiner Erträge schon bald den ersten eigenen Wagen kaufen; und andere, ebenso erfolgreiche Trader, die allerdings bereits im Besitz eines Wagens sind, planen den Kauf eines größeren Autos.*

Eines der Merkmale, das alle Fälle spekulativer Manie gemein haben, ist der so genannte Wealth-Consumption Effect, der Wohlstands-Konsum-Effekt. Dieser resultiert aus dem Gefühl neugewonnenen (und anhaltenden) Wohlstands. Diese psychologische Verschiebung führt bei erfolgreichen Spekulanten dazu, dass sie den Drang verspüren, ihr neugewonnenes Geld auch auszugeben. Im Fall der Marktteilnehmer, die erfolgreich mit Auto-Aktien spekuliert hatten, wurden die Erträge für neue Autos ausgegeben. Während der Internet-Blase gegen Ende der 90er-Jahre übte die Aussicht auf Wohlstand große Anziehungskraft aus, und so wurden Day Trader und viele Hobby-Investoren, die in ihrer Freizeit mit Internet-Titeln spekuliert hatten, von der damals herrschenden Manie geradezu überrollt. Viele Day Trader begingen die schlimmste aller Sünden: Sie verwechselten eine Hausse mit Genie, kündigten ihre Jobs und wurden Vollzeit-Trader. Sie hatten natürlich vor, langfristig so viel Geld wie möglich an der Börse zu verdienen, um sich durch diese Erträge dann einen völlig neuen Lebensstil finanzieren zu können. Der folgende Auszug aus einem Artikel, der 1999 im *Wall Street Journal* erschien, behandelt einen ähnlichen Fall neugefundenen Wohlstands und vermehrten Konsums: Es geht um einen Lehrer, der eine vierte Klasse unterrichtete und zum Day Trader wurde.

> *Der Lehrer einer vierten Klasse aus Bloomfield Hills, Michigan, machte ordentlich Gewinn, indem er über Konten bei Wit Capital und E*Trade Erstemissionen zum Ausgabekurs kaufte und die Wertpapiere dann relativ schnell wieder verkaufte. Sein Trading-Portfolio, das eingangs etwa 2000 US-Dollar wert war, lautet nun, dank der kurzlebigen Investments in angesagte Erstemissionen, wie etwa Priceline.com und webmethods, auf stolze 90.000 US-Dollar. Den Osterurlaub wird er jetzt mit seiner Familie auf Maui verbringen. Außerdem konnte er sich dank seines Börsenerfolgs endlich einen DVD-Player kaufen und einige dringend notwendige Reparaturen am Haus verrichten lassen.*

Zu Beginn des 20. Jahrhunderts kauften sich diejenigen, die erfolgreich in Auto-Aktien investiert hatten, mit ihren Erträgen einen neuen Wagen, und die Day Trader der 90er-Jahre machten eine schöne Reise und kauften Elektronikartikel. Andere Zeiten, gleiche Geschichte. Dieses Verhalten kann schlimme Konsequenzen haben, wenn Spekulanten ihr geschätztes Vermögen, das jedoch schon wieder weg sein kann, bevor der Handelstag überhaupt endet, mit vollen Händen ausgeben. Ähnliches gilt, wenn ein Großteil der Bevölkerung Konsummuster mit einer Prognose steigender Aktienkurse in Verbindung bringt, da sich dies negativ auf die Wirtschaft auswirken kann, sollten die Kurse zusammenbrechen und weniger Ausgaben getätigt werden. Wenn höhere Kurse über einen längeren Zeitraum zu höheren Ausgaben führen, so werden die Konsequenzen verheerend sein. Dieses Kräftespiel ging sowohl mit dem US-Börsenkrach des Jahres 1929 als auch mit dem Zusammenbruch des japanischen Aktienmarktes und der Immobilienblase des Jahres 1989 einher. Diese Verbindung zwischen Konsum und höheren Kursen war auch Teil des wirtschaftlichen Paradigmas, das sich 1720 während der Südsee-Blase in England entfaltete.

Die Südsee-Blase erlangte ihre traurige Berühmtheit im 18. Jahrhundert und wird auch heute noch immer als Paradebeispiel zitiert, da sie Menschen aus allen Gesellschaftsschichten verlockte. Diese Aktien-Manie unterschied sich von den meisten anderen dadurch, dass all die dramatischen Geschehnisse, die eine Blase für gewöhnlich ausmachen, innerhalb einiger weniger Monate stattfanden, wohingegen sich viele andere Blasen über Jahre hinweg anbahnten und aufblähten. Die Südsee-Blase entstand, als das britische Parlament eine Vereinbarung mit der South Sea Company, einer Handelsschifffahrtsgesellschaft, traf. Laut dieser Vereinbarung sollte die South Sea Company einen Großteil der Schulden Englands übernehmen, und im Gegenzug würde die Regierung der Company das Handelsmonopol für die von Spanien kolonialisierten Teile Amerikas überlassen. All denjenigen, die vorher Schuldtitel der Regierung gehalten hatten, wurden Aktien der South Sea Company angeboten, die eine lebenslange Dividende in Höhe von 6 Prozent abwerfen sollten. Des Weiteren sollten die Aktieninhaber von jedem Anstieg des Marktwerts der Aktien profitieren. Kurze Zeit, nachdem die erste Vereinbarung unterzeichnet war, wandte sich der König an sein Volk und sprach davon, dass er die Staatsschuld senken wolle.

Die Besitzer der South Sea Company packten die Gelegenheit am Schopf und ersannen schnell einen Plan, um die gesamte Schuldenlast Englands auf ähnliche Weise, durch den Verkauf von Aktien, zu tilgen. Kaum war der Plan bewilligt und waren die Aktien verkauft, schon träumte die Bevölkerung von nie versiegenden Gold- und Silberminen in Südamerika und dem Reichtum, der daraus erwachsen würde. Zusätzlich taten die Besitzer der Company alles, um diese Gerüchte am Leben zu erhalten und so den Aktienkurs zu steigern. Den Verlockungen möglicher Reichtümer aus der Neuen Welt konnte niemand widerstehen, und so wurde die englische Bevölkerung fast süchtig danach, mit South-Sea-Aktien zu handeln. Beobachter, denen sich beim Verhalten der Day Trader der späten 90er der Kopf drehte, wären angesichts der unorthodoxen Methoden der Day Trader, die 1720 mit

South-Sea-Aktien spekulierten, ebenso platt gewesen. Day Trader fielen wohl zum ersten Mal im England des 18. Jahrhunderts auf und gehören seitdem zum festen Inventar jeder Blase. In jedem der Fälle, in denen sie aktiv wurden und werden, zeigt sich ihre nie enden wollende Bereitschaft, alles stehen und liegen zu lassen, um an der Börse reich zu werden. Liest man den nun folgenden Bericht, der aus der *Pall Mall Gazette* und persönlichen Briefen aus dem Jahr 1720 stammt, so kann man sich leicht vorstellen, wie der Rummel um South-Sea-Aktien ahnungslose Menschen jeder Couleur anzog.

> *Grundherren verkauften die Anwesen ihrer Vorfahren; Geistliche, Philosophen, Professoren, nonkonformistische Pfarrer, Männer der Mode, arme Witwen und all die üblichen Spekulanten an der Börse – sie alle investierten ihr Hab und Gut in das neue Wertpapier.*

Die Südsee-Blase war, ganz ähnlich wie die Internet Blase, für alle Mitglieder der Gesellschaft gleichermaßen verlockend. Denn Fakt ist ganz einfach, dass die Anziehungskraft und Faszination, die das schnelle Geld auf den Menschen ausübt, weder an zeitliche noch an geografische Grenzen gebunden ist. Kein Mitglied der Gesellschaft ist ausgenommen. Selbst die klügsten Köpfe aller Zeiten fielen dem Phänomen zum Opfer; Sir Isaac Newton musste aufgrund der Blase herbe Verluste einstecken. Eine Witwe von Adel schrieb an die Verwandtschaft und hatte Folgendes über ihre Erfahrungen mit den Aktien der South Sea Company zu berichten:

> *South Sea ist in aller Munde; um investieren zu können, verkaufen die Damen all ihre Juwelen und jeder, der bereits investiert hat, kann sich glücklich schätzen. Jemy kann sein Glück kaum fassen – sein sonst so düsteres Gesicht scheint Vergangenheit zu sein. Tatsächlich sieht man ihn nur selten ohne ein Lächeln auf den Lippen. Mr. Whitworth bot mir 200 Guinea für 1000 Aktien, sollte South Sea in zwei Monaten die Grenze bei 500 nicht durchbrechen; doch ich glaube, er wird kein Glück haben und ich werde doch noch eine reiche Witwe. Niemals war Geld verdienen einfacher als dieser Tage.*

Einer der Verwandten dieser Dame schrieb ebenfalls in einem Brief über die damaligen Ereignisse; auch über das Spekulieren selbst. Auch er war begeistert davon, wie unglaublich leicht an der Börse Geld zu verdienen sei.

> *Ich werde so schnell reich, dass mir der Börsenhandel von allen Dingen wohl am besten gefallen mag. Seit South Sea erklärten, wie viel man Leibrentnern auszahlen will, ist der Kurs der Aktie gewaltig gestiegen. Heute stand South Sea bei 460 und sie bieten 50 Prozent, wird die Marke bei 450 zu Beginn der nächsten Session nicht durchbrochen. Ich glaube, noch bevor die Börse schließt, wird die Aktie bei 500 notieren.*

Im Fall der Südsee-Blase – und das gilt auch für die meisten anderen Blasenszenarien späterer Tage – finden sich ein paar schöne Beispiele für die Abneigung der Bevölkerung gegenüber Schwarzmalern, die sich gegen den Börsen-Rummel aussprachen. Im Jahr 1720 stimmte ein kluger Finanzier und ehemaliger Finanzminister namens Robert Walpole gegen die Emission der South-Sea-Aktie und äußerte sich offen darüber, dass er das Projekt missbilligte. Hier nun ein Auszug aus seiner Argumentation gegen den Börsengang der South Sea Company.

> *Der Börsenhandel, ein Geschäft, das voller Gefahren steckt, würde die klugen Köpfe dieses Landes ablenken, worunter Handel und Industrie litten. Die Unvorsichtigen würden gelockt und geködert und schließlich in den Ruin getrieben, indem sie ihr hart erarbeitetes Geld investieren, um dem in Aussicht gestellten, imaginären Reichtum hinterherzujagen. Das Prinzip, das diesem Projekt zugrunde liegt, war und ist in höchstem Maße abscheulich. Es ging doch lediglich darum, den Wert der Aktie künstlich zu steigern, indem die Neugier der Bevölkerung geweckt und dafür gesorgt wurde, dass die Vernarrtheit der Menschen anhält, und indem Dividenden aus Geldern versprochen wurden, die dem Zweck unmöglich angemessen sein können.*

Walpole hatte den Nagel auf den Kopf getroffen. Er sprach von den ahnungslosen Day Tradern, die in das Spiel hineingezogen würden, bevor es überhaupt richtig begonnen hatte. Seine Bedenken und Warnungen wurden in den Wind geschlagen und als bloße Ablenkung gewertet. Aus dieser Episode lässt sich Folgendes lernen: Jeder, der sich der landläufigen Meinung hinter der Manie in den Weg stellt, wird von der Meute überrannt. Dies trifft auch auf den Rummel um die Dot.Com-

Unternehmen zu, als die Day Trader für ihre großen Gewinne gepriesen und die Schnäppchenjäger der alten Garde öffentlich gescholten wurden, weil sie an diesen großen Gewinnen nicht partizipierten. Besonders bemerkenswert ist dabei das übertriebene Selbstvertrauen der Spekulanten, das immer größer wird, je mehr Fahrt die Manie aufnimmt, und das zu erhöhter Selbstüberschätzung führt.

Während der Dot.Com-Manie gerieten zwei besonders erfolgreiche Value-Investoren, Julian Robertson und Warren Buffett, in die Schusslinie der Öffentlichkeit und ernteten unverhältnismäßig viel Kritik dafür, dass sie keine aufgeblähten Technologiewerte kauften und daher mit ihrer Performance hinter dem Markt zurückblieben. Am 27. Dezember 1999 erschien in dem Finanzblatt *Barron's* eine Titelgeschichte, deren Überschrift »What's Wrong, Warren?« (»Was ist los, Warren?«) lautete. Der Artikel handelte von Buffetts schwachen Markterträgen im Jahr 1999 und deutete an, dass er ganz einfach von einem neuen Investorentypus überholt worden sei:

> *Doch hinter Berkshires schwacher Leistung steckt mehr als nur die maue Performance auf Führungsetage und Börsenparkett. Denn sehen wir den Tatsachen doch ins Gesicht: Buffett, der im Jahr 2000 seinen 70. Geburtstag feiert, wird von immer mehr Investoren als zu konservativ gesehen, und es heißt, er sei passé.*

Heute gilt dieser Artikel, gerade so wie der Artikel über den Tod der Aktien, als Witz, doch als er verfasst wurde, war er alles andere als das. Die schreibende Zunft unter den Finanzexperten und all die vielen Day Trader taten sich zusammen, verlachten die Schnäppchenjäger, die schon seit vielen Jahren an den Märkten investierten, und weideten sich an deren unterdurchschnittlicher Performance. Die schönste Momentaufnahme dieser Zeit liefert wohl ein weiterer Artikel, der im Dezember des Jahres 1999 im *Wall Street Journal* erschien. In diesem Artikel wird das Investment-Können einer zum Day Trader umgesattelten Sozialarbeiterin mit dem Buffetts verglichen.

> *Eine Sozialarbeiterin aus Redondo, Kalifornien, hatte noch nie in ihrem Leben auch nur eine einzige Aktie gekauft. Sie dachte, die Börse wäre nicht ihr Ding. »Ich verstand die ganze Sache auch gar nicht«, gestand sie. Dann hör-*

te sie eines Tages im Autoradio, ein ortsansässiges Unternehmen habe »einen Vertrag mit Russland unterschrieben, der sehr interessant klang«. Also rief sie bei dem Unternehmen an und bat um weitere Informationen, eröffnete dann ihr erstes Brokerkonto und kaufte 100 Aktien zu je 12 US-Dollar. Das Unternehmen, in das sie damals investierte, nennt sich heute MCI World-Com Inc.; ihr ursprüngliches Investment über 1.200 US-Dollar ist heute 16.000 US-Dollar wert und ist Teil eines Portfolios im mittleren sechsstelligen Bereich, das auch Werte wie Red Hat Inc., Yahoo! Inc., General Electric Co. und America Online Inc. enthält.

»In nur zwei Jahren hatte ich doppelt so viel Geld! Ich bin hin und weg; Sie nicht auch? Es ist fantastisch. So viel könnte ich als Sozialarbeiterin niemals verdienen.«

Neben den Wall-Street-Schwergewichten gibt es nun auch die so genannten Main Street Investors, die Wall-Street-Novizen, die nicht professionell investieren, sich in den 90er-Jahren jedoch zur Finanzmacht gemausert haben. An der Börse machten sie Nettogewinne, die ihre wildesten Fantasien überstiegen und gleichzeitig dazu beitrugen, den Markt in nie gekannte Höhen zu treiben. Tatsächlich sind Einzelinvestoren mittlerweile für mehr als 30 Prozent des Handelsvolumens an der New Yorker Börse verantwortlich, während es im Jahr 1989 noch weniger als 15 Prozent waren. Egal wohin man schaut – in den Bürogebäuden, in Autohäusern, Kneipen und Fabriken –, überall reden die Menschen von nichts anderem als Investments.

Die Frau aus Redondo war mit der Auswahl ihrer Aktien so erfolgreich, dass sie jetzt nur noch an den Wochenenden als Sozialarbeiterin tätig ist und unter der Woche von zu Hause aus als Vollzeit-Trader arbeitet. »Jeden Tag kaufe und verkaufe ich ein paar Aktien«, sagt sie. Ihr Ziel: Einen jährlichen Profit in Höhe von 150.000 US-Dollar zu machen und sich und ihrem Mann so ein finanzielles Polster für den Ruhestand zu schaffen.

Mittlerweile hat sie auch ihre ganz persönliche Investmentphilosophie entwickelt, die sehr viel darüber aussagt, wie wichtig der »richtige Zeitpunkt, die Dynamik und das Momentum« beim Investieren dieser Tage ist – und wie unmodern es ist, sich nur auf »Value Stocks« zu konzentrieren.

»All diese Investoren sagen immer, man müsse kaufen und halten«, sagt sie. »Aber wenn der Kurs einer Aktie immer weiter sinkt, dann ist irgendwann der Zeitpunkt gekommen, an dem man das sinkende Schiff verlassen sollte.« Was lernen wir daraus? »Die Verlustwerte muss man verkaufen. Wenn der Kurs einer Aktie steigt, dann hat das nichts damit zu tun, dass ich ein Bör-

> *sencrack bin. Und falls sich der Markt für mich ungünstig entwickelt, steige ich aus. Meine Verluste sollen 10 Prozent nicht übersteigen.«*
> *Nimm das, Warren Buffett.*

»Nimm das, Warren Buffett«? Damals hatten sie den armen Kerl ganz schön auf dem Kieker, vor allem wahrscheinlich deshalb, weil er schon so viele Jahre sehr erfolgreiches Value Investing betrieb. MCI World-Com Inc. spielte übrigens eine Art Hütchenspiel des Bilanzbetrugs, und einige Jahre später wurde das Unternehmen zum gewaltigsten Bankrott der Vereinigten Staaten. Dies ist ein weiterer Beleg dafür, wie sehr die Day Trader auf ihre Technologiewerte vertrauten. Bei der Auswahl der Aktien verließen sie sich auf das »Momentum«, was ganz einfach gesagt nichts anderes bedeutet, als Titel zu kaufen, deren Kurse steigen, und Titel mit sinkenden Kursen zu verkaufen. Mit anderen Worten: Der »Schlachtplan« besteht nur daraus, mit dem Strom zu schwimmen. Dieses nicht tot zu kriegende Vertrauen in Technologiewerte signalisierte den erfahrenen Schnäppchenjägern, dass das Kartenhaus bald in sich zusammenfallen würde.

Am Beispiel des Unternehmens MCI WorldCom und dessen Entwicklung während der Blase kann man erneut ganz deutlich die zeitlose Verbindung zwischen menschlichem Verhalten und Aktienwahn erkennen. Eine der unschönen Begleiterscheinungen der Asset-Blasen ist, dass es immer wieder skrupellose Geschäftsleute gibt, die versuchen, die nichtsahnende Bevölkerung zu schröpfen. Bei MCI WorldCom handelte es sich um einen Koloss der Telekommunikationsbranche, der auf der Welle der erfolgreichen Technologiewerte ritt und so eine Übernahme nach der anderen machte. Dadurch bestand das Unternehmen gegen Ende der 90er-Jahre aus einer Vielzahl übernommener Unternehmen und wurde geleitet von dem mittlerweile berühmt-berüchtigten (und inhaftierten) CEO Bernie Ebbers. Der Plan des Unternehmens war ganz einfach: Man wollte die Telekommunikationsbranche konsolidieren, indem man die aufgeblähten Aktienkurse als eine Art Währung nutzte, um Konkurrenzunternehmen aufzukaufen. Der krönende Abschluss wäre dabei die Übernahme von Sprint für 115 Milliarden US-Dollar gewesen, doch das Geschäft wurde von der Antikartellbehörde durchkreuzt. Kurze Zeit nach diesem Schlag ins Wasser platzte die Technologie-Blase und Ebbers bekam das durch seine persönlichen Investments am eigenen Leibe zu spüren, da er diese Investments nur hatte machen können, nachdem er Kredite in Höhe von 400 Millionen US-Dollar aufgenommen hatte, die wiederum durch seinen Aktienanteil an MCI WorldCom abgesichert waren. Hätte diese Aktie weiter an Wert verloren, so hätte er auch ohne die Absicherung für seine enormen Kredite bis über beide Ohren in Problemen gesteckt.

Als der Kurs der MCI WorldCom-Aktie aufgrund des durch die Internet-Pleite entstandenen Drucks zu sinken begann, manipulierte Ebbers den Wert seines Aktienbesitzes, indem er mit Bilanzfälschungen begann. Auf diese Weise wollte er den maroden Zustand des Unternehmens verschleiern und dafür sorgen, dass die Marktteilnehmer den Kurs hoch hielten. Davor war das Unternehmen stets gewachsen und hatte höhere Gewinne generiert, weil es ein Unternehmen nach dem anderen übernommen hatte. Doch nun, da keine Übernahmen mehr möglich waren und der Aufkauf von Sprint gescheitert war, gab es keine weiteren Bilanzierungs-Hebel, die man einfach so in Bewegung hätte setzen können, um höhere Einkünfte zu präsentieren. Nachdem Arthur Andersen seinen Posten als Wirtschaftsprüfer verloren hatte und von KPMG ersetzt worden war, kam der Bilanzbetrug bei der Durchsicht der Bücher ans Licht und Ebbers war, wie man so schön sagt, geliefert. Letztendlich verloren die Investoren 180 Milliarden US-Dollar. Ebbers Plan könnte in die Annalen eingehen und hätte Abe White mit Stolz erfüllt. Wer Abe White ist, fragen Sie?

Ein weiteres Beispiel dafür, wie die Öffentlichkeit mit Narrengold an der Nase herumgeführt wird, ist die Funk-Blase, oder, um genauer zu sein, die Blase auf dem Markt für drahtlose Telegrafie des Jahres 1904. Im Rahmen dieser Technologie-Blase des frühen 20. Jahrhunderts erregte die drahtlose telegrafische Kommunikation (Funknachrichten) die Aufmerksamkeit der Menschen in Amerika und faszinierte sie so, dass sie bereit waren, in diese Technologie zu investieren. Alles begann mit dem Marconi-System der Radiotelegrafie und endete mit den Trittbrettfahrern, die versuchten, aus der Manie Profit zu schlagen.

Guglielmo Marconi war irisch-italienischer Abstammung, und er kam aus einer Familie etablierter Branntweinbrenner (Jameson) und Immobilienbesitzer. Seine Mutter engagierte einen Professor aus Bologna, der ihm Physikunterricht geben sollte. Dieser arbeitete damals gerade mit der Übertragung von Signalen auf gleicher Frequenz zwischen Sender und Empfänger. Aufgrund seiner tiefgehenden Studien und seiner Beharrlichkeit gelang es Marconi, den Fortschritt im Bereich der Telefonie und die Untersuchung elektromagnetischer Wellen miteinander zu verbinden, was die drahtlose Übertragung von Nachrichten ermöglichte.

In wissenschaftlichen Kreisen wurden ähnliche Experimente durchgeführt, doch in seinem Innersten war Marconi Kapitalist, und sein Ziel war es, die Erfindung gewinnbringend zu vermarkten. Er forschte weiter, beantragte das Patent, stellte sein System erfolgreich bei der italienischen Marine vor und gründete dann, basierend auf seiner Erfindung, ein eigenes Unternehmen, das einer seiner Cousins finanziell unterstützte: die Marconi Wireless Telegraph Company. Auf der Suche nach weiteren Geldgebern für seine neue Technologie folgte er Edisons Beispiel und veranstaltete öffentliche Demonstrationen seines neuen Verfahrens. Er schickte eine Nachricht über den Ärmelkanal nach Frankreich und übertrug die Ergebnisse des America's Cup, einer Segelregatta, an die US-Nachrichtenagentur Associated Press. Marconi wurde von den Zeitungen unterstützt, seine öffentlichen Demonstrationen erregten Aufsehen, doch wie alle neuen Technologien hatte auch die Marconis Grenzen: Der Übertragungsradius für Nachrichten war auf etwa 56 km begrenzt.

Marconis Werbe-Auftritte blieben nicht unbemerkt und riefen Möchtegern-Konkurrenten auf den Plan, die ebenfalls in das Geschäft einsteigen, die Technologie kommerzialisieren und reich werden wollten. Einer dieser Mitbewerber war Lee De Forest, ein junger Yale-Absolvent, der mithilfe seiner Kommilitonen die Wireless Telegraph Company of America ins Leben rief. Das Unternehmen wollte seinen Einstand mit einer Übertragung des America's Cup im Jahr 1901 (zwei Jahre, nachdem Marconi die Regatta zum ersten Mal übertragen hatte) an die Publisher's Press Association feiern, während Marconi an die Associated Press sendete. Beide benutzten dieselbe Frequenz, wodurch die Funkverbindung gestört wurde. Außerdem gab es noch ein drittes Funk-Unternehmen, die American Wireless Telephone and Telegraph Company. Dort war man mehr als verstimmt darüber, dass die eigene Übertragung der Regatta nicht durch eine Pressemitteilung angekündigt worden war. Frustriert, wie die Besitzer des Unternehmens waren, versteckten sie sich während der Regatta auf einer nahe gelegenen Insel. Von dort sendeten sie dann Unsinn und Obszönitäten (gegen niemand Geringeren als Marconi und De Forest gerichtet), einzig und allein mit der Absicht, die beiden Mitbewerber zu sabotieren. Zeugen der Regatta und der Übertragung sagten, dass das bisschen, was man hatte verstehen können, keinesfalls druckbar gewesen sei.

Da Marconi, sowohl was Technologie als auch Stellung anging, der Marktführer war, musste De Forest umgehend mehr Kapital auftreiben. Obwohl er bei der Kapitalbeschaffung anfangs erfolgreich war, versiegte der Kapitalfluss innerhalb eines Jahres wieder. Doch dann erregte er die Aufmerksamkeit eines Mannes namens Abraham White. White war an der Wall Street berühmt-berüchtigt, da er 1796 den Zuschlag für seinen so genannten »Postage Stamp Bid« erhielt, das Angebot, Anleihen im Wert von 1,5 Millionen US-Dollar zu kaufen, obwohl sein Sicherungskapital im Vergleich zu diesem Betrag etwa so viel wert war wie die Briefmarke auf dem Kaufangebot. So war er vom Tellerwäscher zum Millionär geworden. White interessierte sich für eine Anleihen-Emission aus Washington, hörte sich an der Wall Street um und erhielt dadurch Sollvorgaben von einigen Investoren. Dann schickte er per Post eine Reihe von Angeboten für die Anleihen nach Washington, D.C., und erhielt, da es keine vorgeschriebene Einlage gab, den Zuschlag. White nahm das Angebot umgehend an, fand einen Geldgeber für die Anzahlung und verkaufte die Anleihen über Nennwert für 1,5 Millionen US-Dollar an der Wall Street. Für einen talentierten Aktienwerber war dies ein bemerkenswerter Wall-Street-Einstand. White schloss sich dann mit De Forest zusammen, übernahm selbst den Vorstandsposten und machte De Forest zum Vize-Vorsitzenden.

Whites Taktiken lassen sich nur als Reklame-Moloch beschreiben. Sein Ziel war, der Öffentlichkeit möglichst viel Geld aus der Tasche zu ziehen. Als Werbegag wurde ein Funkturm auf ein Auto montiert und an der Wall Street geparkt, oder es wurde ein völlig nutzloser Funkturm in Atlanta gebaut, um so die Aufmerksamkeit der Öffentlichkeit zu erregen. White schaffte es, Kapital in Höhe von 5 Millionen US-Dollar zu mobilisieren. Beim aktuellen Wert des US-Dollar wären dies etwa 116 Millionen US-Dollar. Kurze Zeit später schloss sich das Unternehmen mit der International Wireless Company zusammen, eben jenen fragwürdigen Gestalten, die die Übertragung des

America's Cup sabotiert hatten. Berichten zufolge wurden in der International Wireless Company, die davor noch den Namen American Wireless Telephone and Telegraph Company getragen hatte, im Rahmen einiger Übernahmen suspekter, an der Börse handelnder Unternehmen eine Reihe von Veränderungen durchgeführt. Man ging von einem Wert des Unternehmenskonglomerats in Höhe von 15 Millionen Dollar aus (beim Dollarkurs des Jahres 2006 etwa 350 Millionen US-Dollar).

Das Hauptziel war es – vor allem, nachdem White die Kontrolle an sich gerissen und De Forest vor die Tür gesetzt hatte –, der Öffentlichkeit wertlose Papiere zu verkaufen. De Forest war jedoch kein Unschuldslamm, wie Tagebucheinträge belegen: »Bald werden die Trottel anbeißen.« Als White ihn aus dem Unternehmen verdrängt hatte, verkaufte er der U.S. Navy patentverletzende Ausrüstung und floh dann aus den USA. White eröffnete währenddessen ein taktisches Trommelfeuer, um den Aktienwert des Unternehmens weiter aufzublähen. Es wurden gefälschte Finanzberichte an die Presse weitergegeben, den Investoren wurden Prospekte voller Versprechungen zugesandt und die Werbegags ähnelten zusehends Zirkusveranstaltungen. In einer seiner öffentlichen Ansprachen machte White den Menschen folgende leere Versprechungen:

> *Investieren Sie nur ein paar hundert Dollar in De-Forest-Aktien und Sie haben für den Rest Ihres Lebens ausgesorgt. Einige außergewöhnliche Entwicklungen stehen kurz bevor. Sobald das Unternehmen Dividenden abwirft, steht einem schier endlosen Höhenflug der Aktien nichts mehr im Wege.*
> *Halten Sie die Aktie zwei Jahre lang, und nach Ablauf dieser Frist werden Sie mit einiger Sicherheit 1000 Prozent mehr für Ihre Aktie verlangen können, als Sie jetzt dafür bezahlen. All diejenigen, die kaufen, werden – gelinde gesagt – fabelhafte Renditen generieren. Investieren Sie heute für Ihre Kinder ein paar hundert Dollar in diese Aktie, und wenn die Kleinen dann groß sind, werden sie unabhängig und wohlhabend sein.*

Das Geld, das durch den Aktienverkauf an die Marktteilnehmer verdient wurde, tauchte in den Bilanzen später als Einkünfte auf, und so bestand die einzige Möglichkeit, mehr einzunehmen, darin, immer mehr Aktien zu verkaufen. Würden keine Aktien mehr gekauft, so würde die ganze Scharade auffliegen. Um genau das zu verhindern, trug White noch dicker auf:

> *Es gibt nicht genug Aktien für alle. Denken Sie genau nach. Ihnen bietet sich hier eine großartige Gelegenheit. Werden Sie sie jetzt ergreifen und auf der Welle des Erfolgs in das Land, wo Milch und Honig fließen, reiten, weitab von Not und Ungemach, die manchmal mit dem hohen Alter einhergehen? Dorthin, wo unendlicher Wohlstand wartet, wo Ihnen jeder Wunsch erfüllt wird, wo Sie sich entspannt zurücklehnen und das Leben genießen können und wo der Wohlstand Ihnen und Ihren Lieben Tür und Tor öffnet? Oder werden Sie zögern und zweifeln und die Gelegenheit verstreichen lassen, um dann im hohen Alter dem Wohlwollen und der Wohltätigkeit anderer ausgeliefert zu sein? Denken Sie nach! Die Entscheidung liegt bei Ihnen! Denken Sie gut nach! Tun Sie es jetzt!*

White neigte bei seinem Werbefeldzug nicht nur zur maßlosen Übertreibung, er ging in diesem Spiel noch einen Schritt weiter, indem er über die Verheißungen der Technologie seines Unternehmens sprach. Er kontaktierte das Weiße Haus und versprach Präsident Roosevelt, dass man innerhalb von 18 Monaten Funknachrichten nach Manila schicken könne. Er versprach eine Verbindung zwischen San Francisco und New York. Er versprach eine Nachrichtenvermittlung ohne Verzögerung zwischen der Pazifikküste und China. Kurze Zeit später verpasste White seinem Unternehmen in einer Pressemitteilung einen neuen Anstrich, indem er behauptete, die United Wireless Telegraph Company sei zu dem Zweck gegründet worden, alle internationalen Konzerne der Branche, auch Marconis, in sich zu vereinen. In Marconis Lager war man natürlich empört und hatte tatsächlich bereits Klage wegen Patentverletzung gegen White eingereicht.

Im Jahr 1910 war Whites Spiel aus. Bundesbeamte durchsuchten seine Büroräume in New York und gaben als Grund dafür die stapelweise versandten Werbebriefe an, die fabelhafte Gewinne und eine gesicherte Finanzlage versprachen. Eigentlich waren die Beamten aufgrund der Flut wunderlicher Briefe voller Versprechungen und dringender Bitten, Aktien zu kaufen, die von United Wireless versandt worden waren, von Postbetrug ausgegangen. Auf was sie dann aber tatsächlich stießen, muss wohl eine ziemliche Überraschung gewesen sein. Die Beamten fanden heraus, dass die Assets in Höhe von 14 Millionen US-Dollar, die das Unternehmen angeblich besaß, gar nicht existierten; de facto besaß das Unternehmen etwa 400.000 US-Dollar. Die Aktie des Unternehmens war bis zum Jahr 1911 nicht übertragbar, und so hatten die Direktoren durch die Bindung des Kapitals der Investoren stets volle Kontrolle über die Aktie. In der Zwischenzeit wurde der Wert der Aktie auf der Grundlage neuer Kontrakte (die tatsächlich Verlustgeschäfte waren) immer wieder in 5-Dollar-Schritten nach oben korrigiert. Wurde die Aktie eingangs noch zu 1,50 US-Dollar verkauft, so stieg der Kurs im Lauf der Zeit bis auf 50 US-Dollar. In der Zwischenzeit verkaufte die Unternehmensleitung ihre Aktien zu immer höheren Kursen an die gebannte Öffentlichkeit, die wiederum nicht in der Lage war, die Wertpapiere des Unternehmens zu verkaufen. Letztendlich wurden so 28.000 Aktionäre, die ganz wild auf die Unternehmensaktien gewesen waren, geschröpft. Die Bundesbeamten konfiszierten Abe Whites fünfzehn Millionen Aktien, aufgrund derer sich sein persönlicher Anteil am Unternehmen, gemessen am vor der Razzia geltenden Kurs von 50 US-Dollar, im Jahr 1910 auf 750 Millionen US-Dollar belief und sich heute auf 16,2 Milliarden US-Dollar belaufen würde.

Die Geschichten von Bernie Ebbers und Abe White geben den Blick auf die dunkle Seite des Aktienwahns frei. Beide Fälle zeigen, wie Ganoven die Gier der naiven Spekulanten schamlos ausnutzten und ihnen nichts als einen Haufen Lügen verkauften. Doch selbst in den völlig legalen und aus moralischer Sicht akzeptablen Verhältnissen während einer Aktien-Manie setzen Investoren ihr Vertrauen auf ständig neu ausgegebene Aktien und kaufen diese zu exorbitanten Kursen – all das auf einer Grundlage, die man nur als naive Fehleinschätzung bezeichnen kann.

Im Rahmen der meisten Aktien-Manien ist zu beobachten, dass neue Unternehmen an die Börse gehen und zum ersten Mal Aktien auf dem Markt anbieten. Jedes Mal, wenn Sie Zeuge einer Börseneinführung werden, egal welche Marktbedingungen dann gerade herrschen, ob Blase oder nicht, sollten Ihre Schnäppchenjäger-Instinkte Sie warnen. Lassen Sie sich nicht von der Aufregung und dem Rummel überrollen, die lediglich dazu dienen sollen, den Wert der Aktie zu maximieren und so die aus dem Börsengang erwachsenden Einkünfte zu steigern. In vielen Fällen nutzen Unternehmen Börseneinführungen oder Zweitemissionen zur Ertragspotenzierung, wenn sie glauben, die Erfolgsaussichten dafür stünden am besten. Sind sie also überzeugt, der Kurs sei hoch genug, so geben die Unternehmen ihre Aktien aus. Ist der Kurs hoch, macht man aber kein Schnäppchen. Ziemlich simpel, oder?

Im Dezember des Jahres 1999 fand auf dem Technologie-Kanal der Börse eine wahre Orgie der Gier statt. Value-Investoren waren für diese Party einfach nicht cool genug. Value-Investoren interessieren sich für Kurs-Gewinn-Verhältnisse, den Cashflow, sie messen die Kapitalerträge, haben ein Faible für stabile Bilanzen und mit Sicherheit noch nie von der so genannten »Cash Burn Rate« gehört, vor allem nicht im Zusammenhang mit Investments. Ihnen liegen die Strategie des Unternehmens und die Erfahrung der Führungsetage am Herzen. Weg mit den alten Kamellen und her mit dem frischen Wind. Die Investmenthelden von gestern wurden in die Knie gezwungen.

Ein anderer »alter Hase«, der von den damaligen Vorgängen auf dem Markt vielleicht eher amüsiert war, untersuchte diese Ereignisse eingehend, wie er es immer tat, und war bereit, das neue Zeitalter des Investierens als einen alten Hut in der Geschichte der Märkte zu entlarven. Der Markt hatte sich in einen Zirkus verwandelt, und endlich sorgte jemand dafür, dass dieser Zirkus seine Zelte abbrach.

Im Jahr 1999 verbrachte ich die Weihnachtstage mit meinen Eltern. Eines Tages kam mein Vater zu mir ins Zimmer und erzählte mir, er habe ein Fax von Onkel John erhalten. Das Fax bestand unter anderem aus einer recht langen Liste aller NASDAQ-Technologiewerte, für die Onkel John einen Leerverkauf empfahl.

Der Leerverkauf, auch Shorten genannt, ist eine beliebte Vorgehensweise, bei der ein Investor eher von einem Sinken als einem Anstieg der Kurse ausgeht. Das Ziel beim Leerverkauf ist es, von den sinkenden Kursen zu profitieren, während man im Gegensatz dazu beim Eingehen einer Kaufposition, auch bekannt als Long Position, hofft, von den steigenden Aktienkursen profitieren zu können. Eine solche Transaktion wird ausgeführt, indem man seinen Makler darüber informiert, welche Aktien man gerne leer verkaufen würde. Daraufhin »leiht« sich der Makler die entsprechenden Aktien im Namen seines Kunden von einem anderen Aktieninhaber (die Aktien gehören Ihnen noch nicht einmal). Der Makler verkauft die Aktien dann umgehend auf dem Markt und als Investor werden Sie – so ist der Plan – die Aktien kaufen, nachdem der von Ihnen erwartete Kursverfall stattgefunden hat.

Sinkt der Kurs der Aktien und können Sie die Titel zu diesem niedrigeren Kurs zurückkaufen, dann machen Sie einen Gewinn, der aus der Differenz zwischen dem ursprünglichen Verkaufspreis – sagen wir einmal 50 US-Dollar pro Aktie – und dem späteren Einkaufspreis – sagen wir 40 US-Dollar – besteht. Ihr Broker gibt die Aktien dann zum Kurs von 40 US-Dollar an den eigentlichen Besitzer zurück und Sie behalten die Gewinnsumme von 10 US-Dollar pro Aktie, die Differenz zwischen dem ursprünglichen Kurs von 50 US-Dollar und dem späteren Kurs von 40 US-Dollar. Folgende Idee steckt hinter dem Ganzen: Man gibt die Aktien dem Verleiher zu einem niedrigeren Kurs zurück und fährt die Gewinne selbst ein, nachdem man die Aktien zu einem höheren Kurs verkauft hat. Doch sollten die Aktienkurse steigen, verliert man Geld, da man die Aktien dann vielleicht zu 60 US-Dollar zurückkaufen und dem Verleiher pro Aktie 10 US-Dollar bezahlen muss, wenn man die Aktien an ihn zurückgibt.

Allzu bescheidene Investoren werden am Shorten keine Freude haben, denn der höchste Gewinn, der durch einen Leerverkauf realisierbar ist, wäre ein 100-prozentiger Gewinn. Ein Gewinn von 100 Prozent wird dann generiert, wenn die 50-Dollar-Aktie, die leer verkauft wurde, einen kompletten Wertverlust erleidet und zu 0 Dollar gehandelt wird. In diesem Fall würden Sie dem Verleiher der Aktien wertlose Papiere zurückgeben und den gesamten 50-Dollar-Gewinn aus dem Aktienverkauf selbst behalten.

Doch reden wir nicht länger von den trockenen Aspekten dieser Praktik, sondern beschäftigen wir uns lieber mit den interessanteren Facetten. Wie Sie sehen, sind dem Aktienkurs nach oben keine Grenzen gesetzt und das bedeutet, dass auch Ihr Verlustpotenzial unbegrenzt ist. Es gibt einige Sicherheitsmaßnahmen, die von den Maklergesellschaften ergriffen werden. Eine solche Maßnahme ist zum Beispiel die Auflage, dass Sie mehr in Ihr Trading-Konto einzahlen müssen, wenn sich die Verluste häufen, doch dies sollte nicht als Garantie für Sicherheit gesehen werden. Dieses Vorgehen der Makler ist eher mit dem eines Barkeepers vergleichbar, wenn dieser an Kunden, die schon zu tief ins Glas geschaut haben, nicht mehr ausschenkt. Kurz gesagt: Die Beziehung zwischen Risiko und Gewinn kann bei einem Leerverkauf schnell gefährlich werden. Aufstrebenden Leerverkäufern seien die Worte von John Maynard Keynes ans Herz gelegt, eines berühmten Ökonomen sowie begeisterten und erfolgreichen Investors, der einmal sagte: »Der Markt kann sich länger irrational zeigen, als Sie zahlungsfähig bleiben können.«

In den Jahren vor dem Crash planten viele andere Schnäppchenjäger, Technologiewerte an der NASDAQ-Börse leer zu verkaufen; in der Ausführung sah der Plan jedoch eher wie der Versuch aus, sich einem Bus bei voller Fahrt in den Weg zu stellen. In den vorhergehenden Kapiteln haben wir bereits erwähnt, wie wichtig es ist, den so genannten Story Stocks bzw. Märchen-Aktien oder anderen Aktien aus dem Weg zu gehen, deren Kurse in keinerlei Verhältnis zum wirtschaftlichen Wert des Unternehmens stehen, hoffnungslos überbewertet sind und kurz vor dem Absturz stehen.

Die Technologiewerte, die Ende der 90er-Jahre an der NASDAQ gehandelt wurden, sollten in die Ruhmeshalle der Wertpapiere aufgenommen werden. Hinter den bereits erwähnten Story Stocks steht für gewöhnlich ein Produkt, das die Aufmerksamkeit der Investoren auf sich zieht. Doch manche dieser Aktien konnten noch nicht einmal mit solchen Produkten aufwarten. Diese Aktien repräsentierten vielmehr Unternehmen – in vielen Fällen noch nicht einmal echte Unternehmen im traditionellen Sinne –, die eigentlich nur auf einer »Geschäftsidee« basierten. In den späteren Stadien der Börsen-Blase waren die Preise, die die Spekulanten für diese Titel zu zahlen bereit waren, ebenso wahnwitzig wie die Ideen, auf denen diese Unternehmen aufbauten. Geschäftspläne waren Schnee von gestern. Der beste Rat, den ein aufstrebender Unternehmer im Jahr 1999 erhalten konnte, lautete: »Pack ein *e* vor den Namen deines Unternehmens.« Mehr brauchte es nicht, um den Spekulanten, die als Geldgeber dieser Neugründungen fungierten, weiszumachen, dass ein Unternehmen ein ganz großer Erfolg werden würde. So sah sie aus, die New Economy – und sie veränderte die Welt. Der Fairness halber sei gesagt, dass während dieser Zeit auch einige solide, langlebige Unternehmen gegründet wurden. Doch es kursierten damals einige lächerliche, ja sogar wunderliche Theorien, die auch Aktienkurse von beständigen Unternehmen beeinflussten.

Zum besseren Verständnis: Bis zum Dezember 1999 war das KGV des NASDAQ auf 151,7 angewachsen (vgl. Abbildung 6.1). Dem Schnäppchenjäger erschließt sich sofort, dass die Aktien nicht nur zur Gattung der Story Stocks gehörten, sondern ihnen lediglich Fantasiegebilde zugrunde lagen.

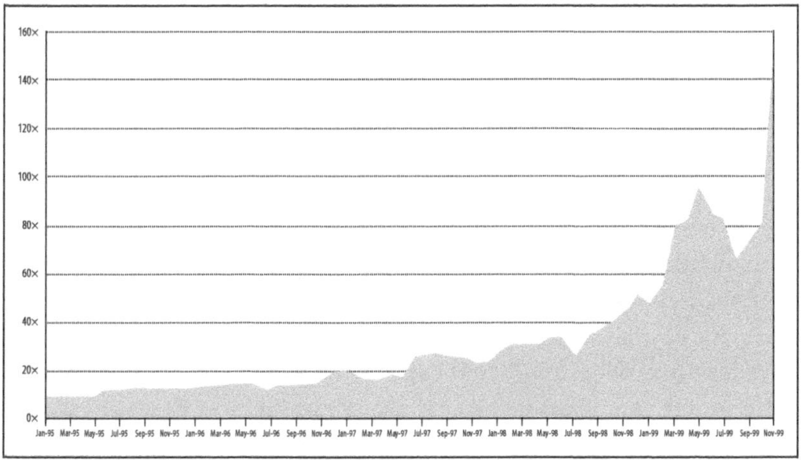

Abbildung 6.1: KGV des NASDAQ Composite auf Monatsbasis, 1995–1999

Wie eine Auswertung des schnell steigenden KGV zeigt, hatte sich die NASDAQ im Lauf des Jahres 1999 zu einem außer Kontrolle geratenen Zug entwickelt. Für Schnäppchenjäger, die diese NASDAQ-Aktien vielleicht leer verkaufen wollten, stellte dies ein großes Problem dar. Das Problem war, dass man sich in entgegenkommenden Verkehr stürzte, und dieser Verkehr war dicht. Es wurde schnell und vor allem rücksichtslos gefahren. Das Szenario glich einer Schnellstraße ohne Regeln und Gesetze; den Treibstoff lieferte die New Economy. Schnäppchenjäger, die den Fehler machten und sich diesem Verkehr zur falschen Zeit und am falschen Ort in den Weg stellten, um Aktien zu shorten, wurden überfahren und liegen gelassen. Ende des

Jahres 1999 stiegen die Kurse der an der NASDAQ notierten Aktien so schnell, dass wöchentlich, ja fast täglich neue Rekorde aufgestellt wurden. Die Aktienkurse stiegen, weil es die Marktteilnehmer so wollten und sie durch ihr Kaufverhalten für einen steten Anstieg sorgten. Die Kurse der Aktien stiegen lediglich deshalb, weil sie auch am Vortag gestiegen waren. Anfänger wurden schon nach einem Trade an der Börse zu Genies. Die Day Trader schmissen, wie man so schön sagt, den Laden und allen ging es nur um das Momentum. Mehr gab es damals an der Börse nicht zu sehen, und wem das nicht gefiel, der hatte Pech gehabt. Das Konzept der Bewertung einer Aktie oder die Auffassung, der Kurs einer Aktie sollte durch das jeweilige Unternehmen beschränkt werden, wurden angesichts der riesigen Technologie-Party, zu der die Marktteilnehmer in Scharen strömten, in den Hintergrund gedrängt.

Wir sprachen in diesem Buch schon mehrfach von den Fallstricken, über die man bei der Schnäppchenjagd stolpern kann. Einer dieser Fallstricke ist die Erfahrung, die man macht, wenn man Schnäppchen vor den anderen Marktteilnehmern identifiziert hat und dann abwarten und dabei zusehen muss, wie die anderen die Schnäppchenaktie weiter verkaufen und so auf ein immer tieferes Kursniveau drücken. Da kann es schon einmal vorkommen, dass man zu früh investiert und dann leidend mit ansehen muss, wie die Aktie weiterhin verkauft wird und ihr Kurs weiter sinkt.

Lassen Sie uns diese Beziehung einmal umkehren. Ein Schnäppchenjäger mit der angemessenen Sichtweise und ausgerüstet mit den nötigen Instrumenten, um Aktien leer zu verkaufen, wird aller Wahrscheinlichkeit nach zu früh shorten, noch bevor sich die Kauflust gelegt hat oder die Käufer ihren Fehler eingesehen haben und selbst zu Verkäufern geworden sind. Daher können Leerverkäufe auf der Grundlage der Schnäppchenjäger-Strategie ganz schön frustrierend sein, wenn nicht sogar heimtückisch. Oftmals sind Schnäppchenjäger gezwungen, ihre Leerverkaufspositionen abzudecken, bevor die Last der Verluste erdrückend wird, nur um dann mit ansehen zu müssen, wie die Aktie später zusammenbricht. Leider gibt es für diejenigen, die noch vor dem Verfall des Kurses einer Aktie ihre Leerverkaufspositionen abdecken und die Aktien an den Verleiher zurückgeben, keinen Trostpreis; Verlust ist Verlust.

Jeder Leerverkäufer setzt sich der Grundgefahr aus, zu früh zu shorten und sich dann rasch auftretenden und schwerwiegenden Verlusten gegenüberzusehen. Ausgerüstet mit all diesem Hintergrundwissen wollen wir uns nun wieder Onkel John und der außergewöhnlichen Herausforderung widmen, die er sich selbst Ende des Jahres 1999 stellte, als er nämlich plante, auf einem der schnellsten Aktienmärkte in der Börsengeschichte Aktien leer zu verkaufen.

Gäbe es doch nur eine Möglichkeit, herauszufinden, was den Verkauf dieser Aktien auslösen würde, und damit der größten Farce, die im 20. Jahrhundert je auf den Märkten stattgefunden hatte, ein Ende zu bereiten. Nun, es gab eine Möglichkeit. Onkel John sah dieses Phänomen von einer anderen Warte, entdeckte auf dem Markt einen verborgenen Schatz und es erschloss sich ihm eine Vorgehensweise, mit der sich höchstwahrscheinlich Leerverkauf-Gewinne und keine Verluste einfahren ließen. Falls es ein psychologisches Element gibt, das in jeder Markt-Blase zu finden ist, so ist dies die Gier der Menschen. Sie ist von alters her eine Schwachstelle der Menschheit, die immer wieder an der Börse zutage tritt.

Es reicht wohl, wenn man sagt, dass es an der Börse Käufer gab, die sich ihre Gewinne auszahlen lassen und dann das Weite suchen wollten. Wer waren diese Käufer? Es waren die jungen und alten leitenden Angestellten der Technologieunternehmen, die tagtäglich in Form von Erstemissionen an der Börse auftauchten. Geht ein Unternehmen an die Börse, so ist es gang und gäbe, die Manager zu belohnen und ihnen einen beträchtlichen Anteil an den neuen Unternehmensaktien zuzuwenden. Dieses Vorgehen leuchtet ein, da sie oftmals die Besitzer des Unternehmens sind, bevor dieses in Form des Börsengangs an die Öffentlichkeit verkauft wird.

In den Jahren 1999 und 2000, als ein Unternehmen nach dem anderen an die Börse ging, und bevor der Markt kollabierte, verdienten junge Führungskräfte Unsummen, indem sie die Aktien ihrer Unternehmen der Öffentlichkeit anboten. Zumindest auf dem Papier konnte man so – dank des Heißhungers der Marktteilnehmer auf Technologiewerte – blitzschnell zum Millionär werden. Für die Manager von Technologieunternehmen war dies natürlich ein enormer Ansporn, einen Investmentbanker anzurufen und Unternehmen (die manchmal eigentlich nur in Form von Ideen existierten) an die Öffentlichkeit zu verkaufen.

Sollten Sie noch nie von dem so genannten IPO Market, einem Markt, auf dem unzählige Börsengänge stattfinden, gehört haben, könnten Sie glauben, wir seien in unserer Beschreibung dieses Marktes zu barsch. Lassen Sie uns kurz abschweifen: Im Normalfall ist der Börsengang eines Unternehmens eine wichtige Funktion des Kapitalmarktes, da durch die Börseneinführung nicht nur der Besitz des Unternehmens basierend auf soliden und vernünftigen Gründen auf die Aktionäre, also die Öffentlichkeit, übertragen wird, sondern auch weil sie für gewöhnlich durch den Bedarf eines Unternehmens an finanziellen Mitteln bedingt wird. Bedarf an finanziellen Mitteln kann verschiedene Gründe haben, doch für gewöhnlich steckt der Expansionswunsch eines Unternehmens dahinter. Im Gegenzug für die Finanzierung des Unternehmensausbaus treten die Besitzer einen Prozentsatz ihres Eigentumsrechts an die Öffentlichkeit ab, also an die Aktionäre, die während der Erstemission oder danach Aktien des Unternehmens kaufen. Natürlich fließt nach den Erstemissionen nur noch zwischen Verkäufern und Käufern Geld, das Unternehmen ist von diesem Finanzstrom abgeschnitten, zumindest so lange, bis es neue Aktien ausgibt.

Es gibt einige nützliche Beobachtungen, die wir als Schnäppchenjäger über Erstemissionen im Allgemeinen anstellen können. Erstens: In der Regel bieten Manager der Öffentlichkeit Aktien an, wenn in absolutem Sinne großer Enthusiasmus im Hinblick auf Wertpapiere herrscht. Bekanntlich kann niemand mit Genauigkeit vorhersagen, wann auf dem Markt besonders starker, wann eher schwacher Betrieb herrschen wird. Doch man weiß auch, dass ein plötzlicher Anstieg der Börsengänge auf eine Aufblähung des Marktes schließen lässt, weil Manager und Investmentbanker versuchen, die Geldmenge, die durch die Börseneinführung für ein Unternehmen zu generieren ist, zu maximieren. Gleichzeitig können parallel zu ihren Bemühungen teurere Marktniveaus herrschen oder aber der Markt befindet sich im Spätstadium einer Hausse. Zweitens: Im Rahmen einer Börseneinführung kann der Emissionskurs aufgrund des vorherrschenden Enthusiasmus und der daraus resultierenden verstärkten Nachfrage den intrinsischen Wert übersteigen. Es ist ganz und gar nicht ungewöhnlich, dass Aktien Monate nach dem Börsengang an Wert verlieren, weil Enthusiasmus und Nachfrage nachlassen und sich normalisieren, sobald die Aktie frei auf dem offenen Markt gehandelt wird.

Aus diesen Gründen kaufte Onkel John, selbst als er seine Investmentfonds betreute, nur selten Erstemissionen, denn er war der Meinung, er könne die Aktien Monate oder sogar Jahre nach dem Börsengang des Unternehmens wesentlich günstiger einkaufen. Mit anderen Worten: Er fand, dass man mit Erstemissionen ein schlechtes Geschäft machte, wenn man doch eigentlich nach Schnäppchen suchte. Eine alte Faustregel, die für die meisten Investoren gilt, lautet: Kannst du an Erstemissionsaktien rankommen, dann solltest du sie besser nicht kaufen, denn die heißesten Emissionsaktien erhalten immer nur die besten Kunden.

Auf dem IPO Market der Jahre 1999 und 2000 war der Markt für Neuemissionen für Unternehmensleiter die beste Möglichkeit, um auf Kosten der Öffentlichkeit aus ihren aufgeblähten Unternehmensanteilen bares Geld zu machen; in vielen Fällen kam es auch zur missbräuchlichen Ausnutzung der Öffentlichkeit. Onkel John erkannte, dass von allen an der Börsen-Blase beteiligten Marktteilnehmern diese Aktionäre das größte Interesse am Verkaufen hatten. Diese Unternehmensleiter, auch »Insider« genannt, wussten, welche Karten sie in der Hand hielten (ziemlich schwache, um genau zu sein), und sie wollten schnellstens so viel Gewinn wie möglich machen, sich auszahlen lassen und dann das Weite suchen. Ganz offen gesagt hatten die Insider, die in diesen Unternehmen saßen, überhaupt kein Problem damit, der Öffentlichkeit bei der ersten sich bietenden Gelegenheit ihren persönlichen Anteil an der New Economy zu verkaufen.

Normalerweise gibt es nach dem Börsengang und nachdem die Marktteilnehmer, denen Anteile am Unternehmen zum Kauf angeboten wurden, Aktien gekauft haben, eine Phase, in der die Marktordnung Insidergeschäfte verbietet. Anders formuliert gibt es in der Regel eine sechsmonatige Phase, in der die Insider stillsitzen und ihre Aktien halten müssen, bevor sie sie verkaufen können. Diese Phase nennt sich die IPO Lockup Period, also die Bindungsdauer nach der Erstemission. Onkel John informierte sich über alle die Technologieunternehmen, die an die Börse gingen, und fand heraus, wann deren jeweilige Bindungsdauer enden würde. Dadurch erhielt er Aufschluss darüber, wann die Insider damit beginnen könnten, ihre eigenen Aktien auf den Markt zu werfen. Er war sich sicher, dass die Insider verkaufen würden. Er war außerdem sicher, dass die Insider-Verkäufe der Auslöser für einen großflächigen, auf die Aktien ausgeübten Verkaufsdruck sein würden. Dies war notwendig, da die Käufer und Verkäufer von Technologiewerten ihre Entscheidungen damals nur noch aufgrund der täglichen Kursentwicklungen ihrer Aktien trafen. Mit anderen Worten: Sahen die Trader, dass der Kurs einer Aktie stieg, dann kauften sie ein paar dieser Aktien, um so auch ein Stück vom Kuchen abzubekommen.

Gleichzeitig wurden Technologiewerte gekauft, und so stiegen deren Kurse täglich höher und höher. Doch wenn die Kurse fielen, wussten diejenigen, die schon gekauft hatten, nicht, was zu tun war. Schließlich hatten sie nur gekauft, weil der Kurs stetig gestiegen war. Hatte der Kursverfall erst einmal begonnen, so hatten die Aktienbesitzer keinen Grund, weiter zu verweilen. Kurz und gut: Die Insider waren nicht alleine für den Kursverfall verantwortlich, doch indem sie derart massiv verkauften, brachten sie einen Stein ins Rollen, der dann eine Kettenreaktion aus weiteren Verkäufen auslöste. Diese Kettenreaktion würde schließlich zum völligen Kollaps der Technologiewerte führen.

Onkel John ersann eine Strategie, die es ihm erlaubte, Technologiewerte etwa 11 Tage vor Ablauf der Bindungsdauer zu shorten. Er ging nämlich davon aus, dass die Insider verkaufen würden, was das Zeug hält, sobald sie die Erlaubnis erhielten, ihre Aktien auf den Markt zu werfen. Er konzentrierte sich dabei auf Technologiewerte, deren Kurse sich seit der Erstemission verdreifacht hatten. Er war überzeugt, dass Aktien, die mit einer solchen Wertsteigerung aufwarten konnten, für die Insider ein besonderer Anreiz wären, ihre Aktien zu verkaufen und abzukassieren. Insgesamt fand er 84 Aktien, die seinen Suchkriterien entsprachen, und er entschied, bei jedem Leerverkauf eine Position in Höhe von 2,2 Millionen US-Dollar zu platzieren.

Alles in allem setzte er 185 Millionen US-Dollar seines eigenen Vermögens darauf, dass die Technologiewerte ins Bodenlose stürzen würden, sobald die Blase ihren Höhepunkt erreichte. Und in der zweiten Märzwoche des Jahres 2000 taten sie eben dies: Sie stürzten (vgl. Abbildung 6.2).

Wir erwähnten bereits, dass Onkel John in einem Gespräch gefragt wurde, wie der Zeitpunkt des maximalen Pessimismus zu erkennen sei. Seine Antwort lautete: In dem Moment, da der letzte Aktienbesitzer beschließt, das Handtuch zu werfen und zu verkaufen, sind per definitionem keine Verkäufer mehr übrig und es gibt nur noch

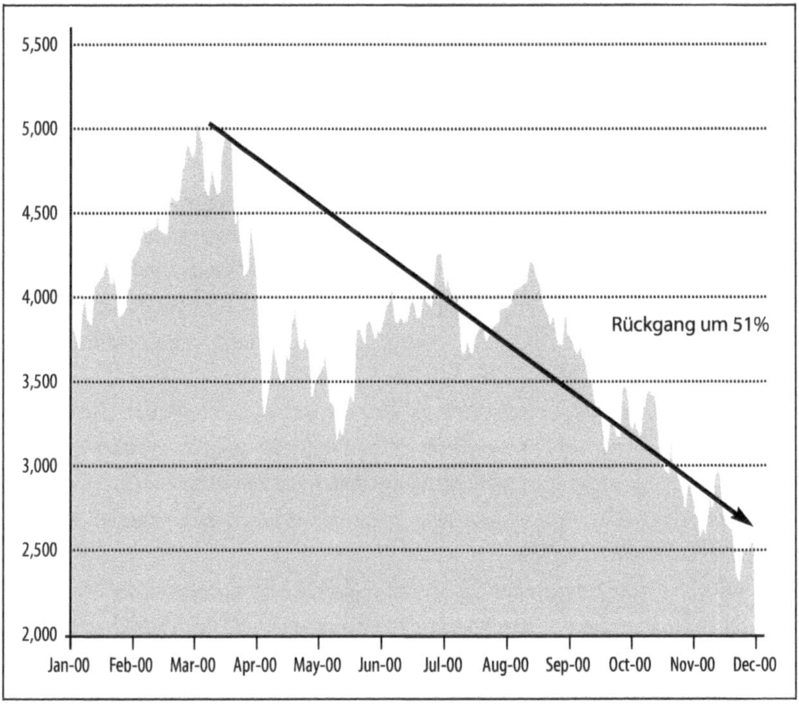

Abbildung 6.2: NASDAQ Composite Index-Kurse, Januar–Dezember 2000

Käufer. Greifen wir diese Logik auf und kehren sie für eine Anwendung auf die Technologie-Blase des Jahres 2000 um, so wird klar, dass der Zeitpunkt des maximalen Optimismus erreicht wurde, als es auf dem Markt keine Käufer mehr gab und die Verkäufer kurz davor standen, die Kontrolle zu übernehmen. Dieser Punkt wurde am 10. März 2000 erreicht, als der NASDAQ auf dem Rekordhoch von 5.132 Zählern notierte. An diesem Tag, als der NASDAQ den Höchststand erreichte, erschien im *Wall Street Journal* ein Artikel mit der Überschrift »Conservative Investors Warm Up to the Idea That Tech Sector Isn't a Fad« (»Konservative Investoren freunden sich mit der Vorstellung an, der Technologiesektor sei doch keine Eintagsfliege«). Die kompromisslosesten Schnäppchenjäger sahen den Artikel und vor allem den Zeitpunkt seines Erscheinens als ausgleichende Gerechtigkeit, da es in dem Bericht um Investoren ging, die jahrelang konservativ investiert hatten, nur um dann im letzten Moment die Seiten zu wechseln und ihr Glück mit Technologiewerten zu versuchen.

> *Letzten Sommer ging plötzlich ein Licht auf. Der 41-jährige Projektmanager hatte seit dem Streik Mitte der 80er-Jahre an seinem konservativen Aktienportfolio getüftelt, das er mit zuverlässigen Blue Chips von Unternehmen wie DuPont, Johnson & Johnson und Procter & Gamble bestückte.*
> *Technologie-Überflieger, jedwede Aktie, deren KGV bei über 30 lag, erschien ihm »befremdlich«, erinnert sich der Mann. Doch dann kam die Erleuchtung.*
> *Er sah, wie ein junges, gerade erst an die Börse gegangenes Software-Unternehmen namens Red Hat an seinem ersten Tag den Emissionskurs seiner Aktie verdreifachen konnte, und Dutzenden anderer, vergleichbarer Unternehmen gelang Ähnliches – da beschlich ihn der Wunsch, sich selbst in den Allerwertesten zu beißen.*
> *»Erst in jenem Moment hatte ich erkannt, dass sich die Denkweise der Menschen geändert hatte.« Ihm wurde klar, dass es innerhalb der Wirtschaft zu einer Verschiebung gekommen war und dass Unternehmen, die Windeln, Chemikalien oder Pflaster herstellten, nicht mehr so recht Teil des wirtschaftlichen Epizentrums waren.*
> *»Ach nee, auch schon gecheckt« – würden seine Kinder dazu wohl sagen. Er war ein verspäteter Partygast, aber er war fest entschlossen zu tanzen.*
> *Heute sagt der ehemals konservative Investor: »Ich glaube, dass Aktien von Unternehmen wie Cisco Systems, Lucent, Oracle, WorldCom oder Vodafone zu den wichtigsten Wertpapieren gehören, die man in Zukunft halten sollte. Die Situation ist vergleichbar mit der, als die Eisenbahn in Betrieb genommen wurde und sie unsere Nation grundlegend und nachhaltig veränderte. Meinen Kindern erkläre ich die Sache so: ‹Noch vor einem Jahr hatten wir kein Mobiltelefon – heute haben wir drei, vier, wenn man das meiner Tochter, die gerade weggezogen ist, um zu studieren, dazuzählt. Als ich 1994 meinen Magister der Betriebswirtschaftslehre machte, hatte ich noch nicht einmal einen Computer; jetzt habe ich vier PCs.›«*
> *Um kein unnötiges Risiko einzugehen, holte er umfassende Informationen über die neuen Aktien ein, und im Spätherbst machte er dann erste Schritte. Für seine Nachforschungen nutzte er das Internet, er besuchte Chat Rooms und Message Boards, über die er im April noch die Nase gerümpft hätte, und*

er begann damit, Technologiewerte zu kaufen, die heute den Großteil seines siebenstelligen Portfolios ausmachen.

Dieser Mann ist einer der zahllosen US-amerikanischen Anleger, die einst tief im konservativen Investmentfundament verwurzelt waren und im Lauf der letzten Monate eine deutliche Veränderung durchmachten. Lange Zeit belächelten sie das Gerede über das »neue Paradigma« und taten es als faulen Zauber ab; sie lästerten über die albernen Markt-Novizen, die sich haufenweise Technologiewerte anschafften, und waren sicher, dass diese Spekulanten schon bald die Quittung kriegen würden.

Doch heute kommen sich diese Kritiker ziemlich dumm vor – vor allem, wenn sie einen Blick auf ihren vergleichsweise mageren Kontostand werfen. Mittlerweile haben sie selbst damit begonnen, Technologiewerte zu kaufen. Diese tektonische Verschiebung hat zu einem Anstieg des NASDAQ Composite Index, dem Heimatindex heißer Technologieunternehmen, geführt. Seit August legte der Index 100 Prozent an Wert zu – im November wurde die 3.000er, im Dezember die 4.000er und jetzt, am Donnerstag, zum ersten Mal die 5.000er Marke geknackt. Gleichzeitig schwächelt der Dow Jones Industrial Average, auf dem Unternehmen wie P&G, DuPont und Eastman Kodak notiert sind, und der Standard & Poor's 500 Aktienindex lieferte einen vergleichsweise moderaten Gewinn.

Innerhalb weniger Monate haben viele Menschen ihre Definition einer Blue-Chip-Aktie geändert. Raus mit den Aktien, die schon seit Generationen Teil der Portfolios waren, wie etwa Coca Cola, Philip Morris oder AT&T. Die neuen Blue Chips kommen von Cisco, Intel und sogar bis dato unbekannten Unternehmen, wie etwa dem Faseroptik-Überflieger JDS Uniphase.

Obwohl der 41-Jährige auch noch ein paar »Old Economy«-Aktien in seinem Portfolio führt, stieg dessen Wert seit dem 1. September um mehr als 40 Prozent – das ist natürlich mit einem nur aus Technologiewerten bestehenden Portfolio nicht zu vergleichen, doch die Performance ist deutlich besser als die des DJIA, der seitdem einen Rückgang um 8,5 Prozent verzeichnete.

Andere gehen noch einen Schritt weiter. Konservative Bürger, manche von ihnen 80 Jahre oder älter, marschieren bereits in die Büros ihrer Finanzberater und verlangen eine Erweiterung ihrer betreuten Fonds um Werte, die Teil der explosionsartig wachsenden New Economy sind. Je mehr Menschen ihre Investment-Gewohnheiten ändern, desto schneller und umfassender wird der Trend sich ausbreiten.

Dieser Artikel wurde an dem Tag veröffentlicht, an dem der NASDAQ seinen absoluten Höchststand erreichte. Wie der Artikel schon andeutet, hatten sich schließlich auch die letzten Käufer dazu entschlossen, in den Markt einzusteigen. Die letzten Investoren, die noch Widerstand geleistet hatten, gaben sich schließlich geschlagen und stürzten sich kopfüber in den Börsen-Wahn. Solchen Druck bekommen Sie möglicherweise zu spüren, wenn die eigenen Schnäppchenjäger-Methoden gerade nicht in Mode sind – wie es nun einmal von Zeit zu Zeit der Fall sein wird – und der Drang, solche Strategien anzuwenden, die offenbar gerade funktionieren, Sie packt wie eine Würgeschlange ihre Beute. Dank vieler früherer Beispiele wissen wir, dass eben dieser Schachzug falsch ist. Was wäre übrigens ein guter Artikel, geschrieben am Tag des höchsten NASDAQ-Standes aller Zeiten, ohne ein paar gehörige Seitenhiebe auf Buffett und Robertson hier und da?

> *Er ist durch und durch ein Mann der »Old Economy«, und das bekommt sein Portfolio nun zu spüren. Fünf der größten von Buffetts Unternehmen Berkshire Hathaway Inc. an der Börse getradeten Holdings sind nun, wie von dem Unternehmen offengelegt, mindestens 15 Prozent von ihrem einstigen Höchststand entfernt. Gilette verlor 51 Prozent, Washington Post 19 Prozent, Coke musste Verluste in Höhe von 47 Prozent einstecken, American Express und Freddie Mac verloren jeweils 27 Prozent beziehungsweise 42 Prozent. Das Unternehmen Berkshire Hathaway selbst, für manche der Inbegriff des Aktienmarktes, verlor 48 Prozent.*
>
> *Oder denken Sie nur an den Hedgefonds-Manager Julian Robertson, der lange als einer der klügsten Köpfe der Wall Street galt. Er erhielt Millionenbeträge für die Betreuung der Finanzen einiger der reichsten Investoren des Landes, doch ihm ging kein Licht auf. Im letzten Jahr geriet sein Tiger Fund ins Stolpern und verlor 19 Prozent; im Januar dieses Jahres kam ein weiterer Verlust um 6 Prozent dazu. Er setzte viel auf das Old-Economy-Unternehmen US Airways – doch bisher hat sich sein Einsatz nicht bezahlt gemacht.*

Innerhalb eines Jahres schien es so, als sei der NASDAQ über eine Klippe gestürzt und habe so, nachdem er im März seinen Spitzenwert erreicht hatte, 51 Prozent an Wert verloren. Wie Sie sich vielleicht schon denken können, steht der dramatische Kollaps des Index in keinem Verhältnis zu den Tragödien, die sich im Zusammenhang mit einzelnen Aktien auf dem Index abspielten. Unter den von Onkel John leer verkauften Technologiewerten fanden sich einige Aktien, die ab dem Zeitpunkt des Leerverkaufs 95 Prozent ihres Wertes einbüßten. Zur Veranschaulichung dieser Positionen finden Sie in den Abbildungen 6.3 bis einschließlich 6.5 die Ablaufdaten der verschiedenen Lock-up Periods, die Kostengrundlage der Positionen und die Gewinne, die der Aufnahme der Positionen folgten.

Vielleicht ist Ihnen aufgefallen, dass sich Onkel Johns Leerverkäufe manchmal, so geschehen im Fall von Foundry Networks, mit dem Höhepunkt der NASDAQ-Blase überschnitten, während dies bei anderen Leerverkäufen, wie etwa im Fall der Vyyo-Aktie, die im November 2000, also deutlich nach dem ursprünglichen Crash, geshortet

Abbildung 6.3: Aktienkurs für Breakaway Solutions

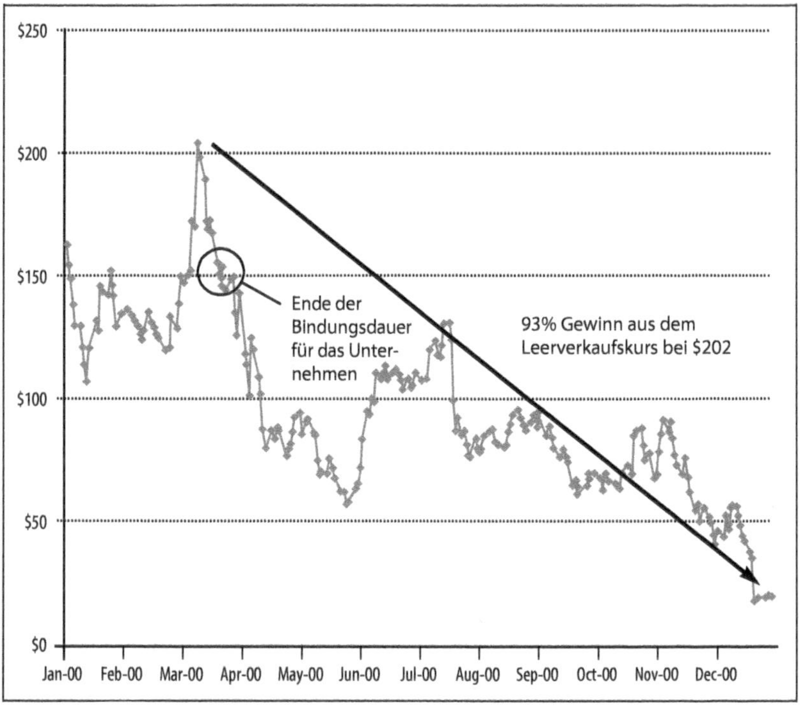

Abbildung 6.4: Aktienkurs für Foundry Networks

wurde, nicht der Fall war. Diese aufschlussreiche Information lehrt uns, dass es eine gewisse Zeit, mindestens ein paar Monate, wenn nicht sogar Jahre, dauert, bis aus Euphorie Pessimismus wird; Gleiches gilt für den Übergang von Pessimismus zu Euphorie.

Aus dieser Diskussion nehmen wir eine Menge detaillierten Wissens über die Umstände, die während dieser Leerverkäufe am Höhepunkt der NASDAQ-Blase herrschten, mit, doch wir wissen bisher noch recht wenig über die tatsächliche Ausführung. Schnäppchenjäger, die darauf aus sind, bald sündhaft teure Wertpapiere zu shorten, könnten durchaus von den Methoden, die Onkel John bei seinen Short Trades anwandte, profitieren.

Die erste Regel lautet: Halten Sie Ihre Verluste unter Kontrolle. Regel Nummer zwei lautet: Denken Sie immer an Regel Nummer eins.

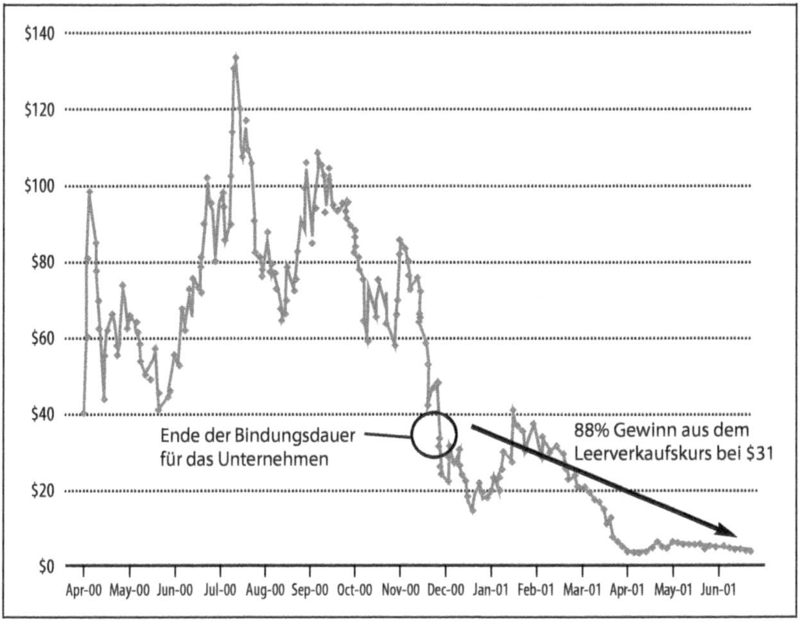

Abbildung 6.5: Aktienkurs für Vyyo

Um Ihre Verluste überwachen und einschränken zu können, wäre es klug, eine Liste mit Regeln aufzustellen, an die Sie sich dann nach dem Leerverkauf Ihrer Aktien halten. Als Onkel John beispielsweise die Aktien auf dem NASDAQ shortete, da stellte auch er einige Regeln auf, die ihm bei der Entscheidungsfindung helfen sollten.

Die wichtigste Regel ist, im Voraus ein bestimmtes Niveau festzulegen, damit Sie später einen Anhaltspunkt dafür haben, wann es Zeit ist, den finanziellen Schaden zu begrenzen und die Aktien zu decken. Im Fall der NASDAQ-Leerverkäufe achtete Onkel John besonders auf solche Shorts, deren Kurse nach Beendigung der Bindungsdauer sofort stark stiegen. Solche Aktien deckte er umgehend. Vielleicht nehmen Sie sich ja vor, eine Short-Position zu decken, sobald deren Kurs nach Eingehen der Position um einen gewissen Prozentsatz steigt. Die Festlegung dieses Kursniveaus ist dem subjektiven Empfinden des Einzelnen überlassen und ist abhängig von der Risikofähigkeit des jeweiligen Schnäppchenjägers. Leerverkäufer, die jedoch ohne Plan in die Schlacht ziehen und nicht im Voraus überlegen, zu welchem Kurs sie abbrechen und abdecken werden, spielen ein gefährliches psychologisches Spiel. Gerade wenn man denkt, die Aktie könne nicht weiter steigen, tut sie es doch. Denken Sie an Keynes' Worte: Der Markt kann sich länger irrational zeigen, als Sie zahlungsfähig bleiben können.

Gleiches gilt für die Gewinne: Auch hier sollten Sie im Voraus festlegen, wann genau, auf welchem Kursniveau, die Gewinnmitnahme stattfinden soll. Als Onkel John zum Beispiel die NASDAQ-Aktien leer verkaufte, hatte er sich auch für diesen Aspekt des Trades Richtlinien überlegt. In diesem Fall hatte er beschlossen, seine Gewinne zu realisieren, wenn der Kurs nach dem Leerverkauf 95 Prozent an Wert verlöre oder wenn das KGV der Aktie unter 30 fiele, basierend auf den Gewinnen pro Aktie der letzten 12 Monate. Diese Regeln hinsichtlich der Gewinnmitnahme sind beinahe ebenso wichtig wie die Richtlinien zur Vermeidung zu hoher Verluste, da sie Schnäppchenjäger davor bewahren, zu weit zu gehen oder gierig zu werden. Es geht darum, seinen klaren Kopf und seine Objektivität zu behalten und so das Beste aus der Gier zu machen; man darf seine Unbefangenheit und Vernunft nicht verlieren.

Es ist recht offensichtlich, dass Gier bei dem Debakel, das sich im Lauf des Jahres 2000 bei den NASDAQ-Aktien abspielte, eine entscheidende Rolle spielte. Allein im ersten Quartal des Jahres 2000 fanden Börsengänge mit einem Gegenwert von 78 Milliarden US-Dollar statt, während gleichzeitig Kapital in Höhe von 110 Milliarden US-Dollar freigegeben wurde, da die Lockup Periods anderer, bereits früher an die Börse gegangener Unternehmen endeten. In gewisser Weise war es die Gier derjenigen, die ursprünglich zur Aufblähung des Marktes beigetragen hatten, und das Bestreben der Insider, ihre Aktien bei den anderen Marktteilnehmern abzuladen, was die Blase letzten Endes zum Platzen brachte.

Denken wir an unseren kleinen Abstecher in die Welt des Pokerns, so sollte mittlerweile klar sein, dass die Technologie-Blase der größte Bluff aller Zeiten war. Schlaue Spieler hatten diesen Bluff schon damals erkannt. Doch es wurde mit sehr hohen Einsätzen gespielt und daher hielten sie es wohl für besser, auszusteigen und so noch ein weiteres Spiel miterleben zu können, als am Tisch sitzen zu bleiben und es darauf ankommen zu lassen. Den alten Hasen war klar, dass sie nur den richtigen Augenblick abwarten mussten; es ging darum, die Schwachstelle der Spieler, ihre Gier, im Auge zu behalten und dann am Ende mit dem großen Gewinn nach Hause zu gehen.

Alles in allem verdiente Onkel John, indem er genau das tat, mehr als 90 Millionen US-Dollar. Nehmt das, Day Trader!

Kapitel 7

Krise ist gleich Gelegenheit

Schreibt man das Wort »Krise« auf Chinesisch, so besteht es aus zwei Schriftzeichen – das eine Zeichen steht für Gefahr, das andere für Gelegenheit.
– John F. Kennedy –

Auf den Finanzmärkten kursiert ein altes Sprichwort, das auch Onkel John im Laufe seiner Karriere immer wieder erwähnte: »Man kauft am besten dann, wenn auf der Straße Blut fließt.« Das mag morbide klingen, hat aber vielmehr damit zu tun, dass es nach einer Krise an der Börse immer zu vermehrten Verkäufen kommt, was dann weitere Panik auslöst. Was die Börse angeht, so unterschied sich der Terroranschlag vom 11. September 2001 in New York in keinster Weise von den Dutzenden anderer Krisen, die sich im Lauf der Jahrhunderte an den Finanzmärkten abspielten. Die Folgen waren ähnlich: Es kam zu Panikverkäufen bei den Aktien. Als die Märkte am 17. September 2001 wieder öffneten, schien dort eine altbekannte Melodie gespielt zu werden, die nur darauf wartete, von Schnäppchenjägern mit geübtem Ohr wahrgenommen zu werden.

Onkel John befand sich damals in einem Stadium seiner Karriere, in dem er ganz genau wusste, wie sich aus einer Börsen-Panik zukünftige Gewinne generieren ließen, und ihm war klar, dass eine kriegsbedingte Krise eine außergewöhnliche Investmentgelegenheit darstellte. Diese Erfahrung machte er schon früh in seiner Laufbahn, zum Beispiel, als er 1939 beim Ausbruch des Zweiten Weltkrieges in Europa Wertpapiere kaufte. Einem Schnäppchenjäger erschließt es sich sehr schnell, welch vielversprechende Investmentgelegenheiten sich ergeben, wenn Aktien ohne Rücksicht auf deren Wert aggressiv verkauft werden. Im Anschluss an eine Krise zu investieren, wenn die Verkäufer ängstlich sind und in ihrem Handeln von der Furcht beeinflusst werden, ist die beste aller Kaufgelegenheiten. Die Gelegenheiten sind sogar noch größer, wenn die wirtschaftlichen Konsequenzen nicht verstanden oder überschätzt werden.

Diese Strategie, Aktien im Anschluss an eine Krise zu kaufen, könnte man auch mit der Strategie eines Schnäppchenjägers vergleichen, wenn man die aktuelle Krise auf das tagtägliche Vorgehen des Schnäppchenjägers unter normalen Marktbedingungen bezieht. Erstens sucht der Schnäppchenjäger nach Aktien, deren Kurse gefallen und die im Verhältnis zu ihrem intrinsischen Wert zu schwach bewertet sind. In der Regel bieten sich die besten Gelegenheiten, solche Schnäppchenaktien zu kaufen, in Phasen, wenn die Kurse starker Volatilität unterworfen sind. Zweitens hält der Schnäppchenjäger nach Situationen Ausschau, in denen die Aktienkurse aufgrund grober Fehleinschätzungen massiv gedrückt wurden. Ein solches Szenario könnte zum Beispiel beinhalten, dass einem Unternehmen Probleme ins Haus stehen, wobei diese Probleme jedoch nicht von Dauer sind und im Lauf der Zeit korrigiert werden können. Mit anderen Worten: Schnäppchenjäger suchen nach Aktien, die aufgrund vorübergehender Veränderungen des kurzfristigen Planungshorizonts der Verkäufer falsch bewertet wurden. Drittens stellt ein Schnäppchenjäger immer dann Recherchen über Aktien an, wenn die Aussichten laut Aussagen des Marktes am schlechtesten sind und nicht, wenn sie angeblich am besten sind.

Eine Krise sorgt dafür, dass all dies unglaublich schnell abläuft. Anders formuliert: Wenn auf dem Markt Krisenstimmung oder Panik herrschen und Aktien abgestoßen werden, dann werden all die Marktphänomene, die sich ein Schnäppchenjäger wünscht, in eine kurze und kompakte Zeitspanne – die womöglich einen Tag, ein paar Wochen, Monate oder vielleicht sogar länger dauern kann – komprimiert. Doch in der Regel sind diese Geschehnisse und die Reaktionen darauf nicht von langer Dauer. Da Panik und Krisen Verkäufer gehörig in ihren

Bann ziehen können, schaffen sie auch die mit Abstand besten Gelegenheiten, um das eine oder andere Schnäppchen zu machen – Schnäppchen, die Ihnen quasi in den Schoß fallen, sofern Sie in der Lage sind, Platz zu behalten, während alle anderen fluchtartig den Saal verlassen.

Zusammenfassend kann man sagen, dass Schnäppchenjäger auf der Suche nach Kaufgelegenheiten nach volatilen Aktienkursen Ausschau halten, und Panikverkäufe sorgen für die massivsten Schwankungen, in der Regel auf historisch einmalig hohen Niveaus. Schnäppchenjäger halten auch nach Fehleinschätzungen Ausschau, und da Panikverkäufe Hand in Hand mit einem überwältigenden Gefühl der *Angst* gehen, sind sie quasi der Gipfel der Fehleinschätzung. Während einer Krise nehmen die Ängste der Menschen übertriebene Ausmaße an, weswegen der Mensch auch in seiner Reaktion auf die Krise zur Übertreibung neigt. Die typische Reaktion auf eine Krise ist es, zu verkaufen, und so werden auch Wucht und Wirkung dieser Verkäufe aufgebauscht. Schnäppchenjäger sind darauf aus, einen Vorteil aus vorübergehenden Problemen zu ziehen, die sich aufgrund des kurzfristigen Fokus der Verkäufer in deren Köpfen völlig übertrieben darstellen. Ein Blick in die Vergangenheit zeigt, dass Krisen zum Zeitpunkt ihres Ausbruchs stets ärger erscheinen und dass sich jede Panik irgendwann auch wieder legt. Sobald dies geschieht, steigen die Kurse.

Um von diesen Marktgeschehnissen profitieren zu können, müssen Schnäppchenjäger über die richtige Sichtweise verfügen. Kauft man, wenn auf dem Markt fieberhaft verkauft wird, so kann dies die Performance des eigenen Investmentkontos über den Zeitraum der Laufzeit des Kontos enorm steigern. Dies gilt für alle Investoren, unabhängig davon, wie erfahren sie sind. Setzen Sie bei Ihren Investments auf eine langfristige Perspektive, so werden Sie erkennen, dass Ereignisse wie etwa der Börsenkrach vom 19. Oktober 1987 und die Art und Weise, wie Sie darauf reagieren, sich im Lauf der darauf folgenden Jahre in gewisser Weise aufblähen werden. Mit der richtigen Perspektive werden Sie diese Ereignisse als Geschenke des Himmels sehen und wahrnehmen.

Lassen Sie uns dies anhand eines einfachen Beispiels mit zwei Investoren – Herr Beständig und Frau Klug – erklären. Beide Investoren hatten je 100.000 US-Dollar gespart und wollten nun in der zweiten

Oktoberwoche des Jahres 1987 ihre Ersparnisse auf einem Broker-Konto anlegen. Beide hatten Anfang der Woche ihrem jeweiligen Makler einen Besuch abgestattet, hatten die nötigen Unterlagen ausgefüllt, Geld eingezahlt und waren nun bereit zu investieren. Da sie noch unerfahren waren und vorsichtig mit ihrem Geld umgingen, beschlossen die beiden unabhängig voneinander, Aktien alteingesessener Unternehmen mit gutem Ruf, wie General Electric, zu kaufen. Herr Beständig rief seinen Broker am Freitag, dem 16. Oktober 1987 an und beauftragte ihn, für 100.000 US-Dollar GE-Aktien zu kaufen. Frau Klug beschloss unterdessen, am Wochenende weiter über ihr Investment nachzudenken und ihren Makler dann am Montag anzurufen. Am Montag, dem 19. Oktober 1987 waren beide Anleger wie vom Blitz getroffen, als sie erfuhren, dass auf dem Aktienmarkt der größte Kurseinbruch an einem Tag in der Börsengeschichte stattgefunden hatte. Dieser Tag sollte als »Black Monday«, als Schwarzer Montag, in die Geschichte eingehen, da der Dow Jones Industrial Average im Verlauf einer einzigen Börsensession um 22,6 Prozent fiel. Herr Klug war angesichts der massiven Aktienverkäufe auf dem Dow und des schnellen Verlusts von über 17 Prozent hinsichtlich seiner GE-Aktien verstört, doch er beschloss, dass ein Verkauf inmitten einer Panik unsinnig wäre, und so hielt er an seinen Aktien fest. Gut gemacht, Herr Beständig!

Frau Klug hingegen war angesichts dieser massiven Verkäufe begeistert und entschied, sofort ihren Makler mit dem Kauf von GE-Aktien zu beauftragen. Sicherlich würde sich der allgemeine Kursverfall auch auf General Electric auswirken, wodurch sie günstiger investieren und ein besseres Geschäft machen könnte. Also schnappte sie sich das Telefon und rief ihren Broker an. Doch er hob nicht ab. Sie wählte seine Nummer erneut, aber er war nicht zu erreichen. Frau Klug hatte jedoch entschieden, dass es wichtig war, diese Aktien noch an jenem Tag zu kaufen, und so sprang sie in ihren Wagen und fuhr zum Büro des Brokers, um ihm den Kaufauftrag persönlich zu erteilen. Im Büro angekommen schritt sie zielstrebig auf den Schreibtisch ihres Maklers zu, doch auch dort war er nicht zu finden. Wo war der Mann nur? Sie trat hinter den Schreibtisch und sah, dass er sich unter dem Tisch versteckt hatte. Also packte sie ihn am Ohr, zog ihn daran in die Höhe und sagte ihm dann, er solle sich ans Telefon klemmen und ihr diese Aktien beschaffen. Er antwortete ihr mit schwacher Stimme, war ziemlich verdattert und bleich wie ein Gespenst, doch er riss sich zumindest so weit zusammen, um diesen einen Anruf zu tätigen und den Kaufauftrag zu erteilen. Ausgezeichnete Arbeit, Frau Klug!

Während der darauf folgenden 19 Jahre hielten sowohl Herr Beständig als auch Frau Klug an ihren GE-Aktien fest und wurden Zeugen des Wertzuwachses der Papiere. Beide Investoren beschlossen, ihre Wertpapiere am Jahrestag des Schwarzen Montags, am 19. Oktober 2006, zu verkaufen. Herr Beständig warf einen Blick auf den Aktienkurs und berechnete auf dieser Grundlage, dass er während der letzten 19 Jahre ohne Berücksichtigung der Dividenden im Durchschnitt eine annualisierte Rendite von 11,8 Prozent generiert hatte. Doch auch Frau Klug war neugierig und wollte wissen, wie ihre Renditen im Verlauf der vergangenen 19 Jahre ausgefallen waren. Seit damals hatte sie Wirtschaft studiert, sich eingehend mit dem Thema Investments beschäftigt und sich zu einer erfolgreichen Investorin gemausert. Sie nahm an, dass die annualisierte Rendite ihres Kontos sich auf etwa 14 Prozent belaufen müsse, da sie in von erfahrenen Schnäppchenjägern betreute Investmentfonds angelegt und sich sogar selbst an der einen oder anderen ihrer Ansicht nach massiv falsch bewerteten Aktie versucht hatte. Basierend darauf berechnete sie die Rendite ihrer GE-Aktien – ihr erstes Investment vor genau 19 Jahren – und kam zu dem Schluss, dass sie mit diesen Aktien auf das Jahr umgerechnet 13 Prozent erwirtschaftet hatte. Gar nicht mal schlecht! Dieses Ergebnis war angesichts der Tatsache, dass es sich bei diesem Investment um ihren ersten Kauf an der Börse handelte, sogar beneidenswert.

Nun hätten sowohl Herr Beständig, mit seiner 11,8-prozentigen Rendite, als auch Frau Klug, mit ihrer Rendite von 13 Prozent, ziemlich zufrieden damit sein können, wie sie das Kind damals, im Jahr 1987, geschaukelt hatten. Doch dieser kleine Unterschied von 1,2 Prozent zwischen den Renditen der beiden Investoren schlug sich deutlich auf ihre ursprünglichen Einlagen im Wert von jeweils 100.000 US-Dollar nieder. So wurden zum Beispiel aus Herrn Beständigs 100.000 US-Dollar zu dem Zeitpunkt, da er seine Aktien verkaufte, 832.519 US-Dollar, während Frau Klug, die das Glück hatte, ihre Aktien dank der Panik am Schwarzen Montag günstiger kaufen zu können, ein deutlich besseres Ergebnis erzielte. Frau Klug, deren durchschnittliche Rendite ja nur 1,2 Prozent über der Herrn Beständigs lag, erhielt beim Verkauf ihrer Aktien, die sie für 100.000 US-Dollar erstanden hatte, 1.011.201 US-Dollar.

Der Punkt ist, dass solch kleine Unterschiede bei den annualisierten Renditen zu stark variierenden Ergebnissen hinsichtlich der Geldsummen, die letztendlich generiert werden, führen können – vorausgesetzt natürlich, man erlaubt den Erträgen, im Laufe der Zeit zu wachsen. Das ist der Zauber der Aufzinsung, und obwohl dies nur wenige Investoren wissen, ist es oftmals nur ein kleiner Spread von 3 Prozent oder 4 Prozent, der die größten Investoren der Welt von der übrigen Meute trennt. Nutzen aus der gelegentlichen Panik an den Märkten zu ziehen ist eine wichtige Methode, um sich im Hinblick auf die Herangehensweise an das eigene Investment und die daraus resultierenden Erträge von der breiten Masse abzusetzen. Wer kauft, wenn alle anderen verkaufen, der schwimmt nicht mit dem Strom, was sich auch in den Erträgen niederschlagen wird, die nämlich besser als die der Mitläufer ausfallen werden. Der wichtigste Aspekt, den es jedoch im Zusammenhang mit Markt-Panik zu erkennen gilt, ist, dass *alle Schnäppchenjäger* in der Lage sein sollten, aus diesen Ereignissen Kapital zu schlagen. Selbst wenn Sie nicht wissen sollten, wie man eine Aktie bewertet, so ist dies keine Entschuldigung dafür, Ihre Investmentfonds nicht aufzustocken. Wer die psychologische Fähigkeit besitzt, im Fall zukünftiger Panikzustände seine Investments auszubauen, hat sich somit schon als überlegener Investor hervorgetan. Können Sie den Mut aufbringen zu kaufen, wenn die Situation am düstersten scheint, dann werden Sie an der Börse die Oberhand gewinnen.

Für den Aktienkauf im Kielwasser einer Krise oder Panik finden sich in der Vergangenheit aussagekräftige Beispiele. Solche Panikzustände können mannigfaltige Ursachen haben. Zu Panikverkäufen kann es aufgrund eines politischen Ereignisses (Bedrohung, Attentat), eines wirtschaftlichen Ereignisses (Ölembargo, Finanzkrise in Asien) oder kriegerischer Handlungen (Koreakrieg, Golfkrieg, Anschläge des 11. September) kommen. Wenn der Markt als Ganzes mit Massenverkäufen auf eine böse Überraschung reagiert, dann sollten Schnäppchenjäger unabhängig vom zugrunde liegenden Ereignis versuchen, einige der Aktien zu kaufen, die die anderen Marktteilnehmer abstoßen wollen. Um mit Onkel Johns Worten zu sprechen: »Tun Sie den Verkäufern einen Gefallen.«

In Tabelle 7.1 finden sich einige Ereignisse, die etwa während der letzten 50 Jahre stattfanden und die für Verkaufsrausch an der Börse sorgten. Zusätzlich zu den Ereignissen und deren Daten liefert die Tabelle auch Informationen darüber, wie lange es dauerte, bis der Markt seinen Tiefpunkt erreichte. So erhalten Sie eine grobe Einschätzung darüber, wie lange es dauerte, bis der Verkaufswahn nach den jeweiligen Ereignissen abklang. Manchmal dauern Verkaufsphasen, die das Ergebnis einer Krise sind, bis zu 50 Tagen, manchmal aber auch nur einen Tag. Die Spalte mit der Überschrift »Wachstum,

Krise	Datum	Dauer bis zum Tiefpunkt (Tage)	Veränderung bis zum Tief (%)	Wachstum, $100.000, vor Krise	Wachstum, $100.000, nach Krise
Angriff auf Pearl Harbor	7.12.1941	12	–8,2%	$146.633	$166.767
Koreakrieg	25.6.1950	13	–12,0%	$200.262	$231.698
Präsident Eisenhowers Herzinfarkt	26.9.1955	12	–10,0%	$120.036	$134.239
Blue-Monday-Panik 1962	28.5.1962	21	–12,4%	$149.929	$162.778
Kubakrise	14.10.1962	8	–4,8%	$146.593	$160.313
Attentat auf Präsident Kennedy	22.11.1963	1	–2,9%	$131.733	$135.918
Börsenkrach 1987	19.10.1987	1	–22,6%	$141.287	$183.380
Scheitern des United Airlines LBO*	13.10.1989	1	–6,9%	$140.451	$151.421
Krieg am Persischen Golf	2.8.1990	50	–18,4%	$162.122	$200.219
Finanzkrise in Asien	27.10.1997	1	–7,2%	$107.781	$117.910
11. September	11.9.2001	5	–14,3%	$118.596	$140.039

*LBO = Leveraged Buy-out (mit Fremdkapital finanzierte Unternehmensübernahme)

Tabelle 7.1

\$100.000, vor Krise« liefert einen Schätzwert des Wachstums eines Betrags in Höhe von 100.000 US-Dollar, der am Tag vor dem Ereignis in den Dow Jones Industrial Average investiert und dann fünf Jahre lang gehalten wurde. In der Spalte mit der Überschrift »Wachstum, \$100.000, nach Krise« finden Sie das Wachstum eines 100.000-Dollar-Investments, das zum Niedrigstkurs gemacht und dann fünf Jahre lang gehalten wurde.

Aufgrund dieser Daten lassen sich einige Beobachtungen anstellen. Sehen wir uns zuerst die Spalte außen links an, so erkennen wir, dass einige unterschiedliche Ereignisse und Szenarien zu Durcheinander an der Börse und Massenverkäufen führen können. Politische Ereignisse, wie etwa der Ausbruch eines Krieges und die Bedrohung der politischen Führung eines Landes, gehören zu den »einfacheren« Auslösern von Kaufgelegenheiten, die coole Schnäppchenjäger sich nicht entgehen lassen sollten. Obwohl die Reaktion des Marktes eine psychologische Herausforderung mit sich bringt, sollten die engagiertesten Schnäppchenjäger dennoch in der Lage sein, diesem Verhalten keine Beachtung zu schenken. Stattdessen sollten sie sich auf die Erfolge konzentrieren, die sich mit einem Kauf unter diesen Umständen erwirtschaften lassen.

Die sich bietenden Vorteile sind handfester Natur, und ein Investor mit langfristigem Planungshorizont sollte auf jeden Fall in der Lage sein, durch einen Ausbau der eigenen Investments während eines solchen Verkaufsrauschs zu profitieren. Sie wollen Beweise? Dann sehen Sie sich die Spalte außen rechts in Tabelle 7.1 an. Sie gibt Aufschluss über die Dollarbeträge, die generiert werden, wenn die Krise längst vorbei und nur noch eine verschwommene Erinnerung ist. An die genauen Umstände des einstigen Aktienausverkaufs erinnert sich dann kaum noch jemand, doch die Vorteile des Kaufens sind noch immer klar ersichtlich. Hier noch zwei weitere Beobachtungen: Es scheint mit andauernder Regelmäßigkeit zu kritischen Ereignissen zu kommen, die zu Massenverkäufen an der Börse führen. Um das Ganze etwas abzukürzen, nahmen wir einige wohlbekannte Krisen, die jedoch sehr viel länger als 50 Jahre zurückliegen, nicht in unsere Liste auf. Daher können Investoren versichert sein, dass es auch in Zukunft an den Börsen zu Aktienausverkäufen aufgrund von Krisen oder Panikzuständen kommen wird. Allerdings sind solche Ereignisse nicht alltäglich. Vielmehr sollten Sie davon ausgehen, dass es in jedem Jahrzehnt nur wenige davon gibt.

Sie müssen also – auch abhängig von Ihrem Zeithorizont als Investor – erkennen, dass solche Ereignisse äußerst wertvolle Gelegenheiten darstellen. Anders formuliert heißt dies: Wenn sich in der Zukunft solche Begebenheiten ereignen, dann müssen Sie über genug Durchblick verfügen, um die Chance sofort am Schopf zu packen. Sie können nämlich nicht davon ausgehen, dass sich Ihnen eine solche Gelegenheit alle paar Jahre bieten wird. Tatsächlich reiben sich die meisten Schnäppchenjäger beim Gedanken an solche Ereignisse vergnügt die Hände und warten stets auf deren Eintreten, da solche Begebenheiten hervorragende Kaufgelegenheiten mit sich bringen. Wann immer Ihnen an der Börse Menschen auffallen, die verkaufen wollen, so sollten Sie den entsprechenden Drang zu kaufen verspüren.

Obwohl es eigentlich einleuchtend klingt, zu kaufen, wenn die übrigen Marktteilnehmer ihre Aktien aus Furcht abstoßen, so ist diese vernünftige Theorie doch recht schwer in die Tat umzusetzen. Auch hierbei handelt es sich wieder einmal um das altbekannte Problem, dass sich der gesamte psychologische Druck, den der Markt entwickeln kann, allein auf Sie, den Schnäppchenjäger, richtet. Hierbei sollten wir in Erwägung ziehen, dass auch Sie mit Ihren Investments durchaus Verluste machen können – es sei denn, Sie sind steinreich oder besitzen eine sehr zuverlässige Kristallkugel. Natürlich werden Sie in diesem Fall versuchen, sich vor diesen Verlusten zu schützen und Sie werden sich auf die Lösung dieses anfänglichen Problems konzentrieren. Doch wenn Sie wertvolle Zeit darauf verwenden, sich über Ihre derzeitigen Investments zu sorgen, dann haben Sie selbstverständlich nicht die Zeit, sich auf das zu konzentrieren, was Sie eigentlich tun sollten, nämlich zu kaufen und nicht zu verkaufen. Wenn Sie verkaufen oder sich auf den Verkauf konzentrieren, dann schwimmen Sie mit dem Strom. Die elementare Prämisse hierbei lautet: Man kauft am besten dann, wenn auf den Straßen Blut fließt, selbst wenn man selbst ein wenig bluten muss. Vergeuden Sie nicht Ihre Zeit damit, mit anzusehen, wie Ihre Gewinne schwinden und Ihre Verluste wachsen. Gehen Sie nicht zusammen mit den anderen Marktteilnehmern in die Defensive; gehen Sie lieber offensiv auf die Suche nach den sich bietenden Schnäppchen. Das Ziel beim Investieren ist es, die langfristigen

Erträge zu heben, und nicht, so schnell wie möglich zu verkaufen. Haben Sie stets Ihr Ziel im Blick.

Im Rahmen Ihrer Investments werden Sie sich einerseits vielleicht Verlusten gegenübersehen, andererseits müssen Sie jedoch ganz sicher auch lernen, mit der Flut der schlechten Presse umzugehen, die unweigerlich auf negative Ereignisse folgt. Die Wahrheit sieht nun einmal ganz einfach so aus, dass schlechte Nachrichten Schlagzeilen machen, während die guten Nachrichten eher unter »ferner liefen« rangieren. Während Sie vom großen Ausverkauf träumen, hat ganz sicher irgendwo ein Reporter Tagträume von dem katastrophalen Ereignis, das diesen Ausverkauf auslösen wird. In dem Moment, da die schlechten Neuigkeiten publik werden, strömen auch garantiert tausende Schwarzmaler herbei, die wie Chicken Little, das Küken aus der gleichnamigen US-Fabel, davon überzeugt sind, dass uns der Himmel auf den Kopf fallen wird. Sie werden im Fernsehen auftreten, in den Zeitungen und im Internet auftauchen und sie werden jede Menge Aufmerksamkeit auf sich ziehen. Schlaue Schnäppchenjäger sollten an solche Informationen zwar unvoreingenommen herangehen, bei ihrer Verarbeitung allerdings Skepsis walten lassen. Wird uns wirklich der Himmel auf den Kopf fallen? Die Vergangenheit hat immer wieder gezeigt, dass er es nicht tut.

Schnäppchenjäger sollten eher wie der schlaue Fuchs Foxey Loxey vorgehen – sie sollten die Hysterie erkennen und einen Vorteil daraus ziehen. Die Rolle Foxey Loxeys, des Fuchses, der das kleine Küken und seine hysterischen Freunde fraß, zu spielen, kann sich relativ schwierig gestalten. Die über das Ereignis berichtenden Journalisten sind nämlich Experten darin, sich auf die aktuellen Probleme einzuschießen und diese für die Öffentlichkeit aufzubereiten. Ein angsteinflößendes Instrument, das in Berichten über Panikverkäufe an der Börse oft Anwendung findet, ist der Vergleich zwischen der jeweils aktuellen Situation und berüchtigten Ereignissen aus der Vergangenheit. Manchmal beschwören diese Vergleiche – abhängig davon, welches Krisenszenario sich gerade abspielt – die schrecklichen Geister vergangener Crashs herauf, wie des Börsenkrachs des Jahres 1929 oder des Jahres 1987 oder irgendeiner kritischen Entwicklung in Zusammenhang mit der Weltwirtschaftskrise. In manchen Fällen können solche Anspielungen lehr- und aufschlussreich sein, da wir uns der Vergangenheit bewusst sein und aktuelle Ereignisse im entsprechenden Kontext wahrnehmen und verarbeiten sollten, doch diese Vergleiche der Journalisten sorgen dafür, dass wir nur an den schlimmstmöglichen Ausgang denken. So erwähnten zum Beispiel während des Börsenausverkaufs im Jahre 1962, auch bekannt als Blue Monday, Reporter der *New York Times* Massenverkäufe zur Abdeckung der im Vorfeld für den Wertpapierkauf aufgenommenen Kredite und stellten die Parallelen zwischen diesem Ereignis und den Ereignissen rund um den Crash des Jahres 1929 dar. Sie interviewten einen Beobachter an der Börse, der erzählte, er sei schon kurz vor dem Börsenkrach 1929 dort gewesen und wolle nun sehen, wie die Dinge sich dieses Mal entwickeln würden.

Möglicherweise haben Sie noch nie vom Blue Monday gehört und sehr wahrscheinlich deshalb, weil jener Montag nichts war im Vergleich zum Börsenkrach des Jahres 1929. Man führt den Ausverkauf am Blue Monday darauf zurück, dass damals immer mehr Investoren und Geschäftsleute glaubten, die Regierung unter Kennedy verfolge unternehmensfeindliche Ziele. Obwohl im Lauf der darauf folgenden Wochen auf dem Markt ein Kursrückgang von 12,4 Prozent erfolgte, war die Situation doch keinesfalls mit dem Crash zu vergleichen, der vor der Weltwirtschaftskrise stattgefunden hatte, und es gab auch keine echte Krise. Ähnliches gilt für den 13. Oktober 1989, als der Aktienmarkt einen Wertverlust von 6,9 Prozent hinnehmen musste aufgrund der Nachricht, dass der geplante Aufkauf des Mutterunternehmens von United Airlines aufgrund mangelnder finanzieller Mittel nicht vollzogen werden könne. Im Anschluss an diese Mitteilung kam es an der Börse zu Panikverkäufen. Die Marktteilnehmer fürchteten, das Scheitern dieses Deals sei ein Vorbote dafür, dass auch andere bereits angekündigte Geschäfte in diesem Bereich nicht finanziert werden könnten. Am nächsten Tag, dem 14. Oktober, erschien in der *New York Times* ein Artikel mit der Überschrift »Schreiben wir schon wieder 1987?« – in Anlehnung an den Börsenkrach in jenem Jahr. Doch um es ganz offen zu sagen: Nein, dem war nicht so.

Tatsächlich handelte es sich bei all den von den Journalisten aufgeführten Ähnlichkeiten zwischen dem Ausverkauf im Jahr 1989 und dem Börsenkrach des Jahres 1987 lediglich um *Zufälle*. Wie Sie sich vermutlich schon denken konnten, packten die Medien auch beim Zusammenbruch des Marktes im Oktober 1987 die Gelegenheit schnell am Schopfe und rätselten, ob es sich um eine Wiederholung des Crashs von 1929 handelte. Angesichts dieses Ereignisses standen den Medien Tür und Tor für ihre Spekulationen offen, ob sich wohl eine weitere Weltwirtschaftskrise anbahnen würde. Die Überschriften sahen zu dieser Zeit etwa so aus:

> *AKTIE FÄLLT UM 508 PUNKTE, KURSRÜCKGANG UM 22,6%; VOLUMEN VON 604 MILLIONEN BEINAHE DOPPELT SO HOCH WIE REKORDMARKE; IST 1987 GLEICH 1929?*

Zum Glück für den Journalisten räumten die Reaktionen auf das Interview von der Wall Street schnell mit der Vorstellung auf, der Crash würde eine weitere Wirtschaftskrise nach sich ziehen.

Die Medien sind zwar in der Lage, den Markt in Angst und Schrecken zu versetzen, und tragen so dazu bei, dass sich Investoren zu niedrigeren Kursen von ihren Aktien trennen, doch für Schnäppchenjäger ist dieser Umstand ein wahrer Segen. Für Schnäppchenjäger ist es ganz einfach von Vorteil, dass sich schlechte Nachrichten besser verkaufen lassen. Die Fixiertheit der Öffentlichkeit auf schlechte Nachrichten und die Bereitschaft der Medien, sie damit zu versorgen, garantieren, dass der Aktienmarkt in regelmäßigen Abständen zu viel negative Aufmerksamkeit erhält. Angesichts solcher negativer Aufmerksamkeit laufen die Aktien stets Gefahr, zu niedrig bewertet zu werden. So gesehen könnte man die Medien als Anwalt der Schnäppchenjäger einstufen, da sie den Aktionären raten, auszusteigen, bevor es zu spät ist. In gewisser Weise handeln die Medien als Mittelsmann all derer, die auf der Suche nach günstigen Schnäppchen sind, denn sie sagen nicht anderes als: Verkauft eure Aktien und lauft, so schnell ihr könnt – der Himmel stürzt ein!

Obwohl es sich in der Theorie recht einfach aufzeigen lässt, welche Vorteile es hat, zu kaufen, wenn alle Welt verkauft, und was man von diesem Umfeld zu erwarten hat, bleibt diese Aufgabe in der praktischen Anwendung doch relativ schwierig. Es handelt sich hierbei um eine der wenigen Börsen-Aufgaben, die Mut erfordern. Anfangs mag es einem lustig erscheinen, doch es braucht viel Mut, sich einer Situation zu stellen, in der man gegen die Masse ankämpfen und entschlossen handeln muss. Wenn Geld auf dem Spiel steht, ist es doch viel einfacher, sich wieder in die Masse einzureihen. Es ist immer einfacher, mit dem Strom zu schwimmen. Doch wer an der Börse mit dem Strom schwimmt, endet unweigerlich und schneller als ihm lieb ist im Mittelmaß.

Bittet man Menschen, große Führungspersönlichkeiten zu beschreiben, sei es nun aus ihrem eigenen Umfeld oder den Geschichtsbüchern, so geht es in den Geschichten, die die Führungsqualitäten des jeweiligen Kandidaten unterstreichen sollen, meist um dessen Verhalten unter großem Druck. Eine Führungspersönlichkeit wird anhand ihres Handelns in Krisenzeiten, und nicht im Normalzustand, wenn alles glatt läuft, definiert. Dies zeigt sich immer und immer wieder – sei es im Bereich der Politik, des Sports oder in der Geschäftswelt. George Washington startete nach der Einnahme der Stadt New York durch feindliche Truppen erfolgreiche, überraschende Gegenangriffe, die den Ausgang des Unabhängigkeitskrieges entscheidend beeinflussten. Michael Jordan wollte den Basketball stets in den eigenen Händen halten, wenn der Sieg auf dem Spiel stand.

Ähnliches gilt auch für die erfolgreichsten Investoren, die sich durch ihre Reaktionen auf eine Baisse, und nicht durch ihre Vorgehensweise während einer Hausse, auszeichnen. Geld zu verdienen ist relativ einfach, wenn der gesamte Aktienmarkt an Wert zulegt. Um aggressiv nach Kaufgelegenheiten zu suchen und sich durch das Dickicht aus Furcht und Unglück zu schlagen, das entsteht, wenn sich der Markt im freien Fall befindet, braucht man weit mehr als nur die Fähigkeit zur Analyse eines Unternehmens. Man muss über eine ganz besondere Mentalität verfügen, muss glänzen wollen, und dazu wiederum bedarf es Selbstvertrauens und Mutes. Unter derartigem Druck kann man nur »funktionieren«, wenn man absolut an die eigenen Fähigkeiten glaubt und darauf vertraut, dass man das Richtige tut.

Es spielt keine Rolle, wie sehr sich Investoren unter solch schwierigen Umständen hervortun wollen – während eines massiven Ausverkaufs einen kühlen Kopf zu bewahren ist eine psychologische Herausforderung. Onkel John versuchte, diesem Problem aus dem Weg zu gehen, indem er unter anderem seine Kaufentscheidungen traf, noch bevor es zum Massenverkauf kam. In den Jahren, in denen er die Templeton-Fonds betreute, führte er stets eine Art »Wunschliste« mit all den Unternehmen, die er für gut geführt, jedoch für auf dem Markt zu hoch bewertet hielt. Er ging noch einen Schritt weiter und gab seinen

Maklern langfristige Daueraufträge mit der Vorgabe, dass Aktien von seiner Wunschliste gekauft werden sollten, falls es aus irgendeinem Grund zu Massenverkäufen und folglich einem Kursverlust kommen sollte, aufgrund dessen die überteuerten Papiere auf einem für Onkel John als Schnäppchen geltenden Niveau getradet wurden.

Es kam zum Beispiel vor, dass Onkel John fand, ein Unternehmen habe glänzende Zukunftsaussichten oder werde gut geführt. Doch der Kurs seiner Aktien belief sich auf 100 US-Dollar und Onkel John glaubte, die Aktie sei überbewertet oder liege nahe am intrinsischen Wert, und so erteilte er einen offenen Auftrag zu kaufen, sobald der Kurs auf 60 US-Dollar fiele. Diese Vorgehensweise mag extrem erscheinen, doch er wollte die Aktien nur zu einem Kurs kaufen, zu dem sie in seinen Augen Schnäppchenpotenzial hatten. Außerdem sei all jenen, denen bei einem Kursverlust von 40 Prozent mulmig wird, gesagt, dass sich auf dem Markt in der Vergangenheit immer wieder scheinbar unsinnige oder unwahrscheinliche Dinge zugetragen haben. Wer Beweise dafür sucht, der braucht sich nur den Crash des Jahres 1987 anzusehen. Damals fiel der Kurs innerhalb eines Tages um 22,6 Prozent. Statistisch gesehen sind solche Ereignisse scheinbar unmöglich, und doch finden sie statt – sogar recht häufig. Als Schnäppchenjäger können Sie es sich nicht leisten, diese »unwahrscheinlichen« Ereignisse zu verpassen.

Erteilt man einen offenen Auftrag, Aktien zu einem im Vorfeld festgelegten Kurs zu kaufen, so kann man dadurch einen Großteil des Drucks vermeiden, den man als Käufer aushalten muss, wenn alle anderen Marktteilnehmer verkaufen.

Zuallererst gilt es, seine Kaufentscheidung zu treffen, wenn man klar denkt und die eigene Urteilsfähigkeit nicht durch äußere Umstände beeinträchtigt wird. Marktkrisen und daraus resultierende Massenverkäufe führen oft dazu, dass man sein ansonsten zuverlässiges Urteilsvermögen anzweifelt. Wenn so viele Menschen auf dem Markt ihre Aktien abstoßen und so die Kurse rapide drücken, beweist dies eine totale Auflösung des Urteilsvermögens und des gesunden Menschenverstandes, sobald Verkäufe stattfinden und ein Hauch von Krise in der Luft liegt. Außerdem sollten Sie sich selbst dazu anhalten, nur solche Aktien zu kaufen, die sie für ein Schnäppchen halten. Lassen Sie sich von nichts und niemandem drängen und prüfen Sie die Bewertung von Aktie und zugrunde liegendem Unternehmen eingehend – so ist es sehr viel wahrscheinlicher, dass Ihre Einschätzung der Situation akkurat ist. Kommt es am Markt zum Beispiel ganz plötzlich zu einem Ausverkauf, woraufhin Sie sofort aufspringen und Aktien eines Unternehmens kaufen, nur weil deren Kurs gesunken ist, dann müssen sie noch lange kein ertragreiches Schnäppchen gemacht haben. Sie werden immer wieder die Erfahrung machen, dass die Kurse überbewerteter Unternehmensaktien meist nur auf ein Niveau fallen, auf dem sie zwar nur noch leicht, doch letztendlich immer noch überbewertet sind. In einem solchen Fall erreichen Sie durch den Kauf der Aktie nicht sonderlich viel; Sie zahlen lediglich weniger dafür, das ist aber auch schon alles.

Hinsichtlich der Strategie, eine Order deutlich unterhalb des Marktkurses zu platzieren, lautet das Fazit also, dass Sie sich in einer Position befinden, in der Sie von der Volatilität des Marktes profitieren können. Die Grundidee ist es, diese Volatilität und deren positive Energie für sich selbst nutzbar zu machen. Heftigster Volatilität ist der Markt meist dann unterworfen, wenn die vorherrschende einhellige Meinung durch Unsicherheit zerschlagen wird oder es eine böse Überraschung gegeben hat. Ohne die Fähigkeit, aus diesen Momenten großen Drucks Profit zu machen, und ohne einen entsprechenden Schlachtplan werden auch Sie sich fühlen, als wären Sie mit nichts als einem Schwimmreifen den Naturgewalten auf hoher See ausgesetzt.

Ein anderer wichtiger Aspekt bei der Anwendung dieser Strategie hat mit den Unternehmen, die Sie auswählen, zu tun. Angesichts der mannigfaltigen Umstände, die Anlass zu massiven Panikverkäufen geben können – dazu zählen unter anderem Rezession und wirtschaftlicher Abschwung –, sollten Sie Ihre Investmentobjekte sorgfältig auswählen und darauf achten, dass die Unternehmen über saubere Bilanzen verfügen. Das bedeutet, dass die Unternehmen nicht verschuldet sind, und schließt so Unternehmen mit ein, die auch im Falle schlechter Zeiten nicht mit Schulden belastet sein werden. Wenn ein Unternehmen momentan nicht zu stark verschuldet zu sein scheint, bedeutet dies also nicht automatisch, dass die Schuldenlast auch im Fall einer Verschlechterung des Geschäftsumfelds noch tragbar bleibt. Es ist notwendig, über die Leistungsfähigkeit eines Unternehmens in guten ebenso wie auch in schlechten Zeiten nachzudenken. Sollten Sie in ein Unternehmen investiert haben, das seine Schulden nicht mehr tilgen kann, sobald die Verkaufszahlen sinken oder die Gewinnspanne kleiner wird, so haben Sie womöglich einen unklugen Kauf getätigt.

Um herauszufinden, wie ein Unternehmen auf eine Verschlechterung des wirtschaftlichen Umfeldes voraussichtlich reagieren wird, gibt es zwei einfache Methoden. Bei der ersten Methode wird gemessen, wie hoch genau die in den Bilanzen des Unternehmens aufgeführten Verbindlichkeiten sind, und es wird untersucht, ob in den Fußnoten der Bilanzen Obligationen auftauchen, die noch an Dritte ausbezahlt werden müssen. Dazu müssen Sie einige einfache Verhältniswerte berechnen, die den Schuldenbetrag im Verhältnis zum Unternehmenswert, ebenso wie das Verhältnis von Schuldenbetrag zur Fähigkeit des Unternehmens, die Schuld zu begleichen, messen. Es gibt viele Ratios, die im Rahmen dieser Analyse verwendet werden können; wir wollen Ihnen nun einige sehr nützliche vorstellen.

Debt-to-Equity-Ratio (Verschuldungskoeffizient) =
kurzfristige Schulden + langfristige Schulden ÷ Anteilskapital der Aktionäre

Dieses Ratio ist in Analystenkreisen als elementares Instrument bekannt, das verwendet wird, um zu bestimmen, ob die Schuldenlast eines Unternehmens höher ist als der eigentliche Wert dieses Unternehmens. Benjamin Graham machte es zur festen Regel, Investments in solche Unternehmen tunlichst zu vermeiden. Hält man sich an seine Vorgaben und beträgt der Quotient aus Verbindlichkeiten und Eigenkapital mehr als 1, so wäre dies Grund genug, nicht in das fragliche Unternehmen zu investieren.

Netto-Verschuldungskoeffizient = (kurzfristige Schulden +
lamgfristige Schulden) – liquide Mittel ÷ Anteilskapital der Aktionäre

Dieses Ratio ist beinahe identisch mit dem ersten, allerdings mit dem Unterschied, dass hier der Schuldenbetrag minus der dem Unternehmen zur Verfügung stehenden Barbeträge dem entspricht, was das Unternehmen seinen Gläubigern wirklich schuldet.

EBITDA-Deckungsquote = Ergebnis vor Abzug des Zinsaufwands,
der Steuern und des Abschreibungsaufwands ÷ Zinsaufwand

Dieses Ratio wird von Verleihern oft verwendet, um sich so schnell einen groben Eindruck davon zu verschaffen, ob und in welchem Maße ein Unternehmen in der Lage ist, seine Zinszahlungen abzudecken. Berechnet man das Ergebnis vor Abzug des Zinsaufwands, der Steuern und der Abschreibungen, so erhält man einen Abriss von den Unternehmenseinkünften vor Zins- und Steuerzahlungen oder vor Abzug der nicht ausgabenwirksamen Aufwendungen für Abschreibungen. Es geht darum, den so genannten Spread, also den Umfang des finanziellen Puffers in den Unternehmenseinkünften, zu berechnen, der Auskunft darüber gibt, bis zu welchem Betrag Zinszahlungen abgedeckt wären bzw. ab welchem Betrag das Unternehmen in finanzielle Not geriete. Eine EBITDA-Deckungsquote von 6 (der Wert gilt als konservativer Richtwert) hieße zum Beispiel, dass die Einkünfte des Unternehmens dessen Zinszahlungen sechsmal abdecken würden.

Quotient aus Gesamtschuld und EBITDA der letzten 12 Monate = kurzfristige Schulden + langfristige Schulden ÷ Ergebnis vor Abzug des Zinsaufwands, der Steuern und des Abschreibungsaufwands (der letzten 12 Monate)

Dieses Ratio ist in seiner Herangehensweise der EBITDA-Deckungsquote insofern ähnlich, als dass es angibt, wie hoch die Schulden eines Unternehmens im Verhältnis zu dessen Einkünften sind. In diesem Falle wäre ein Ratio-Wert von kleiner/gleich 3 ein konservativer Bezugswert.

Bei der Durchsicht dieser Ratios sollten Sie beachten, dass die Zahlen, die wir als Richtwerte angeben, abhängig von der jeweiligen Branche anders ausfallen. So kann zum Beispiel ein Unternehmen mit stabilen Verkaufszahlen und Gewinnspannen, wie etwa ein Lebensmittelmarkt, eine höhere Schuldenlast besser verkraften als dem Konjunkturzyklus massiv ausgesetzte Unternehmen, die während wirtschaftlicher Abschwünge dazu neigen, kurz finanziellen Schaden zu nehmen; ein Vertreter dieser Kategorie wären zum Beispiel die Bergbauunternehmen.

Es ist wichtig, diese Ratios für das jeweilige als Investmentobjekt in Frage kommende Unternehmen zu berechnen und das Ergebnis dann mit den Ergebnissen anderer Unternehmen derselben Sparte zu vergleichen. Durch diesen Vergleich sollte sich Ihnen schnell erschließen, welche Unternehmen sich durch die Aufnahme von Krediten dem größten Risiko aussetzen. Außerdem können Sie, finden Sie den durchschnittlichen Verhältniswert der gesamten Branche, beurteilen, welche Position »Ihr« Unternehmen in diesem Zusammenhang einnimmt.

Zusätzlich zur Berechnung dieser Schuldenquoten ist es schließlich noch wichtig zu untersuchen, welche Performance das Unternehmen im Laufe der Zeit im Hinblick auf die Gewinn-und-Verlust-Rechnung erbringt. Dabei sollten Sie messen, ob und wie sich die Resultate mit der Zeit verändern, da diese unterschiedlichen Geschäftsbedingungen innerhalb der Branche oder der Gesamtwirtschaft unterworfen sind. Sollte das Unternehmen früher schon wiederholt Geld verloren haben, so sollte dieser Umstand für den Fall einer Verschlechterung der Geschäftbedingungen in die Überlegung, Aktien dieses Unternehmens zu kaufen, mit einfließen. Natürlich sollte man vor jedem Aktieninvestment solche Überlegungen anstellen und nicht einfach ungeachtet der potenziellen zukünftigen Verhältnisse handeln.

Im Rahmen dieser Diskussion sind wir ziemlich weit vorangekommen. Wir haben uns mit den verschiedenen Krisen, die die Welt und die Börse erschütterten, beschäftigt und haben über die Vorteile eines Investments in Krisenzeiten gesprochen. Nun wollen wir unsere Aufmerksamkeit einer echten Krise widmen und herausfinden, wie ein echter Schnäppchenjäger an diese Kaufgelegenheit heranging.

Am 12. September 2001 (dem Tag nach den Terroranschlägen auf das World Trade Center und das Pentagon) rief ein Reporter Onkel John in dessen Büro auf den Bahamas an und bat ihn um eine Stellungnahme zu den Ereignissen. Onkel John gab dem Reporter folgende Antwort:

> *Als mich die Nachricht erreichte, war ich gerade in meinem Büro und machte mich für die Arbeit fertig. Als Mensch war ich natürlich sofort tief traurig und betroffen.*
> *Doch als Geschäftsmann muss ich Ihnen sagen, dass diese Anschläge für die Finanzwelt nicht von Belang sind. Hunderte Millionen Menschen werden vermutlich in Raserei verfallen und hektisch verkaufen, und natürlich werden die Zeitungen voll sein davon, doch letztendlich werden die Auswirkungen sehr, sehr kurzlebig sein.*

> *Es ist unwahrscheinlich, dass auf diesen Terrorakt weitere Anschläge folgen, und so werden die Auswirkungen auf den Verbraucher oder die Weltwirtschaft nicht von Dauer sein. Was echte finanzielle oder geistige Auswirkungen angeht, so glaube ich, dass die Folgen dieser Anschläge nur von sehr kurzer Dauer sein werden.*

Onkel Johns Sicht der Anschläge spiegelt viel von den Tatsachen wider, die wir schon bei den meisten der historischen Krisen, aufgeführt in Tabelle 7.1 (siehe S. 187), beobachten konnten. Wir konnten – übereinstimmend mit seinem Kommentar – beobachten, dass der Aktienmarkt zunächst zwar unter solchen einmaligen politischen Ereignissen oder Kriegshandlungen leidet, sich jedoch schon kurze Zeit später wieder erholt.

In der Regel wirken sich solche Ereignisse nicht genug auf die Verbraucher oder die Wirtschaft aus, um echte Besorgnis zu erregen. Und obwohl sich in der Vergangenheit genügend Präzedenzfälle finden, hält dies die Marktbeobachter nicht davon ab, eine negative Entwicklung zu fürchten und aufzubauschen.

Trotz Onkel Johns Sicht der Dinge und der vielen ähnlichen Fälle, die sich in der Vergangenheit zugetragen hatten, waren viele Marktbeobachter davon überzeugt, dass die Anschläge eine absolut reale Bedrohung der Wirtschaft darstellten. Zu diesen Menschen zählte auch Alan Greenspan, der Vorsitzende der US-Notenbank Federal Reserve, wie er in seinem Buch *The Age of Turbulence* (Mein Leben für die Wirtschaft) verriet. Später sagte er, seine Ängste seien überzogen gewesen. In den Tagen zwischen dem 11. September 2001 und der Wiedereröffnung des Aktienmarktes in den Vereinigten Staaten war die Angst vor einer wirtschaftlichen Schlappe aufgrund der Terroranschläge sehr groß. In der Presse wurde die Besorgnis über eine sich aus diesem Terrorakt ergebende Rezession massiv thematisiert und breitgetreten. Es folgen nun einige, teilweise paraphrasierte Auszüge aus Medienberichten der Tage nach den Anschlägen.

Aus der *New York Times*:

> ***Ein verheerender Schlag gegen die Wirtschaft***
> *Das Undenkbare ist geschehen: Die Anschläge, welche die Türme des World Trade Centers zerstörten und das Pentagon beschädigten, haben die US-Wirtschaft lahmgelegt, und so ist eine Rezession nun wahrscheinlicher denn je.*

Aus *The Wall Street Journal*:

Nach Terroranschlägen steigt die Angst vor möglicher wirtschaftlicher Rezession
WASHINGTON – *Die terroristischen Bombenanschläge, die am Dienstag stattgefunden haben, drohen eine bereits angeschlagene Weltwirtschaft in großflächige Rezession zu stürzen, da Verbrauchervertrauen zerstört und elementare Handelsfunktionen, wie etwa Flugreisen und Finanzmärkte, empfindlich gestört wurden.*

Tödliche Terroranschläge auf USA bremsen Asiens erhoffte Erholung aus
Am Morgen, nachdem Terroristen gegen die USA in den Krieg gezogen waren, begannen sich die Kollateralschäden in den Wirtschaftssystemen überall auf der Welt bemerkbar zu machen. Obwohl nichts mit dem Schrecken in Manhattan und Washington vergleichbar ist, werden auch die Geschäftsleute im Rest der Welt den »Tag danach« wohl niemals vergessen.

Fatale Terroranschläge auf USA mindern Europas Aussicht auf Erholung
Am Mittwoch wurde das Finanzsystem dieser Welt erschüttert, als Geschäftsleute und Politiker zu der ernüchternden Erkenntnis gelangten, dass die zahlreichen Terrorattacken auf die Vereinigten Staaten die Weltwirtschaft in die Rezession zu treiben drohen.

Aus *The Economist*:

Als die Wirtschaft den Atem anhielt
Der Anschlag auf das World Trade Center hat eines der berühmtesten Symbole des US-amerikanischen Kapitalismus in Schutt und Asche gelegt. Doch wird durch den Anschlag auch der Zusammenbruch der ohnehin schon fragilen Weltwirtschaft noch wahrscheinlicher? Die US-Aktienmärkte blieben diese Woche geschlossen, doch blickt man auf die anderen internationalen Märkte, so lesen sich deren Reaktionen als zögerliches »Ja«.

All die Überschriften und einleitenden Sätze dieser Artikel erschienen binnen weniger Tage nach den Anschlägen des 11. September 2001. Man kann davon ausgehen, dass dies nicht die einzigen Artikel zu diesem Thema waren und dass sich damals in jeder größeren Zeitung, die in den Tagen nach den Anschlägen in den Druck ging, ähnliche Artikel fanden. Wie bei der Durchsicht dieser Auszüge deutlich wird, waren die Medien der einhelligen Meinung, es sei mit dem Schlimmsten – in diesem Fall eine umfassende *globale* Rezession – zu rechnen.

Alle Schocks und Krisen haben das Problem gemein, dass die Umstände zwar unterschiedlich aussehen mögen, sie aber im Großen und Ganzen doch früheren Ereignissen ähneln, vor allem wenn wir uns nur auf den Ausgang konzentrieren. Wollte man zum Beispiel die Anschläge des 11. September mit einem anderen Ereignis vergleichen, so käme dafür eigentlich nur der Angriff auf Pearl Harbor im Jahr 1941 in Frage. Dennoch beharrten viele Beobachter, die von der Presse zu den Ähnlichkeiten zwischen den Anschlägen des 11. September 2001 und Pearl Harbor oder der Kubakrise interviewt wurden, darauf, dass die Ereignisse des 11. September nicht vergleichbar seien und sich höchstwahrscheinlich ganz anders auf die Zukunft auswirken würden. Wenn es etwas gibt, worauf Schnäppchenjäger vorbereitet sein müssen, dann sind dies die scheinbaren und manchmal offenkundigen Unterschiede zwischen den spezifischen Umständen zukünftiger und vergangener Krisen. In einem Artikel, der am 16. September 2001 in der *New York Times* erschien und den Titel »Investing; Witnesses to Crises, Urging Caution« (Investing – Zeugen der Krisen drängen auf Vorsicht) trug, interviewte der Autor einige erfahrene, glaubwürdige, erfolgreiche und bekannte Wall-Street-Veteranen und bat sie, ihm ihre Eindrücke der Anschläge vom 11. September zu schildern. Die Befragten beschrieben, welche Erfahrungen sie selbst in der Vergangenheit mit Krisen gemacht hatten, und der nun folgende Auszug erzählt vom Bericht einer dieser Herren.

> *Immer und immer wieder wurde er Zeuge, wie sich der Aktienmarkt nach Kursrückgängen, die das Ergebnis niederschmetternder Nachrichten gewesen waren, wieder erholte. Nach dem Angriff auf Pearl Harbor ging die Erholung zwar langsam vonstatten, doch einen Monat nach dem Angriff notierte der Dow Jones Industrial Average schon wieder etwas höher als noch am 8. Dezember 1941, dem Tag nach der Attacke. Nach einem Kurstief im Jahr 1942 – der Tiefststand war erreicht worden, als die USA die Schlacht um Guadalcanal gewannen – konnte sich der Markt mehr als verdoppeln und erreichte Mitte des Jahres 1946 seinen Höchststand.*

> *Nach den Terroranschlägen der letzten Woche befragte Wall-Street-Veteranen brachten Zweifel hinsichtlich der Verlässlichkeit historischer Muster zum Ausdruck. Sie fragten sich, ob die USA vielleicht tatsächlich in ein neues Zeitalter aufgebrochen seien, jedoch nicht in die rechnergesteuerte Ära, die so mancher Haussier ausgerufen hatte, bevor der NASDAQ vor 18 Monaten kollabierte, sondern vielmehr in eine Ära, in der unversöhnliche politische Gegner für immerwährende Unsicherheit sorgen.*

Dieser Auszug hebt einen der Aspekte hervor, die dem Investieren im Kielwasser einer Krise stets innewohnen: Jede Krise unterscheidet sich wahrscheinlich zumindest in gewissem Maße von der vorangegangenen Krise, doch in der Regel gibt es immer gemeinsame Elemente. Denken wir zum Beispiel an den Tag zurück, an dem Japan Pearl Harbor angriff – für einen solchen Überraschungsangriff gab es keinen Präzedenzfall. So etwas geschah damals zum ersten Mal, und so war es ganz natürlich, dass der Angriff die Beobachter völlig unvorbereitet traf. Ähnliches gilt für den Versuch der Sowjetunion, auf Kuba Mittelstreckenraketen mit Atomsprengköpfen zu stationieren – auch für dieses Vorgehen gab es keinen Präzedenzfall. Jede Krise erscheint anders und es herrschen stets andere Umstände, wodurch die Interpretation aktueller Ereignisse im historischen Kontext erschwert wird. Doch nehmen wir diese Ereignisse auseinander, analysieren ihre Einzelteile und konzentrieren uns dann auf jene Elemente, die all diese Ereignisse gemein haben, so werden wir höchstwahrscheinlich zu dem Schluss kommen, dass kriegerische Handlungen oder ein Akt der Aggression diese Krisen auslöste und so die Menschen bis ins Mark erschütterte. Solche Ereignisse gibt es seit Menschengedenken oder zumindest schon so lange, wie die Aufzeichnungen in den Geschichtsbüchern zurückreichen. Auch die Reaktionen der betroffenen Menschen waren schon immer dieselben: Schock, Verwirrung, Panik. All das ist ein zentraler Aspekt der menschlichen Natur.

Bevor der US-Markt am 17. September 2001 seine Pforten wieder öffnete, wurde die Öffentlichkeit mit negativen Prognosen, bedingt durch die Terroranschläge, geradezu überschwemmt, und es wurde offenbar, dass die meisten, wenn auch nicht alle, mit dem Schlimmsten rechneten. Es musste zwangsläufig zu Panikverkäufen kommen, sobald der Markt die Börsensession eröffnen würde. Stets darauf aus, sich Kaufgelegenheiten auf dem Markt zunutze zu machen, bereitete sich Onkel John darauf vor zu kaufen, während alle anderen Marktteilnehmer ihre Aktien gar nicht schnell genug loswerden konnten. Doch es stellte sich noch immer die Frage, welche Aktien er kaufen sollte. Die Antwort war ganz leicht zu finden, nachdem er sich eine weitere wichtige Frage gestellt hatte: In welchem Bereich sind die Perspektiven am düstersten?

Um diese Frage zu beantworten, wollen wir uns einen Auszug aus einem Artikel ansehen, der am 15. September 2001 in der *New York Times* erschien.

> ***Nach den Anschlägen nun der Finanzkampf***
> ***Fluglinien suchen nach Abhilfe und warnen vor Bankrott***
> *Führungskräfte der Fluglinien und Analysten brachten gestern ihre tiefe Besorgnis hinsichtlich der Branche zum Ausdruck und warnten, dass die zunehmenden Verluste, die ein Resultat der Terroranschläge dieser Woche sind, die meisten der großen US-Fluggesellschaften in den finanziellen Ruin treiben könnten.*
> *»Dieser Patient stirbt uns unter den Händen weg«, sagte Gordon M. Bethune, Vorsitzender und Geschäftsführer von Continental Airlines, in einem Telefoninterview in Bezug auf die Branche. »Noch vor Jahresende werden wir alle Bankrott gehen. Meines Wissens verfügt keine der Airlines über die zusätzlichen finanziellen Mittel, um diese Krise durchzustehen.«*

Nun ja, auch ohne diese Vorgabe hätten wohl viele erkannt, dass zwar alle Aktien zittern müssten, dass jedoch die Fluggesellschaften auf dem wackligsten Boden standen. Fluglinien sind bekannt dafür, selbst dann in Schwierigkeiten zu geraten, wenn die Geschäftsbedingungen eigentlich relativ positiv sind. Allerdings hat sich auch schon so mancher Schnäppchenjäger die Finger an Fluggesellschaften verbrannt. Sogar wenn am Unternehmenshimmel kein Wölkchen zu sehen ist, sorgen Airlines bei den Investoren aufgrund des massiven Konkurrenzdrucks, den sie auszuhalten haben – steigende Treibstoffkosten, zankende Gewerkschaften, regulative Probleme und so weiter –, für berechtigte Skepsis. Vor allem im September des Jahres 2001, als dunkle Wolken aufgezogen waren und Flüge gestrichen wurden, verloren die Fluggesellschaften täglich horrende Summen im Bereich zwischen 100 Millionen US-Dollar und 275 Millionen US-Dollar, da die Einnahmen fehlten, es aber nach wie vor massive Fixkosten gab. Wer *dachte*, die Regierung würde nicht für die Fluglinien in die Bresche springen, der hatte allen Grund, besorgt zu sein. Doch wer glaubte, die Regierung würde die Fluggesellschaften nicht hängen lassen, der war wohl auch bereit, deren Aktien angesichts solchen Pessimismus zu kaufen. Onkel John glaubte nicht, dass die Regierung die Fluglinien nach den Anschlägen sich selbst überlassen würde, und mit dieser Meinung sah er sich den Massen von Verkäufern gegenüber, die es kaum erwarten konnten, bei Eröffnung der Börsensession ihre Anteile an den Fluggesellschaften so schnell wie möglich abzustoßen.

Um seinen Plan, Aktien von Fluggesellschaften zu kaufen, auszuführen, sah sich Onkel John die verschiedenen Unternehmen an und konzentrierte sich auf diejenigen Aktien mit den niedrigsten KGV-Werten. Er fand acht Airline-Aktien, die seinem Kriterium eines niedrigen Kurs-Gewinn-Verhältnisses entsprachen, und so erteilte er seinem Broker den Auftrag, aus diesen acht Papieren diejenigen Aktien zu kaufen, deren Kurse innerhalb eines Tages – der 17. September 2001, als die Börse wieder öffnete – um 50 Prozent fielen. Wir sprachen ja bereits darüber, welche Vorteile es mit sich bringt, während einer Börsenpanik Aktien zu kaufen, und sahen anhand der Tabelle 7.1, dass es sich lohnt, nach dem Kauf fünf Jahre an den Titeln festzuhalten.

Wir halten einen langen Zeithorizont in den meisten Fällen für ratsam. In diesem speziellen Fall ging es Onkel John jedoch darum, aus der anfänglichen Panik, welche die Besitzer von Airline-Aktien befallen hatte, Kapital zu schlagen. Er hatte nicht vor, diese Aktien langfristig zu halten. Onkel John verwendete bei seinen Investments stets die Vergleichsmethode und auf Grundlage dieser Analyse stellten die Fluggesellschaften die vergleichsweise beste Möglichkeit dar, von der Panik zu profitieren. Doch unter Verwendung derselben Vergleichsmethode kam er zu dem Schluss, dass sich zu jenem Zeitpunkt seine Treasury STRIPS und Südkorea-Aktien wesentlich besser als langfristige Investments eigneten. Der Kauf der Airline-Aktien war von Anfang an als kurzfristiger Trade gedacht und er wollte diese Aktien, egal welche er letztendlich auch immer kaufen würde, nur sechs Monate lang halten.

Als die Börse am 17. September 2001 ihre Pforten öffnete, wurden die Schwarzmaler wahrlich nicht enttäuscht. Alle großen Indizes fielen schnell und die Verluste des Tages rangierten im mittleren bis hohen einstelligen Bereich. Der Dow Jones Industrial Average fiel um 7,1 Prozent, der S&P 500 um 4,9 Prozent und der NASDAQ verlor 6,8 Prozent. Doch bei den Aktien von Fluggesellschaften waren die Verluste weit herber.

Drei der acht Limit Orders, die Onkel John seinem Makler erteilt hatte, wurden erfüllt. Das heißt, dass der Kurs von drei der acht Aktien innerhalb dieses einen Trading-Tages irgendwann mindestens 50 Prozent niedriger notierte als noch zu Beginn der Börsensession. Die drei Aktien, die Onkel John kaufte, waren AMR (das Mutterunternehmen von American Airlines), Continental Airlines und US Airways. Die Abbildungen 7.1 bis einschließlich 7.3 zeigen, beginnend im September, den Kursverlauf dieser drei Wertpapiere während der sechs Monate, die auf den 17. September 2001 folgten, und zeigen so Onkel Johns Renditen über die geplante Haltedauer.

Wie diese Grafiken zeigen, haben die Aktien in den auf die Anschläge folgenden sechs Monaten beträchtliche Renditen generiert. Ameri-

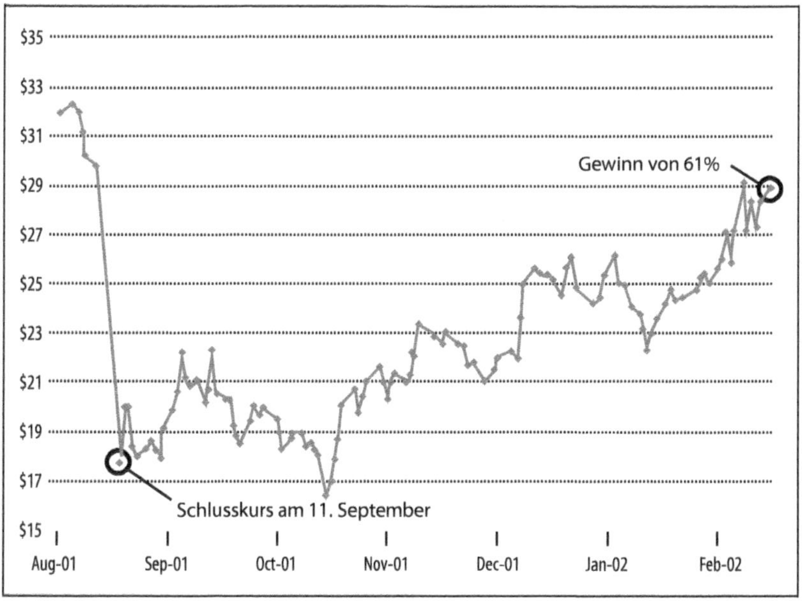

Abbildung 7.1: Aktienkurs für American Airlines

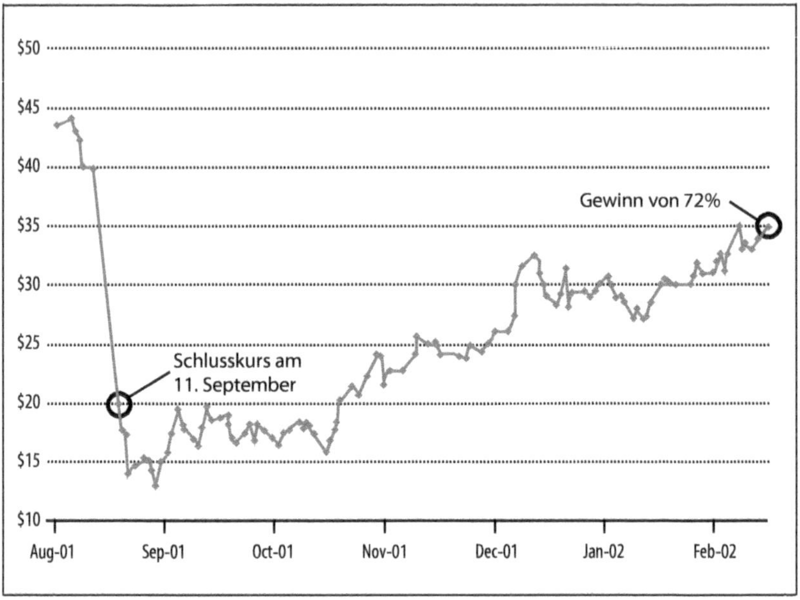

Abbildung 7.2: Aktienkurs für Continental Airlines

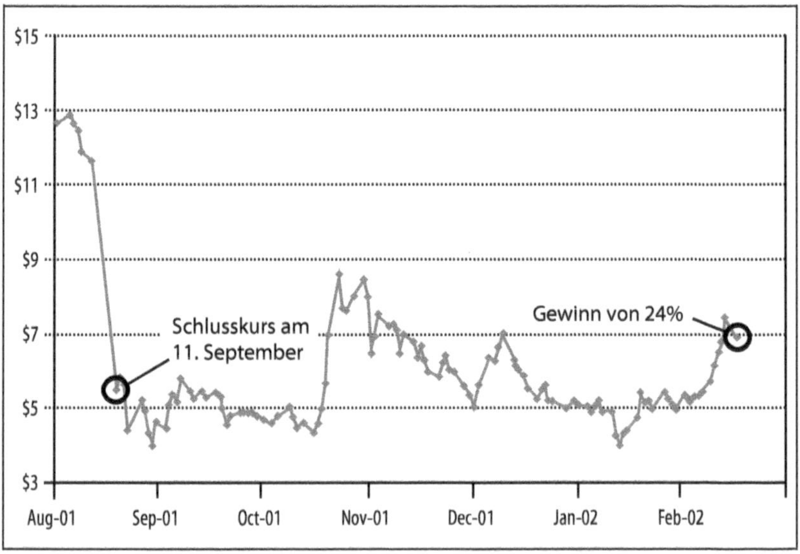

Abbildung 7.3: Aktienkurs für US Airways

can-Airlines-Aktien brachten ihren Besitzern 61 Prozent, Continental Airlines 72 Prozent und US Airways 24 Prozent ein – und das in nur sechs Monaten. Diese Renditen lassen schon erahnen, dass Onkel John mit seiner Prognose, die Regierung würde für die Fluggesellschaften in die finanzielle Bresche springen, richtig lag. Dieser so genannte Bailout wurde am 22. September 2001 mit 96 Stimmen und einer Gegenstimme im US-Kongress beschlossen. Die Terroranschläge zogen keine weltweite Rezession nach sich. Viel später kam das National Bureau of Economic Research jedoch zu dem Schluss, die Vereinigten Staaten hätten seit März des Jahres 2001 in einer Rezession gesteckt, die im November desselben Jahres endete. Da sie schon so bald nach den Anschlägen des 11. September endete, hielten die Auswirkungen sich offenbar in Grenzen.

Auf all diese harmlosen wirtschaftlichen Ergebnisse von Krisen wurde in den zahlreichen Beispielen aus der Vergangenheit, die Aufschluss darüber geben sollten, wie Börse und Wirtschaft auf Krisen reagieren, hingewiesen. Doch der gemeine Präzedenzfall scheint Investoren nicht davon abhalten zu können, das Schlimmste zu fürchten und zu erklären, dass »diesmal alles anders« sei, die Krise sich von früheren Tragödien unterscheide und die Welt sich mit einer völlig neuen Realität abfinden müsse. Vielleicht sind die Fehler, die die Menschen bei der Interpretation dieser Krisenereignisse machen, verzeihlicher als die Fehler derer, die in der Hochzeit einer Aktienmanie erklären, diesmal sei nun aber wirklich alles anders. Allerdings sprechen die Fakten für sich selbst: Es zahlt sich aus, gegen den Strom zu schwimmen. Und auch in solchen Krisenzeiten bleiben – egal wie sehr sich die Umstände voneinander unterscheiden mögen – die Ergebnisse in der Regel gleich: Herrscht Angst auf dem Markt und die Kurse sinken, dann sind Sie viel besser dran, wenn Sie kaufen. All jene, die auf jeden Fall während einer Krise investieren wollen, können sich durchaus glücklich schätzen, dass keine Krise der anderen aufs Haar gleicht und dass der exakte Vergleich mit ähnlichen Ereignissen in der Vergangenheit kein leichtes Unterfangen ist. Denn genau das wird andere Investoren immer aus dem Konzept bringen. Wäre der Vergleich leicht anzustellen, so würde es wahrscheinlich gar nicht zu Massenverkäufen kommen. Ungeachtet all dessen studiert der weise Schnäppchenjäger die Geschichte.

Schnäppchenjäger wissen die zeitlose Lektion, die die Geschichte sie lehrt, zu schätzen: Krise ist gleich Gelegenheit.

Kapitel 8

Die Geschichte reimt sich

Die Geschichte wiederholt sich nicht, aber sie reimt sich.
– Mark Twain –

Im Jahr 1997 wurden Investoren überall auf der Welt durch eine Kettenreaktion auf die so genannte asiatische Finanzkrise aufgerüttelt. Es gab damals eine Reihe von Krisen, die sich auf mehrere Devisen- und Aktienmärkte weltweit auswirkten. Die Wirtschaftssysteme der asiatischen Länder, die von den Krisen am meisten in Mitleidenschaft gezogen worden waren, glichen einem Trümmerfeld. Die Lage war schlimm, denn vielen Regierungen musste angesichts sich auftürmender Schuldenberge, die sie nicht begleichen konnten, unter die Arme gegriffen werden. Viele Banken in den betroffenen Ländern fielen aus und die Landeswährungen verloren mehr als 50 Prozent ihres Wertes. Angesichts dieser Ereignisse sahen viele Aktieninvestoren ein Glas, das völlig leer war; doch Onkel John sah ein Glas, das nur darauf wartete, gefüllt zu werden.

Abhängig vom Alter und Erfahrungsschatz jedes Einzelnen mag die asiatische Finanzkrise bei manchen Investoren lebhafte Erinnerungen wachrufen, während sich manch anderer vielleicht nur vage daran erinnert. Wir wollen Ihnen einige Hintergrundinformationen geben und die damaligen Umstände erklären, doch die technischen Details wollen wir den Akademikern und Ökonomen überlassen, die sich noch heute über den Ursprung der Krise streiten. Was die asiatische Finanzkrise angeht, gibt es zwei Denkschulen: Die eine argumentiert mit »schwachen Grundlagen«, die andere mit »finanzieller Panik«. Die »Theorie der schwachen Grundlagen« geht im Grunde genommen davon aus, dass die Wirtschafssysteme Asiens wesentliche makroökonomische und finanzielle Mängel aufwiesen, während die »Theorie der finanziellen Panik« eine plötzliche Veränderung der Stimmung unter den Investoren (panikartige Kapitalflucht) für den Großteil des Debakels verantwortlich macht. Es gibt gewichtige Argumente, die jeweils für und gegen die beiden Theorien sprechen, doch wir wollen davon absehen, diesen Argumenten auf den Grund zu gehen. Wir wollen uns stattdessen lieber darauf konzentrieren, welches Schnäppchenjagd-Potenzial diese Krise barg.

Man ist sich einig, dass die asiatische Finanzkrise mit der Abwertung der thailändischen Währung, des Baht, im Juli 1997 ihren Anfang nahm. Thailand wertete die Landeswährung ab, da diese an den US-Dollar gekoppelt war, wodurch Investoren die beiden Währungen zu einer fixen Rate tauschen konnten. Um die Währungsumrechnung auszugleichen, musste man in Thailand (und in jedem anderen Land, dessen Währung an den US-Dollar gekoppelt war) darauf achten, dass das Wachstum der Geldmenge in der eigenen Währung proportional zu dem der Vereinigten Staaten blieb. Im Grunde genommen bedeutete dies nichts anderes, als dass Kredite nur in gemäßigtem Tempo und Umfang aufgenommen werden durften, damit die Schulden die US-Dollar-Reserven des Landes nicht übermäßig überstiegen.

Verschiebt sich die Ausrichtung der beiden Währungen aufeinander zu sehr, merken Kreditgeber der Regierung vielleicht, dass diese nicht in der Lage sein könnte, die Währungen zu tauschen. Eine solche Erkenntnis kann zu einem so genannten »Run« auf die Währung führen, da die Kreditgeber und vor allem viele Investoren, die auf den Zusammenbruch der Währung spekulieren, schnellstmöglich Baht in US-Dollar umtauschen werden. Ist die Regierung nicht in der Lage, diese Umbuchungen zu erfüllen, folgt als nächster Schritt in der Regel die »Abwertung« der Währung oder die Aufhebung des fixen Wechselkurses. Ein Beispiel dafür sähe wie folgt aus: Sie besitzen 10 Einheiten der Landeswährung und diese waren bisher 1 US-Dollar wert. Doch nun reichen die US-Dollar-Reserven der Regierung nicht mehr aus, um den Markt zu bedienen, und so fordert sie nun 20 Einheiten der Landeswährung für 1 US-Dollar.

Die Landeswährung ist nun wesentlich weniger wert als der US-Dollar, beziehungsweise, es kostet nun mehr Einheiten der Landeswährung, will man einen US-Dollar kaufen. Wie man es auch dreht und wendet – all diejenigen, die darauf pochen, die Regierung solle ihrer Verpflichtung nachkommen und die Landeswährung in US-Dollar wechseln, machen ein schlechtes Geschäft. Spürt der Markt, dass die Regierung mit hoher Wahrscheinlichkeit nicht in der Lage sein wird, ihr Versprechen einzuhalten und die Währung weiter umzutauschen, so kann es zu einem wilden Ansturm kommen, bei dem die Investoren versuchen, ihr Geld abzuziehen, bevor die Regierung den Wechselkurs ändert. Das Endergebnis sind Panikverkäufe der staatlichen Währung, die deren Wert, ebenso wie die Kurse in dieser Währung angegebener Assets, wie etwa Aktien, drücken.

Auf Banken in Ländern wie Thailand, die ihr Kreditkapital durch eigene Kreditaufnahme des US-Dollar zu niedrigen Zinssätzen absicherten, hatte dieses Kräftespiel katastrophale Auswirkungen. Letztendlich ist es so, dass bei einem Wertverlust der Landeswährung die Kredite, die in US-Dollar aufgenommen wurden, quasi wachsen. Ist dieses Anwachsen der US-Dollar-Kredite zu enorm, kann dies zum Bankrott der jeweiligen Bank führen. Als sich also die Regierung Thailands in aller Form dazu bekannte, die Finanzen des Landes seien gestört, und dann die Währungskoppelung aufhob, kam es aufgrund der Massenverkäufe nicht nur zu massiven Wertverlusten des Baht, sondern auch aller in Baht denominierten Assets. Kurze Zeit später warfen die Investoren auch einen skeptischen Blick auf andere asiatische Länder, deren Währungen an den US-Dollar gekoppelt waren und die einen Investment-Boom erlebt und massive Kredite aufgenommen hatten. Die Ereignisse in Thailand hatten ein gesteigertes Bewusstsein für das Thema geschaffen und führten dazu, dass die übrigen »asiatischen Wunder« stets im Auge behalten wurden und es zu massiven Verkäufen in den Währungen dieser Länder kam. Vielleicht fragen Sie sich ja, wie die Finanzen einer Regierung überhaupt derart aus dem Ruder laufen können, doch eigentlich ist das gar nicht so ungewöhnlich.

Im Falle Asiens war jedoch Teil des Problems, dass einige Länder, auch asiatische Wunderstaaten genannt, einige Jahre lang stabile

Wachstumsraten verzeichnet hatten und so Investoren anlockten. Im Lauf der Zeit führten die beträchtlichen Investments jedoch zu einem zu hohen Geldzufluss, was in einigen Bereichen der Wirtschaft eine Überhitzung mit sich brachte. Diese Überhitzung generierte allerdings nicht die Renditen, die nötig gewesen wären, um Kreditgeber oder Investoren auszubezahlen. In gewisser Weise waren diese Länder Opfer ihres eigenen Erfolges. Letzten Endes kam es zu einer Kettenreaktion aus Verkäufen in den verschiedenen Landeswährungen, als die Investoren versuchten, ihr Kapital so schnell wie möglich abzuziehen. Ihren Anfang nahm diese Kettenreaktion in Thailand, von wo sie auf Malaysia, Indonesien, die Philippinen, Singapur und schließlich Südkorea übersprang. Letztendlich führte ein ähnliches elementares Kräftespiel dazu, dass in den darauffolgenden Jahren auch die Währungen Russlands, Brasiliens und Argentiniens stark an Wert verloren.

All diese Länder hatten schwer unter den Auswirkungen der Krise gelitten, doch nur Südkorea verfügte über das nötige Schnäppchenpotenzial, um Onkel Johns Aufmerksamkeit zu erregen. Um ganz ehrlich zu sein, hatten ihn die wirtschaftlichen Fundamentaldaten dieses Landes schon mehrere Jahrzehnte lang gereizt. In *The Templeton Touch*, einem 1983 erschienenen Buch über Onkel John, fanden sich ein Interview und eine Diskussion hinsichtlich seines vorausahnenden Investments in Japan in den 60er-Jahren. Im Verlauf dieser Diskussion kam natürlich auch die Frage auf, welches Land Onkel John aus der Sicht des Investors für das »nächste Japan« hielt. Seine Antwort lautete: Südkorea. Doch wie schon im Falle Japans war Onkel John auch in Bezug auf Südkorea dagegen, Gelder seiner Kunden zu investieren. Der Grund war derselbe: Ebenso wie einst Japan kontrollierte auch Südkorea die Kapitalströme und beschränkte so die Möglichkeiten ausländischer Investoren, ihr Kapital jederzeit abzuziehen, weswegen Onkel John davon absah, Gelder aus den Templeton-Fonds in Südkorea anzulegen. Ungeachtet der damals herrschenden Verhältnisse glaubte er jedoch, dass Südkorea, so wie zuvor Japan, letzten Endes die Gesetze lockern würde, die den Abzug ausländischen Kapitals beschränkten.

Warum Onkel John dachte, Südkorea könnte das neue Japan werden, hat vielleicht damit zu tun, dass sich die beiden Länder, vom ökonomischen Standpunkt aus gesehen, verblüffend ähnlich sind. Im

Grunde genommen verfolgte Südkorea den gleichen Schlachtplan, der auch schon Japan nach der Verwüstung durch den Zweiten Weltkrieg zu wirtschaftlichem Erfolg verholfen hatte. Nach Ende des Koreakrieges waren die Umstände in Südkorea im Prinzip die gleichen. Das Land glich wirtschaftlich einer Sumpflandschaft und war zum Wiederaufbau gezwungen. Obwohl es etwas länger dauerte, das Land wieder auf Kurs zu bringen, so wird Südkorea doch oft als bestes Beispiel zitiert, wenn es darum geht, wie ein Wirtschaftssystem sich vom Armenhaus zur Industriemacht mausert.

Lassen Sie uns darüber sprechen, welche grundlegenden Vorgehensweisen sowohl Südkorea als auch Japan anwandten, um ihr wirtschaftliches Profil auf Vordermann zu bringen. Zuerst einmal verfügten beide Länder über hohe Sparquoten, durch die Investitionen in die Wirtschaft der Länder finanziert werden konnten. Zweitens handelte es sich bei beiden Ländern nicht nur um einfache Exportnationen, sie waren vielmehr – das ist vielleicht noch wichtiger – *ehrgeizige* Exportnationen. Mit anderen Worten: Japan wurde als einfacher Hersteller von Nippes und Billigprodukten abgetan, als das Land nach dem Ende des Zweiten Weltkriegs mit dem Wiederaufbau seiner Wirtschaft begann. Südkorea hatte den gleichen Ruf, als sich das Land auf seine wirtschaftliche Reise begab, aus der es als mächtige Industrienation hervorgehen sollte. Es ist bekannt, dass Südkorea lange Zeit vor der Entfaltung seines beträchtlichen industriellen Potenzials Textilien exportierte und dass die Spitzen-Exportprodukte im frühen Stadium der wirtschaftlichen Entwicklung einfache, »billige« Produkte waren. So waren beispielsweise Echthaarperücken Südkoreas drittgrößter Exportartikel im Jahr 1963. Das Land sorgte dafür, dass der Grad der Industrialisierung stetig stieg, und gemessen am Wachstum des BIP war die südkoreanische Wirtschaft eines der am weltweit schnellsten wachsenden Wirtschaftssysteme. In den 27 Jahren vor der Asienkrise war Südkorea das Land mit dem höchsten durchschnittlichen Wirtschaftswachstum weltweit.

Über denselben Zeitraum sorgte die Regierung durch die Umleitung von Ressourcen und Kapital in exportorientierte Unternehmen dafür, dass nicht mehr nur Textilien und Perücken, sondern auch Autos und Elektronik exportiert wurden. Zusätzlich zu der im Allgemeinen höheren Wachstumsrate schaffte es Südkorea, signifikante Unterbre-

Abbildung 8.1: Südkoreas jährliche Wachstumsrate gemessen am BIP, 1971–1997

Quelle: OECD

chungen dieses Wachstums zu vermeiden, da lediglich die Ölkrise des Jahres 1980 den langen Zeitraum ununterbrochenen hohen Wachstums zu stören vermochte (siehe Abb. 8.1 und 8.2).

Eines der Merkmale, das mit Südkoreas Veränderung hin zu einer höher entwickelten Wirtschaft einherging, war das Schwinden der Ab-

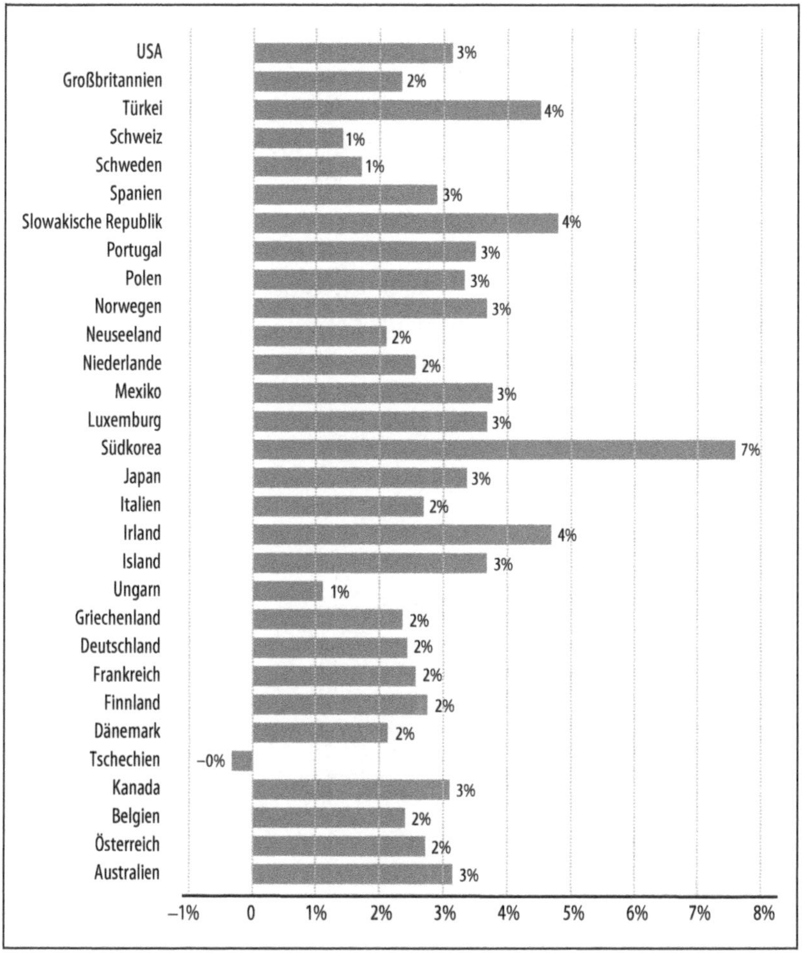

Abbildung 8.2: Südkoreas durchschnittliches Jahreswachstum gemessen am BIP im Vergleich mit anderen Ländern, 1970–1997

Quelle: OECD

hängigkeit von ausländischen Krediten und die verbesserte Sparpolitik des Landes in den 80er-Jahren. Gerade so wie Japan es nach seinem Wiederauftauchen aus den Trümmern des Zweiten Weltkriegs getan hatte, so gründete auch Südkorea seine wirtschaftliche Macht auf hohen Sparquoten und nicht so sehr auf hohen Krediten aus dem Ausland. Obwohl beide Länder in den Anfangsstadien ihres Wachstums von Auslandshilfsprogrammen unterstützt wurden (Japan nach dem Zweiten Weltkrieg und Korea nach dem Koreakrieg), schufen sich beide Regimes recht schnell ein finanzielles Polster, das für Unabhängigkeit hinsichtlich ihres Kapitalbedarfs sorgte (siehe Abb. 8.3 und 8.4).

Ebenso wie es in Japan der Fall gewesen war, verfügte auch Südkorea über eine Sparquote, die weit über der internationalen Norm lag. Tatsächlich lag Südkoreas Sparquote noch während der frühen Jahre des neuen Jahrtausends bei über 30 Prozent.

Trotz all dieser positiven Aspekte und der verblüffenden Ähnlichkeiten zwischen Südkorea und Japan investierte Onkel John damals nicht in Südkorea, da das Land dafür bekannt war, die Kapitalströme streng zu überwachen und Investoren nur beschränkten Zugang zu seinen Finanzmärkten zu gewähren. So erhielten ausländische Investoren

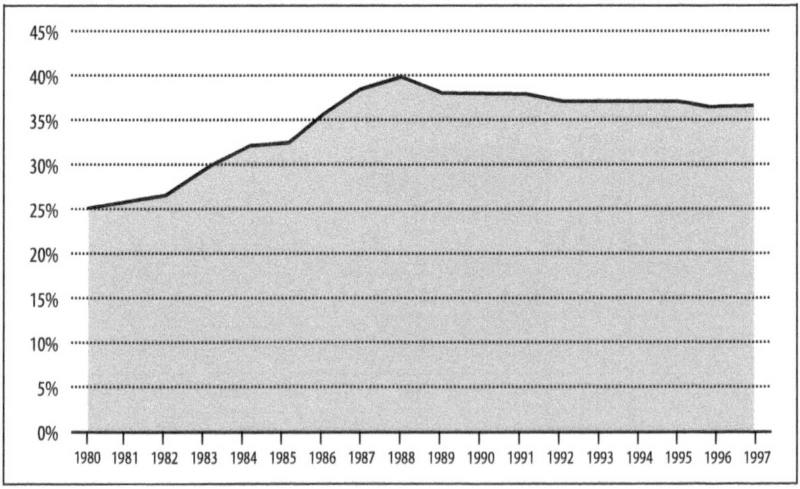

Abbildung 8.3: Südkoreas staatliche Sparquote (brutto), 1980–1997

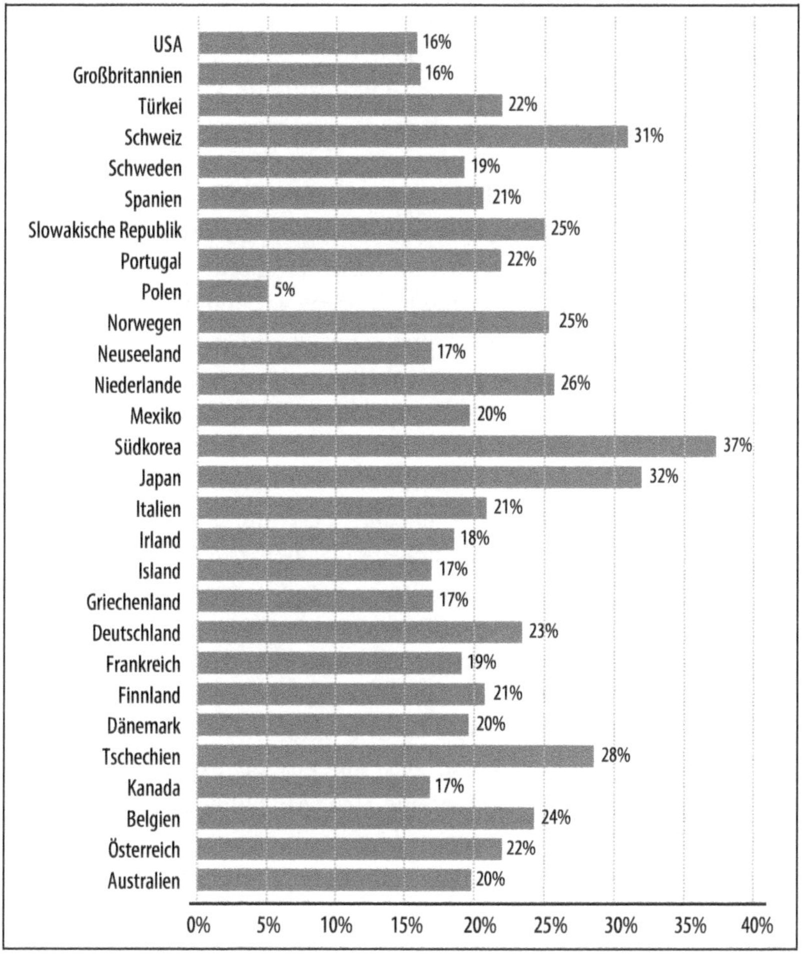

Abbildung 8.4: Durchschnittliche staatliche Sparquote (brutto) verschiedener Länder, 1987–1997

zum Beispiel erst im Jahr 1992 die Erlaubnis, ihr Geld in Südkorea anzulegen. Ungeachtet der Staatszugehörigkeit eines Investors galten noch mindestens bis ins Jahr 1992 erdrückende Auflagen in Bezug auf finanzielle Transaktionen aller Art.

Den Koreanern stand es nicht frei, im Ausland Kredite aufzunehmen oder US-Dollar auszuführen, und jedes Unternehmen oder jede

Einzelperson, die US-Dollar in das Land einführte, musste diese umgehend in koreanische Won umtauschen. Diese Restriktionen hatten auch gewisse Nebenwirkungen auf die südkoreanische Wirtschaft, die sich bei der Öffnung der Börse für ausländische Investoren dann als Nachteile erwiesen. Unter anderem ergab sich daraus, dass die Nachfrage nach Devisen von Seiten der Unternehmen aufgrund des vorherigen Mangels an Fremdwährung sehr hoch blieb. Die großen Export-Industriekonglomerate (in Südkorea werden Konglomerate oft Jaebeols genannt), die von der Regierung begünstigt wurden, waren die Nutznießer. Die Jaebeols hatten besseren Zugang zu Devisen, um ihre Geschäfte abzuwickeln. Da den Jaebeols Ressourcen, wie etwa Zugang zu den Währungsreserven, zugeteilt wurden, gewannen sie an Macht.

Die Jaebeols nutzten ihren Zugang zu diesen finanziellen Mitteln, um ihr Wachstum voranzutreiben und nach Belieben Kredite aufzunehmen. Die Bevorzugung durch die Regierung bedeutete für diese Mischkonzerne, dass sie ohne den natürlichen Widerstand profitgesteuerter Kreditgeber, die hoch verschuldeten Unternehmen letztendlich den Geldhahn zudrehen, investieren und wachsen konnten. Die enorme Schuldenlast der Jaebeols trug massiv zu der negativen Wahrnehmung bei, die schließlich zur Krise führte. Als Jahre später Fälle von Vetternwirtschaft und Korruption aufgedeckt wurden, war man mehr denn je überzeugt davon, dass alle großen Exporteure korrupt seien. Diese pauschale, übertriebene Sicht der Dinge hielt manch ausländischen Investor von Südkorea fern und trug zu einer Senkung der allgemeinen Kurse bei, zu denen Investoren bereit waren, koreanische Aktien zu kaufen.

Obwohl Südkorea dem Beispiel Japans gefolgt war und so eine stabile wirtschaftliche Leistung erzielt hatte, fand sich das Land Ende des Jahres 1997, nach Ausbruch der Asienkrise, in einer sonderbar schwachen Position. Um finanzielle Hilfe aus dem Ausland zu erhalten, stimmte Südkorea zu, seine Märkte in bislang unbekanntem Ausmaß zu öffnen. Das Land, das man zuvor ob seines rasanten Aufstiegs von der vom Krieg zerrissenen Nation zum Industrieriesen noch stürmisch bejubelt hatte, sah Ende des Jahres 1997 ziemlich mitgenommen aus. Da die meisten der hochgeschätzten Jaebeols massiv fremdfinanziert waren und allesamt unter ihrer Schuldenlast ächzten, steckte Südkorea tief in der Krise.

Als im Sommer des Jahres 1997 einige der Jaebeols, darunter Kia Motors, Jinro und Haitai, Konkursschutz suchten, da sie nicht mehr imstande waren, ihre Zinszahlungen zu leisten, sahen Investoren Südkorea und dessen finanzielle Lage zunehmend kritisch. Man befürchtete, diese und etwaige zukünftige Konkurse könnten sich auf das Bankensystem auswirken. Außerdem schien ein hohes Maß an Risiko zu bestehen, da die Kredite größtenteils in Fremdwährungen denominiert waren. Außenstehende Beobachter hatten aufgrund der ihnen zur Verfügung stehenden Informationen keine Möglichkeit, den Ernst der Lage einzuschätzen, da nur wenige Informationen an die Öffentlichkeit drangen und die Banken von der Regierung kontrolliert wurden. Da sie die Ausmaße des Problems nicht einschätzen konnten, gingen die Investoren vom Schlimmsten aus.

Im Großen und Ganzen hielt sich die Kreditaufnahme der südkoreanischen Regierung, die vor der Krise bei unter 20 Prozent des BIP lag, jedoch in Grenzen. Dennoch hatte das Land ein echtes Problem: Ein sehr viel größerer Prozentsatz der Kredite hatte kurze Laufzeiten und musste regelmäßig refinanziert oder verlängert werden. Die Schulden Südkoreas mussten also inmitten eines regionalen Finanzkollapses erneuert werden. Das Problem, dass das koreanische Jaebeol-System den Zahlungsverpflichtungen gegenüber seinen Gläubigern nicht nachkommen konnte, wurde durch die zeitgleich in Thailand und Malaysia stattfindenden Finanzkrisen noch verschärft.

Korea teilte mit diesen Ländern unter anderem das Problem, dass sie alle denselben Hauptgläubiger hatten, nämlich Japan. Als man in Japan erkannte, dass das eigene Land den immer häufiger stattfindenden Zahlungsverzügen und Konkursen in jener Region in derart hohem Maße ausgesetzt war, drehte man Südkorea, ohne zu zögern, den Geldhahn zu. Daraus entstand eine beinahe komplette Einstellung der Kreditvergabe an die Südkoreaner und das, obwohl deren Lage längst nicht so prekär war wie die anderer Länder. Dennoch shorteten Währungsspekulanten aufgrund der sich verschlechternden finanziellen Lage des Landes schonungslos den koreanischen Won. Gleichzeitig versuchte Südkorea, den Marktwert der eigenen Währung zu erhalten, indem die wertvollen Währungsreserven verwendet wurden, um Won zu kaufen. Doch es war zwecklos. Während Südkorea seine Währungsreserven verschwendete, um den Wert des Won auf dem offenen Markt stabil auf hohem Niveau zu halten, wurde klar, dass das Land auf Probleme zusteuerte. Als es sich Südkorea nicht länger leisten konnte, die eigene Währung auf dem offenen Markt zu verteidigen, brach der Won Ende des Jahres 1997 zusammen, verlor massiv an Wert und zog bei seinem Absturz alle Asset-Märkte, darunter auch den Aktienmarkt, mit sich.

Und so kam es so weit, dass Südkorea in diesen letzten Monaten des Jahres 1997 nur noch einen letzten Ausweg sah und sich an den so genannten Lender of Last Resort, den Kreditgeber letzter Instanz für notleidende Wirtschaftssysteme, wandte: den Internationalen Währungsfonds (IWF). Der IWF ist eine Art wirtschaftliche Koalition, in deren Rahmen die Mitgliedstaaten Beiträge in einen »Fonds« einzahlen, aus dem ihnen im Fall einer Krise Kredite zur Lösung des Problems zur Verfügung gestellt werden. Für gewöhnlich stellt der IWF den Empfängerstaaten gewisse Bedingungen und kann zum Beispiel einen wirtschaftlichen Kurswechsel fordern. Dies war ganz sicher der Fall, als sich Südkorea Ende November des Jahres 1997 an den IWF wandte, um Hilfe bei der Lösung der Liquiditätskrise zu suchen.

Südkorea wurde vom IWF ein Kreditpaket im Wert von 58,5 Milliarden US-Dollar angeboten, das dem Land dabei helfen sollte, seine finanzielle Krise zu meistern; doch an dieses Paket waren auch strenge Konditionen geknüpft. Vorrangig wurde von Südkorea gefordert, seine Finanzmärkte ausländischen Investoren zu öffnen und ineffiziente Unternehmen vom Markt zu nehmen. Obwohl sich das Land nur widerwillig bereit erklärte, die geforderten Reformen auszuführen, begann man Anfang des Jahres 1998 mit deren Umsetzung. Diese beiden ersten Neuerungen erschütterten die ganze Nation in ihrer geistigen Haltung. Das Land war stolz auf seinen früheren wirtschaftlichen Erfolg und sah die Krise nur als einen vorübergehenden Rückschlag. All jene, die an dieser Überzeugung festhielten, konnten sich nur schwer mit der Vorstellung abfinden, irgendjemand könne Südkorea befehlen, ineffiziente Unternehmen zu schließen. Aufgrund von arbeitsrechtlichen Beschränkungen war es in Südkorea schließlich Sitte, unabhängig von der Leistung seinen Job ein Leben lang nicht zu wechseln.

Die Vorstellung, dass Unternehmen geschlossen und Angestellte entlassen werden sollten, war für Südkorea völliges Neuland. Zudem war das Land in der Vergangenheit eine Kolonie gewesen und stand daher dem Gedanken, das Ausland könne landeseigene Unternehmen aufkaufen oder sich in deren Geschäfte einmischen, zutiefst misstrauisch gegenüber. Aus diesem Grund war die Auflage, die Märkte für ausländische Investoren weiter zu öffnen, schwer zu schlucken. Schon bald hieß es bei den Arbeitnehmern vor Ort, die englische Abkürzung des IWF, die auf IMF lautet, stehe eigentlich für »I Am Fired« – ich werde entlassen. Diese drastischen Veränderungen waren trotz des Kummers, den sie wohl über kurz oder lang bei der südkoreanischen Bevölkerung nach sich ziehen würden, für Investoren außerhalb Südkoreas sehr förderlich, worum es letztendlich ja auch ging. Doch ein großes Problem blieb bestehen: Die Wirtschaft des Landes lag danieder und es gab spalterische Elemente, die sich nichts sehnlicher wünschten als eine Rückkehr in die »gute, alte Zeit«, in der noch Protektionismus geherrscht hatte und der Kapitalfluss streng kontrolliert worden war. Südkorea steckte mitten im IWF-Hilfsprogramm, als das Land die Zinssätze massiv erhöhte, um einen weiteren Wertverlust der Währung zu verhindern (indem man den Besitz der Landeswährung attraktiver machte und dafür sorgte, dass es wesentlich teurer wurde, Kredite in der Landeswährung aufzunehmen oder sie leer zu verkaufen). Durch diese Anhebung der Zinssätze wurde das Wirtschaftswachstum des Landes quasi abgewürgt und eine Rezession wurde unausweichlich. Angesichts dieser unbekannten Größen, des Einschlagens eines neuen wirtschaftlichen Kurses, der Einführung neuer Regeln und der Rezession, waren alle Investoren im Hinblick auf die Perspektiven des Landes höchst skeptisch – nun ja, alle bis auf einen vielleicht. Im Januar des Jahres 1998 war Onkel John bereit, die Schnäppchenjagd in Korea zu eröffnen, und das *Wall Street Journal* hatte Wind davon bekommen:

> ***John Templeton setzt auf mitgenommenen Korea-Markt***
>
> *Von Karen Damato* — *2. Januar 1998*
>
> *Der stark mitgenommene südkoreanische Markt hat einen Schnäppchenjäger mit großem Namen angelockt: Sir John Templeton. Der Investor, der auf den Bahamas wohnt, sagte, er habe im letzten Monat in eine Reihe koreanischer Aktien-Instrumente investiert. Darunter auch der Matthews Korea Fund, ein Investmentfonds mit Sitz in San Francisco, der am Dienstag bei Börsenschluss einen Gesamtverlust von 64% aufwies und damit einer der leistungsschwächsten US-Fonds des Jahres 1997 ist.*

> *»Ich glaube, der koreanische Markt ist so ziemlich an seinem Tiefpunkt angekommen«, sagte der 85-jährige Sir John während eines Telefon-Interviews am Mittwoch. »Ich habe während meiner gesamten Laufbahn als Investor stets versucht, zum Zeitpunkt des maximalen Pessimismus zu kaufen. ... Der Pessimismus in Korea war während der letzten Monate richtiggehend greifbar.«*
> *Sir John, ein Pionier des weltweiten Investierens, der die Templeton Fund Group gründete und diese später an Franklin Resources verkaufte, wollte nicht sagen, wie viel er in Korea investiert hat. Er erklärte jedoch, die Summe sei im Vergleich zu seinem Gesamt-Portfolio »sehr klein«.*
> *Doch sein jüngstes Investment in den Matthews Korea Fund – ein Investment, das mindestens einige Millionen Dollar umfassen dürfte – ist für diesen kleinen Fonds, der sich selbst als den einzigen auf Korea spezialisierten offenen Investmentfonds beschreibt, ganz sicher eine große Sache.*

Trotz der sich abzeichnenden Gewissheit, dass es in Südkorea bald zu einer ernsthaften Rezession kommen würde, und der latenten Möglichkeit, die Regierung könnte die erst seit kurzem bestehende Marktöffnung zugunsten protektionistischer Maßnahmen wieder rückgängig machen, sah Onkel John einen völlig danieder liegenden Aktienmarkt, der – um bei seiner Formulierung zu bleiben – auf den Punkt des maximalen Pessimismus zusteuerte. Was die Politik anging, so glaubte Onkel John, dass Südkorea am Konzept freier Kapitalströme festhalten würde, anstatt wieder streng gegen den Kapitalfluss in das Land und aus dem Land heraus vorzugehen.

Während also alle anderen Investoren den Markt fluchtartig verließen und Südkorea den Rücken zuwandten, gab es für Schnäppchenjäger zwei sehr positive Signale. Erstens würde der Markt – solange man daran glaubte, dass Korea fair spielen und nicht zur drakonischen Überwachung des Kapitalflusses zurückkehren würde – ausländischen Investoren sehr viel mehr entgegenkommen; und zweitens waren die Aktienkurse innerhalb weniger Monate im Verhältnis zu den Erträgen dramatisch gesunken und wiesen die niedrigsten KGV-Werte auf dem Markt auf. Für all jene, die glaubten, dass sich in Südkorea in ein paar Jahren das frühere gesunde Wachstum und der Wohlstand wieder einstellen würden, waren diese Aktien also ausgezeichnete Schnäppchen. Alles in allem hieß dies: Konnte man über das vermutlich bald einsetzende Chaos hinwegsehen, so bot sich das Bild eines Landes mit attraktiven langfristigen Zukunftsperspektiven und spottbilligen Aktien. Das perfekte Rezept für Schnäppchenjäger, die mutig genug sind, den Schritt ins Ungewisse zu wagen. Wie Abbildung 8.5 zeigt, war das repräsentative KGV des südkoreanischen Marktes vom 20-Fachen des Gewinns je Aktie (Earnings Per Share, EPS) auf ein Niveau unter dem 10-Fachen des EPS gefallen. Dieser Zusammenbruch des Kurs-Gewinn-Verhältnisses stand für einen absoluten Ausverkauf aufgrund der schlechten Aussichten für Südkorea in der nächsten Zeit.

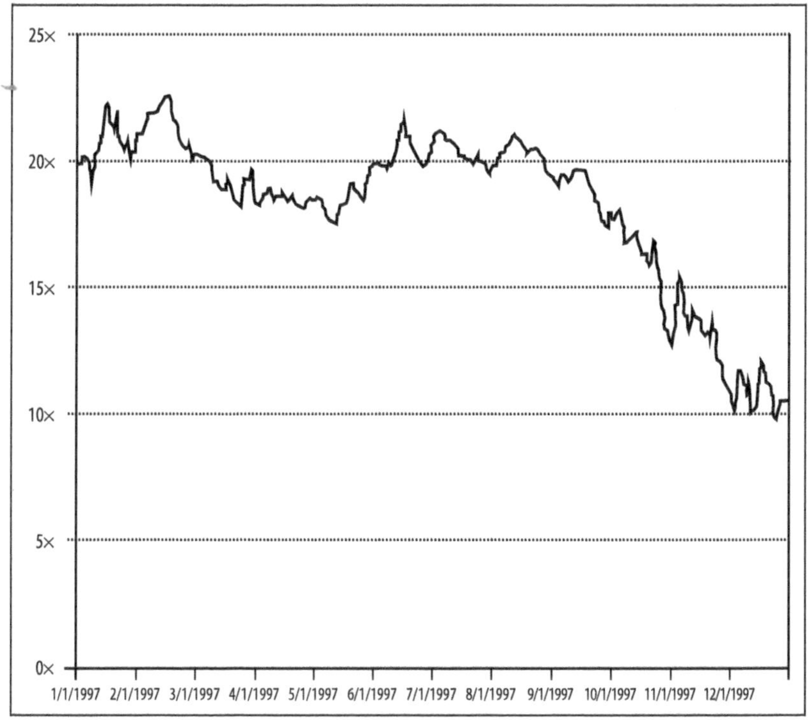

Abbildung 8.5: Kurs-Gewinn-Verhältnis südkoreanischer Aktien, 1997

Wie Ihnen bei der Lektüre des Artikels aus dem *Wall Street Journal* vielleicht aufgefallen ist, wählte Onkel John als eines seiner Haupt-Anlageinstrumente für sein Investment auf dem morschen koreanischen

Markt einen Investmentfonds. An dieser Strategie sollten sich Schnäppchenjäger jeder Couleur ein Beispiel nehmen. Onkel John konnte sich, so wie jeder andere Erdenbürger auch, Korea-Aktien zum Kauf aussuchen, und er kaufte dort einige Einzelaktien. Doch echte Schnäppchenjäger müssen sich nicht in den Markt eingraben und unter allen Umständen einzelne Aktien kaufen, vor allem dann nicht, wenn sie zum Zeitpunkt des maximalen Pessimismus investieren und alle anderen Anleger einen großen Bogen um einen bestimmten Aktienmarkt machen. Die Realität sieht ganz einfach so aus, dass der entscheidende Unterschied zwischen einem durchschnittlichen und einem großen Investor die Bereitschaft ist, das zu kaufen, was andere links liegen lassen – Genialität bei der Auswahl der Aktien ist also noch nicht einmal zwingend erforderlich, um Erfolg zu haben. Können Sie sich selbst darauf trimmen, so zu denken, und die dem Menschen angeborene Neigung unterdrücken, potenziell gefährlichen Situationen ohne genauere Prüfung aus dem Weg zu gehen, so gehen Sie als Sieger aus einem Kampf hervor, den die meisten Investoren, ganz egal wie intelligent sie auch sein mögen, regelmäßig verlieren.

Wenn Sie die Aktienauswahl Außenstehenden, wie etwa den Managern eines Investmentfonds, überlassen, bedeutet dies allerdings nicht, dass Sie aus dem Schneider sind. Sie müssen sich über diese »angemieteten« Schnäppchenjäger und ihre Methoden umfassend informieren. Eine mögliche Herangehensweise an die Erkundung von Investmentfonds ist, nach einem Fondsmanager Ausschau zu halten, der im Grunde an Ihrer Stelle als Mittelsmann agiert. Das mag offensichtlich erscheinen, doch wenn man gewisse Überzeugungen im Hinblick auf Investments hat, dann sollte man sich einen gleichgesinnten Fondsmanager suchen. Sie sind der General, die Fondsmanager Ihre Leutnants, Ihre Vertreter auf dem Schlachtfeld. Als Onkel John zum Beispiel kurz nach der Asienkrise in den Matthews Korea Fund investierte, gab er sein Geld in die Hände von Menschen, die im Großen und Ganzen so dachten und handelten wie er selbst. So sieht die Basis für Kapitalanlagen in Investmentfonds aus – oder so sollte sie zumindest aussehen. Doch die meisten Investmentfonds-Anleger neigen dazu, die jüngsten Ertragszahlen zu prüfen und dann in die Fonds zu investieren, die in der jüngeren Vergangenheit die beste Performance aufwiesen.

Was den Investoren jedoch entgeht, wenn sie ihr Kapital auf diese Weise vergeben, ist, dass sie so in der Hochphase eines Markttrends oder in ein momentan populäres Story-Stocks-Paket investieren könnten. Die Jagd auf Investmentfonds mit guter Performance unterscheidet sich oftmals nicht von der Jagd auf Einzelaktien mit guter Performance. Es wäre lächerlich, würde man als Schnäppchenjäger nur Aktien kaufen, die gerade einen Kursanstieg verzeichneten – und ebenso gefährlich wäre es, nur aufgrund einer Wertsteigerung in einen Investmentfonds zu investieren. Gleichzeitig wäre es aber auch leichtsinnig, Investmentfonds gerade wegen ihrer einträglichen Performance von vornherein auszuschließen. Immerhin geht es ja darum, mit seinen Investments Geld zu verdienen. Eine vernünftige Entscheidung kann man nur treffen, indem man die Methoden und Vorgehensweisen der Fondsmanager genau unter die Lupe nimmt. In unserem Fall suchen wir nach Fondsmanagern, die eine Schnäppchenjäger-Strategie verfolgen, sich bei der Bewertung von Unternehmen auf langfristige Prognosen konzentrieren und bereit sind, sich Abwärtsbewegungen des Marktes zunutze zu machen.

Durch sein Investment in den Matthews Korea Fund Ende des Jahres 1997 gelang es Onkel John, all seine persönlichen Ideen und Vorstellungen in einem Investmentinstrument zu verbinden. Zuerst einmal war Onkel John vor allem auf ein Investment in Südkorea aus. Fast alle anderen Investoren waren aus diesem Markt ausgestiegen und hatten die Aktienkurse im Verhältnis zu den Erträgen der Unternehmen und deren zukünftigem Wachstumspotenzial auf immer tiefere Niveaus gedrückt. Zweitens war der Matthews Korea Fund damals der einzige Investmentfonds in den USA, der sich ausschließlich auf den koreanischen Markt konzentrierte. Drittens erkannte Onkel John bei einer Unterredung mit dem Manager des Fonds, Paul Matthews, in diesem einen Investor, der seine Karriere schon einige Jahre lang verfolgt und viele der Methoden des Matthews Korea Fund basierend auf Onkel Johns Vorgehensweisen entwickelt hatte. Liest man die Info-Broschüre des Fonds wird deutlich, dass Paul Matthews und sein Mitarbeiterstab, was ihre Philosophie hinsichtlich der Aktienauswahl und der asiatischen Märkte angeht, sich kaum von Onkel John unterscheiden. Während zum Beispiel viele Investoren dazu neigen, sich auf die früheren oder aktuellen Versäumnisse der Regierungen Asiens einzuschießen, glauben sowohl Matthews als auch Onkel John an eine weitere Öffnung der dortigen Märkte. Davon war Onkel John überzeugt, als er zum ersten Mal in Japan investierte, und ebenso überzeugt war er auch vom Potenzial Südkoreas. Wenig überraschend teilten die Fondsmanager des Matthews Funds seine Überzeugung.

Am wichtigsten ist es, einen Investmentfonds-Manager zu finden, der in erster Linie als Ihr verlängerter Arm fungiert und entsprechend Ihrer persönlichen Herangehensweise handelt. Anders formuliert heißt das, dass Sie bereits eine feststehende Investment-Philosophie haben und nun den praktischen Aspekt des Investierens, die Auswahl der Aktien, an einen Fondsmanager delegieren wollen. Wer sich allein auf die Fonds-Performance der jüngeren Vergangenheit verlässt, der schwimmt mit dem Strom der Investmentfonds-Anleger, die sich in der Regel zu spät in Fonds einkaufen und sie zu früh wieder abstoßen. Sollte Sie dieses Investment-Muster an das zu späte Kaufen und zu frühe Verkaufen beliebter Aktien erinnern, dann sind Sie bereit für die Schnäppchenjagd auf Investmentfonds. Schnäppchenjäger sollten nämlich versuchen, Investmentfonds eher im Anschluss an eine Phase schlechter Performance als nach einer erfolgreichen Phase zu kaufen, vorausgesetzt natürlich, es handelt sich bei den Managern um fähige Investoren.

Jeder Investor, der sich ausschließlich auf die Resultate des Matthews Korea Fund konzentrierte, hätte im Jahr 1997 einen weiten Bogen um diesen Fonds gemacht. In jenem Jahr, da sich die Asienkrise auch in den USA bemerkbar machte, waren Verluste für einen in Korea investierenden Fonds unvermeidlich. Tatsächlich galt der Matthews Korea Fund im Jahr 1997 als einer der leistungsschwächsten Fonds der Vereinigten Staaten. Doch diese schwache Performance hatte nichts mit den Managern des Fonds zu tun; das maue Ergebnis war einzig darauf zurückzuführen, dass andere Investoren ihre Korea-Aktien unablässig verkauften (siehe Abbildung 8.6).

Das Bild, das sich uns in diesem Falle bietet, ist das eines guten Managers auf einem schlechten Markt. Diesen Sachverhalt, die Beziehung zwischen Fondsmanager, Markt und Performance zu verstehen, ist sehr wichtig, da Ihre Investmentstrategie darauf aufbauen wird. Einfacher gesagt heißt dies, dass dieses Wissen es Ihnen ermöglicht, sich dann in einen Fonds einzukaufen – gerade so wie Sie es auch bei einer Einzelaktie tun würden –, wenn die Lage am aussichtslosesten

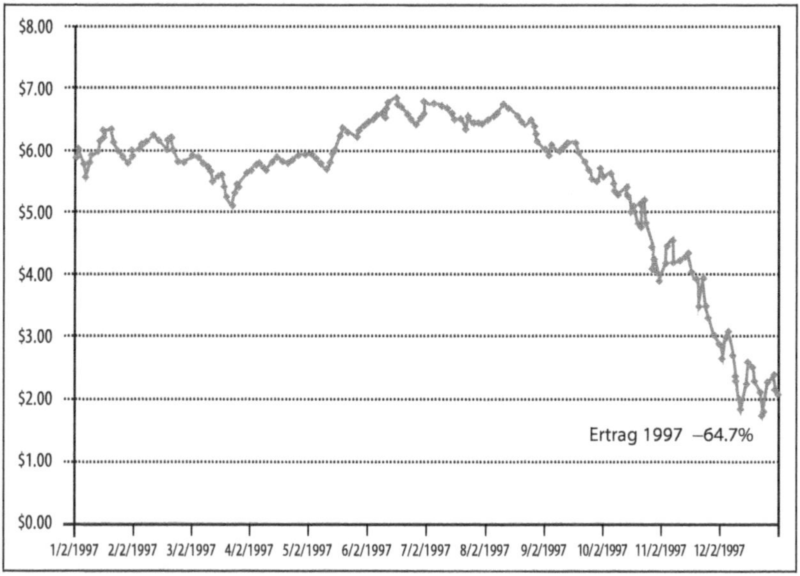

Abbildung 8.6: Netto-Assets des Matthews Korea Fund auf Tagesbasis, 1997

scheint. Egal ob es sich um Aktieninvestments oder eine Anlage in einen Investmentfonds handelt – das nötige Grundwissen und die elementare Mentalität für ein erfolgreiches Investieren sind dieselben. Gelinde gesagt gilt es – zur Erlangung dieses Wissens und der nötigen Mentalität –, zu analysieren, zu recherchieren und sich mächtig ins Zeug zu legen. Doch haben Sie Ihre Nachforschungen erst einmal abgeschlossen und haben Sie ermutigende Ergebnisse erhalten, so sollte Ihnen dies den nötigen Rückhalt geben zu kaufen, wenn andere verkaufen, egal ob es sich nun um einen Investmentfonds oder eine einzelne Aktie handelt.

Bei der eingehenden Untersuchung eines Investmentfonds sollten Sie sich vor allem auf dessen Herangehensweise an das Investieren konzentrieren, die Ihre eigene widerspiegeln sollte. Geht es Ihnen darum, für Assets weniger zu zahlen, als sie eigentlich wert wären, so sollten Sie sicherstellen, dass die mit Ihrem Geld arbeitenden Manager denselben Plan verfolgen. Wie berechnen sie den Zeitwert einer Aktie? Berechnen sie den Zeitwert überhaupt? Wie stellen sie fest, ob eine Aktie etwas wert ist? Halten Sie es für unnütz oder sinnlos, eine Investmententscheidung basierend auf dem Unternehmensbericht über die Erträge des nächsten Quartals zu treffen, dann müssen Sie dafür sorgen, dass Ihre Fondsmanager Ihre Meinung teilen. Finden Sie heraus, wie lange die Manager Aktien halten. Wenn Sie der Meinung sind, Investoren sollten Aktien so billig wie möglich kaufen und dann einige Jahre lang geduldig auf ihre Renditen warten, dann müssen Sie ermitteln, wie lange Ihr potenzieller Fondsmanager durchschnittlich Wertpapiere in seinem bzw. Ihrem Portfolio hält. Behauptet ein Fondsmanager, er kaufe Aktien mit niedrigen KGV-Werten, dann nehmen Sie die Liste der vom Fonds gehaltenen Titel zur Hand und berechnen Sie das durchschnittliche Kurs-Gewinn-Verhältnis des Investmentfonds.

Es gibt mehrere Möglichkeiten, herauszufinden, welcher Denkschule ein Fondsbetreuer tatsächlich angehört; am einfachsten fängt man damit an, dem Manager ein paar vernünftige Fragen zu stellen und seine Hausaufgaben ordentlich zu erledigen. Es gibt eine ganze Reihe von Dienstleistern, die sich ausschließlich damit beschäftigen, Nachforschungen über Investmentfonds und deren Manager anzustellen. Nutzen Sie dieses Angebot, denn dann müssen Sie lediglich die Analysen dieser Anbieter studieren und können den Managern anschließend Ihre ganz persönlichen Fragen stellen. Morningstar ist einer dieser Anbieter und eine gute Ausgangsbasis für Ihre Recherchearbeit.

Als Onkel John Ende des Jahres 1997 in den Matthews Korea Fund investierte, positionierte er sich selbst zur rechten Zeit am rechten Fleck. Obwohl es weitere zehn oder elf Monate dauerte, bis sich Südkorea nach Einsetzen der Krise Ende 1997 wieder aufgerappelt hatte, kam es an der Börse schließlich zu einer Kurserholung. Abbildung 8.7 stellt dar, wie Onkel Johns ursprüngliches Investment in den Fonds in nur zwei Jahren um 267 Prozent stieg. Dem Matthews Korea Fund wurde eine ungewöhnliche, doch erfreuliche Auszeichnung zuteil: War der Fonds im Jahr 1997 noch einer der leistungsschwächsten Fonds gewesen, so galt er im Jahr 1999 als Fonds mit der absolut besten Performance auf dem Markt.

Diese Performance blieb nicht verborgen, denn das *Wall Street Journal* berichtete im Juli des Jahres 1999 ausführlich über den Fonds, der die beste Ein-Jahres-Performance abgeliefert hatte. Denken Sie bei der Lektüre dieses Artikels bitte an die damals herrschenden Um-

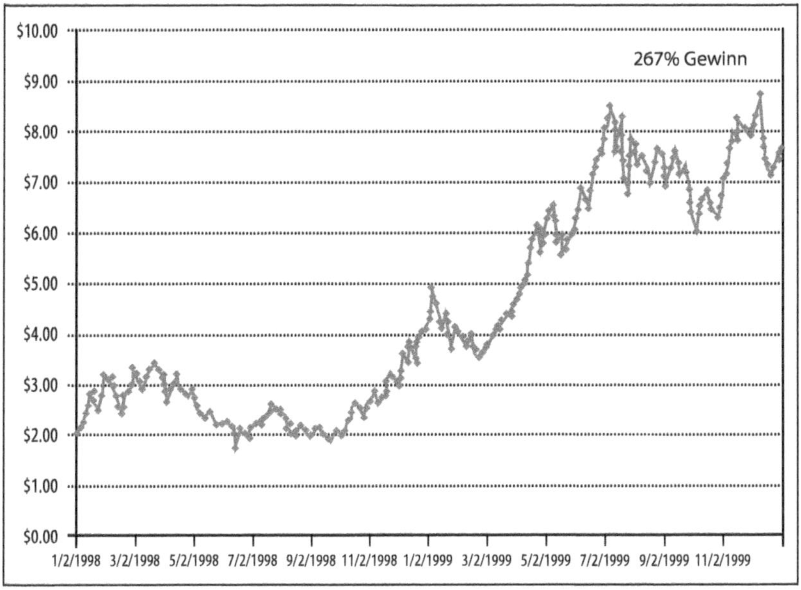

Abbildung 8.7: Netto-Assets des Matthews Korea Fund auf Tagesbasis, 1998–1999

stände und auch daran, wie unwahrscheinlich es war, dass ausgerechnet ein Value-Manager zu solchen Ehren kommen sollte. Dies ist das Schlüsselargument für globales Investieren.

Ein Hoch auf die Gewinner: einen Asien-, einen Value- und einen Wachstumsfonds

Von Danielle Sessna *6. Juli 1999*

Mit einer kolossalen Rendite in Höhe von 278,5 Prozent, erwirtschaftet durch den Fokus auf Korea, schaffte es der Matthews Korea Fund, den Ein-Jahres-Gewinner des letzten Quartals, den Internet Fund, vom Siegertreppchen zu stoßen.

Ein-Jahres-Gewinner

Sie suchen nach einem Investmentfonds, der Ihnen aufregende Renditen im dreistelligen Bereich bietet? Vergessen Sie all die extravaganten Internetfonds – wie wäre es stattdessen mit Südkorea?

Durch Investments in eben dieses Land gelang es dem Matthews Korea Fund, betreut von Paul Matthews, innerhalb eines Jahres, eine riesige Rendite einzufahren.
Doch für den Fonds, einen von fünf Asien-Aktienfonds von Matthews International, sah es nicht immer so rosig aus. Kurz nachdem der Fonds Anfang des Jahres 1995 ins Leben gerufen worden war, begann es in der Wirtschaft des Landes zu kriseln. Zwei Jahre später wurde die gesamte Region Asiens von einer umfassenden Konjunkturabschwächung erschüttert.
So kam es, dass der Matthews Korea Fund in den ersten drei Jahren negative Renditen aufwies, darunter auch einen drastischen Rückgang um 67 Prozent im Jahr 1997. »Natürlich hatten wir nicht damit gerechnet, dass es sofort nach der Eröffnung unserer Fonds zu einem derartigen Kursverfall an den Finanzmärkten kommen würde«, so Matthews, der sein Unternehmen von San Francisco aus führt und in den 80er-Jahren in Hong Kong lebte.
Ende des Jahres 1997 geriet der Fonds in die Schlagzeilen, als der namhafte Investor Sir John Templeton beschloss, den Sprung in den flauen koreanischen Markt zu wagen und einen Teil seines Privatvermögens in den Matthews Korea Fund zu investieren. Ein Sprecher des Fonds sagte, dass Sir John seines Wissens noch immer seinen Fondsanteil halte.

Während die meisten Value-Investoren in den USA angesichts des Internetwahns verwirrt waren, fuhr Onkel John die besten Renditen ein, die der Markt zu bieten hatte. Das ist der Vorteil der internationalen Schnäppchenjagd. Wer im Jahr 1999 nur brav in den USA nach Schnäppchen suchte, der wäre außen vor geblieben und hätte das Treiben vom Spielfeldrand aus beobachten müssen. Doch wer seine Schnäppchen auf dem internationalen Parkett suchte, der hätte eine Performance erzielen können, die selbst die potenziellen Renditen der größten Aktien-Manie der Neuzeit in den Schatten gestellt hätte. Und wieder einmal schlägt die Schnäppchenjagd die so genannte »Greater Fool Theory«, die Theorie des größeren Narren.

Obwohl die ersten Erfolge der Südkorea-Investments kurz nach der Asienkrise fantastisch waren, entdeckte Onkel John dort auch Jahre später noch das eine oder andere Schnäppchen. Ein gutes Beispiel hierfür liefern die Ereignisse des August 2004, als Onkel John sich für die Aktie des koreanischen Autoherstellers Kia Motors zu interessieren begann. Kia ist ein weiteres Beispiel für Onkel Johns lang erprobte Methode des Preisvergleichs auf der Schnäppchenjagd. Die Unternehmensaktie und Kia Motors selbst hatten einige Charakteristika, die Onkel Johns Interesse weckten. Kias KGV war ausnehmend niedrig, und nachdem Onkel John diesen Wert mit der langfristigen Wachstumsrate der Erträge pro Aktie des Unternehmens verglichen hatte, erschien ihm die Aktie als vielversprechendes Schnäppchen. Ende August des Jahres 2004 betrug Kias Kurs-Gewinn-Verhältnis das 4,8-Fache des EPS. Verglich man diesen Wert mit dem KGV des US-Automobilherstellers General Motors, das sich auf das 5,9-Fache des EPS belief, so ging Kia aus dem Vergleich als Gewinner hervor. Kia Motors' langfristige Wachstumsrate der Erträge pro Aktie machte das Unternehmen im Vergleich zu GM noch attraktiver, denn der EPS-Wert des koreanischen Unternehmens wuchs jährlich um fast 28 Prozent. Im Gegensatz dazu war die EPS-Wachstumsrate von General Motors über die letzten fünf Jahre stets rückläufig gewesen. Onkel John fand Kia als Unternehmen sehr beeindruckend. Seiner Meinung nach hatten es die Hersteller geschafft, einerseits den Kunden einen großen Dienst zu erweisen, indem sie ihnen ein gutes Auto zu günstigen Preisen verkauften, und andererseits für das Unternehmen eine dauerhafte Netto-Gewinnspanne zu erwirtschaften, die dreimal so hoch war wie die von GM. Er sah in der Aktie ein so großes Schnäppchenpotenzial, dass er 50 Millionen US-Dollar seines Privatvermögens in das Wertpapier investierte.

Die Ergebnisse dieses Investments waren sehr beeindruckend, denn die Aktie legte bis Ende Dezember des Jahres 2005 174 Prozent zu. Noch interessanter ist vielleicht, dass Onkel John sich nach der Vervielfachung des Aktienkurses im Jahr 2005 zum Kauf eines neuen Autos entschloss. Die klimatischen Bedingungen auf den Bahamas können sich ziemlich hart auf Autos auswirken, und so musste Onkel Johns alter Wagen, ein Lincoln Town Car, ersetzt werden. Er war von der Wertigkeit der Kia-Wagen beeindruckt gewesen, und so überlegte Onkel John, sich als Ersatz für sein altes Auto vielleicht ein Kia-Modell zuzulegen. Also ging er in ein Kia-Autohaus und war von den Fabrikaten dort begeistert, doch er verließ das Autohaus, ohne einen neuen Wagen gekauft zu haben. Als er in sein Büro zurückkehrte, fragte ihn seine langjährige Sekretärin Mary Walker, warum er denn kein neues Auto gekauft habe, worauf er ganz einfach antwortete: »Zu teuer für mich.« Später überzeugte Mary Onkel John doch noch, zum Autohaus zurückzufahren und sich einen neuen Wagen zu kaufen. Sie meinte: »Ich wusste, er wollte es wirklich gerne haben, aber der Mann gibt einfach kein Geld aus.« Wie es sich für einen echten Sparfuchs gehört, gab Onkel John seine Sparsamkeit trotz seines immensen Erfolgs niemals auf. Einmal ein Schnäppchenjäger, immer ein Schnäppchenjäger.

Sollte manches bei dem Investment in koreanische Aktien den Umständen ähneln, unter denen Onkel John vor 40 Jahren in Japan investiert hatte, so ist dies kein Zufall. Nicht nur die wirtschaftlichen Strukturen der beiden Länder gleichen einander, sie schlugen auch ähnliche Wege ein, um den Status der Industriemacht zu erlangen: Sie nahmen massive Einsparungen vor, kontrollierten früh die Kapitalströme und zeigten ein unermüdliches Streben, als Exporteure hoch entwickelter Industriegüter wahrgenommen zu werden. Während einer Phase vorübergehender Schwäche kehrten die meisten Investoren den Aktienmärkten der beiden Nationen den Rücken zu, nur um wieder auf diese Märkte zurückzukehren, sobald sich die langfristige Stärke der beiden Wirtschaftssysteme erneut bemerkbar machte.

Schnäppchenjäger, die um die Geschichte wissen, die sich auf langfristige Entwicklungen konzentrieren und denen es darum geht, zum Zeitpunkt des maximalen Pessimismus zu kaufen, wissen und schätzen, dass sich diese Muster im Lauf der Zeit immer wieder wiederholen. Anderer Ort, andere Zeit; gleiche Geschichte, gleiche Ergebnisse. Vielleicht werden Sie nicht in der Lage sein, in der Zukunft exakt dieselben, sich wiederholenden Umstände auszumachen, die darauf hindeuten, dass eine aufstrebende Industriemacht vorübergehend in Schwierigkeiten steckt. Sie werden aber mit Sicherheit auf Umstände stoßen, auf die Sie sich sozusagen einen Reim machen können.

Kapitel 9

Wenn Anleihen nicht langweilen

In Wissen zu investieren wirft stets die besten Zinsen ab.
– Benjamin Franklin –

Anfang März des Jahres 2000, nur etwa ein oder zwei Wochen, bevor der NASDAQ seinen Höchststand erreichte und anschließend kollabierte – was das Ende der Dot.Com-Manie bedeutete –, gab Onkel John dem Magazin *Equities* ein Interview, in dessen Rahmen er und der Redakteur über die Gefährlichkeit der Internet-Blase diskutierten. Onkel John sprach in diesem Interview von der Internet-Blase auch im Kontext früherer Markt-Manien. So erwähnte er den Börsen-Wahn, der im 19. Jahrhundert die US-Bahngesellschaften umgab, oder die Blasen in den Bereichen Elektronik, Automobile, Flugzeuge, Radio und Fernsehen, die die Märkte im 20. Jahrhundert heimsuchten. Abschließend sagte Onkel John, dass die Internet-Blase mit Abstand die größte ihrer Art sei. Seiner Ansicht nach gäbe es nur eine andere Markt-Manie, die man annähernd mit der Internet-Blase vergleichen könne, und das sei die Aufblähung des japanischen Marktes der 80er-Jahre. Doch dürfe man nicht vergessen, dass es bis zur Entwicklung jener Blase 20 Jahre gedauert habe und dass deren Ausmaße immer noch geringer seien als die der Internet-Blase.

Natürlich lief auch dieses Interview darauf hinaus, dass Onkel John den Lesern angesichts der steigenden Risiken an den Aktienmärkten ein paar Investment-Tipps geben sollte. In Kapitel 6 hatten wir uns ja bereits eingehend mit der Internet-Blase beschäftigt. Daher wissen wir, dass Onkel John zum Zeitpunkt dieses Interviews bereits eine Vielzahl an Short-Positionen im Hinblick auf Technologiewerte eingegangen war, die kurz davor standen, beträchtliche Renditen zu generieren. Doch den Lesern des Magazins eine ähnliche Vorgehensweise zu raten wäre ein riskantes Unterfangen gewesen, und Onkel John war ja schon immer ausnehmend vorsichtig im Umgang mit dem Geld anderer Leute, egal ob er es direkt verwaltete oder ob er ihnen Ratschläge für eigene Investments gab. Um zu erfahren, welchen Rat Onkel John letztendlich erteilte, wollen wir einen Auszug aus jenem Interview anführen:

> *EQUITIES: Als Redakteur eines Magazins mit dem Titel EQUITIES weiß ich wirklich nicht, wozu ich meinen Lesern raten soll.*
> *Templeton: So schwer ist das doch gar nicht. Sagen Sie Ihren Lesern, sie sollen Anleihen kaufen. Anleger, die Wert auf langfristige Investments legen, investieren in Anleihen – das ist völlig normal und zieht sich wie ein roter Faden durch die Investmentgeschichte der Menschheit. Nur war es so, dass die Aktienkurse während des 20. Jahrhunderts lange Zeit unverhältnismäßig niedrig notierten, und so boten sich Aktien eben eher zum Kauf an als Anleihen. Doch gerade jetzt sind Anleihen der beste Kauf.*

All jene, die dieses Interview in der Hoffnung auf innovative Akten-Tipps lasen, müssen ziemlich enttäuscht gewesen sein, als sie das Wort »Anleihen« sahen. Die meisten Investoren überfällt, sobald sie dieses Wort hören, ein überwältigendes Gefühl der Schläfrigkeit. Sie gähnen, ihr Blick wird vielleicht glasig und ab und zu fallen sie vor Langeweile ins Wachkoma. Anleihen sind langweilig und überhaupt nicht aufregend. Anleihen sind etwas für ältere Herrschaften, die sichergehen wollen, dass sie ein regelmäßiges Einkommen haben, wenn sie in Rente gehen. Doch im März des Jahres 2000 in Anleihen anzulegen war eine *phänomenale* Investmentstrategie.

Sosehr wir auch Langeweile bei unseren Lesern vermeiden wollen, glauben wir doch, dass einige Hintergrundinformationen zu Anleihen ihnen dabei helfen werden, die von Onkel John auf dem Anleihen-Markt angewandte Strategie zu verstehen.

Eine Anleihe ist ein Wertpapier, durch dessen Erwerb der Käufer dem Emittenten eine Art Kredit gibt, weswegen der Anleihenbesitzer zu Zahlungen durch den Emittenten berechtigt ist. Der zur Zahlung verpflichtete Emittent kann ein Unternehmen, eine Regierung, eine Behörde oder auch ein Zusammenschluss von Darlehensnehmern, wie etwa Hausbesitzern, die ihre Hypotheken bezahlen, oder Kreditkartenbesitzern, die ihre Rechnungen ausgleichen, sein. Der Punkt ist, dass so gut wie jede Form der Kreditnahme in eine Anleihe verwandelt und auf dem Anleihen-Markt gehandelt werden kann.

In ihrer konventionellsten Form werden Anleihen zu einem gewissen Nennwert, zum Beispiel zu 1.000 US-Dollar, ausgegeben. Als Investor müssen Sie bei Emission der Anleihe also 1.000 US-Dollar dafür bezahlen; der Emittent kann Ihre 1.000 US-Dollar und die Einnahmen aus den übrigen Anleihenverkäufen auf dem Markt nutzen. Im Gegenzug erklärt sich der Emittent der Anleihe bereit, Ihnen, dem Investor, das Geld, das Sie ihm geliehen haben, nebst einem zusätzlichen Zinsbetrag zurückzuzahlen. Sagen wir beispielsweise einmal, dass Ihre Anleihe den Emittenten 7 Prozent Zinsen kostet. In diesem Fall erhalten Sie über die gesamte Laufzeit der Anleihe jährlich eine Zinszahlung im Wert von 7 Prozent, also für jede 1.000-Dollar-Anleihe pro Jahr 70 US-Dollar. Oftmals zahlen die Emittenten die Zinsen auf halbjährlicher Basis aus. In einem solchen Fall erhielten Sie zweimal im Jahr, alle sechs Monate einmal, 35 US-Dollar. Halten Sie die Anleihe bis zu deren Fälligkeit, dann erhalten Sie Ihren ursprünglichen Einsatz zurück und werden so über die Laufzeit Ihre Zinszahlungen und am Ende der Laufzeit Ihre 1.000 US-Dollar erhalten haben.

Dies ist das grundlegende Konzept einer Anleihe. Der Emittent erhält Geld und zahlt es im Laufe der Zeit wieder zurück, wobei die Form der Rückzahlung von der jeweiligen Strukturierung der Anleihe abhängig ist. Anleihen werden ebenso wie Aktien auf einem offenen Markt gehandelt und können auf dem Markt, geradeso wie Aktien, wiederholt den Besitzer wechseln. Anders formuliert heißt das, dass Anleihen-Investoren ihre Anleihen nicht notwendigerweise bis zu deren Fälligkeit halten, um dann ausbezahlt zu werden. Anleihen-Investoren können genau wie Aktien-Schnäppchenjäger vorgehen und nach falsch bewerteten Anleihen, guten Geschäften und so weiter Ausschau halten. Und so kommen wir auch schon zu unserem nächsten kurzen Überblick, der erklären soll, wie der Kurs einer Anleihe zustande kommt.

Wenn Sie sich im Zusammenhang mit Anleihen auch nur eines merken, dann sollte es dies sein: Die Anleihenkurse und Zinssätze bewegen sich in eine entgegengesetzte Richtung. Steigen die Zinssätze, dann sinken die Anleihenkurse. Fallen die Zinssätze, dann steigen die Anleihenkurse. Um diese Beziehung zu verstehen, sollte man wissen, wie ein Zinssatz entsteht und woraus er besteht.

Der Zinssatz wird als eine Zahl angegeben, wie etwa 5 Prozent, doch tatsächlich steht der Zinssatz für die Summe aus drei verschiedenen Zahlen. Zuerst wäre da die so genannte *risikofreie Rate*, die erste Zahl, die es zu bedenken gilt. Die Bezeichnung risikofreie Rate bezieht sich auf den Zins, der einem Schuldner berechnet wird, bei dem so gut wie kein Ausfallrisiko besteht. Die einzigen Emittenten, die behaupten können, niemals auszufallen, sind Regierungen. Daher entspricht die risikofreie Rate in den meisten Fällen dem Zinssatz, den eine Regierung, wie etwa die Regierung der Vereinigten Staaten, auf ihre Anleihen anbietet. Wir benutzen diesen Terminus lediglich zum Zweck der Nomenklatur, da wir bereits aus früheren Kapiteln und vielen nicht in diesem Buch erwähnten Beispielen wissen, dass Regierungen mitunter durchaus zahlungsunfähig werden können. Dennoch gehen Investoren mittlerweile von einem nicht vorhandenen Ausfallrisiko bei den US-Schatzanleihen aus, und sie liegen damit gar nicht so falsch. So wird der Zinssatz, der für eine US-Schatzanleihe mit 5- bis 10-jähriger Laufzeit gilt, oft als risikofrei bezeichnet, weil man im Allgemeinen davon ausgeht, dass eine Regierung wie die der Vereinigten Staaten ihren Zahlungsverpflichtungen immer nachkommen wird (schließlich kann sie im Fall der Fälle immer zusätzliches Geld drucken).

Die zweite Zahl, aus der sich der Zinssatz zusammensetzt, nennt sich die *erwartete Inflation*. Diese Zahl fließt in den berechneten Zinssatz mit ein, weil ein Anstieg der Inflation eines der größten Risiken ist, denen Anleihenbesitzer ausgesetzt sind. Dies leuchtet absolut ein, denn wenn man über eine Laufzeit von 5 bis 30 Jahren einen festen Zins ausbezahlt bekommt, fällt es nicht schwer zu erkennen, dass ein starker Anstieg der Inflation die Kaufkraft des US-Dollars drastisch reduzieren könnte. Sehen Sie es ganz einfach so: Wenn Sie über die nächsten 30 Jahre jedes Jahr einen fixen Betrag von, sagen wir, 500 US-Dollar erhalten und die Inflation stark steigt, dann werden Ihre 500 US-Dollar an Wert verlieren, da die Preise steigen und die Kaufkraft des Geldes im Verhältnis zu den höheren Preisen abnehmen wird. Aus diesem Grund versuchen all jene, die Gelder zu festen Zinssätzen vergeben, sich selbst zu schützen, indem sie einen Inflationsschutz in den Zinssatz einbauen.

Die dritte Zahl, die bei der Zusammensetzung des Zinssatzes eine Rolle spielt, bezieht sich auf die Bonität eines Kreditnehmers. Anleihenbesitzer wollen für ihr Risiko bzw. die Möglichkeit einer Nicht-Bezahlung kompensiert werden. Ausgehend davon wird der Zinssatz, der einem Unternehmen mit unsicherem finanziellem Hintergrund berechnet wird, eine umfassendere Kompensation für das höhere Ausfallrisiko beinhalten, als dies bei einem zuverlässigen Kreditnehmer, wie etwa dem US-Schatzamt, mit einem kaum bestehenden Ausfallrisiko der Fall wäre. Auf Basis dieses so genannten Credit Spread, der bonitätsbedingten Risikoprämie, lässt sich das Risiko einer Anleihen-Emission beurteilen – zumindest aus der Sichtweise des Marktes. Beträgt zum Beispiel die Rendite einer US-Staatsanleihe mit fünfjähriger Laufzeit 5 Prozent, während unser Beispiel-Unternehmen auf seine Anleihen einen Zinssatz von 8 Prozent gewähren muss, um Käufer zu finden, so steht der Unterschied von 3 Prozent für das zusätzliche Ausfallrisiko. Emittiert ein ähnliches Unternehmen Anleihen und muss Zinsen in Höhe von 9 Prozent bezahlen, so lässt dies darauf schließen, dass das Risiko bei diesem Unternehmen noch höher ist.

Lassen Sie uns jetzt einmal mit diesen Informationen arbeiten. Wir wissen, die erste Regel für Anleihen lautet, dass sich Anleihenkurs und Zinssatz immer entgegengesetzt entwickeln. Was glauben Sie also würde geschehen, besäßen wir Anleihen und die Ökonomen prognostizierten einen Anstieg der Inflation von 2 Prozent pro Jahr auf 3 Prozent pro Jahr? Nun ja, die Zinssätze würden steigen und der Kurs unserer Anleihe würde (sofern die anderen beiden Komponenten gleich bleiben) sinken. Ähnliches gilt, hält man die Anleihen eines Unternehmens in der Krise, von dem die Analysten glauben, es könne die Anleihenbesitzer womöglich nicht auszahlen. Dann steigt der Credit Spread bzw. das Ausfallrisiko, und der Kurs unserer Anleihe sinkt. Der Kurs der Anleihe kann außerdem fallen, wenn die US-Notenbank den Zinssatz erhöht und somit die risikofreie Rate steigt. Ausgehend von diesen Antriebsfaktoren könnte man noch einen Schritt weitergehen und sagen, dass es drei grundlegende Faktoren gibt, die den Marktwert einer Anleihe bestimmen.

Da wir nun über die Grundlagen Bescheid wissen, ist es an der Zeit, ein weiteres Thema anzusprechen. Als Onkel John im Zuge seiner Investment-Strategie Anleihen kaufte, erwarb er einen speziellen Typus der Staatsanleihe, der zusätzlicher Erklärung bedarf. Anstatt eine Anleihe zu kaufen, die regelmäßige, vorhersehbare Zinszahlungen abwirft, investierte er in eine Nullkupon-Anleihe. Mit anderen Worten: Man erhält seine regelmäßigen Auszahlungen nicht separat, stattdessen wird die Anleihe unter Nennwert ausgegeben und ihr Kurs steigt dann im Lauf der Zeit, um so den erwarteten Zinszuwachs zu reflektieren. Während der letzten Jahrzehnte wurde diese Form der Anleihe sehr gängig, und handelt es sich um Staatsanleihen mit Nullkupon, so nennt man die Anleihen Treasury Strips. Der Name *Strip* leitet sich vom englischen Begriff »stripping« (etwas wird entfernt) ab, da die Zinszahlungen im Fall der Nullkupon-Anleihe ja nicht mehr direkt Teil des Wertpapiers sind, das in seine beiden Komponenten aufgesplittet wurde: die Rückzahlung des Darlehenskapitals und die Zinszahlungen. Die Idee hinter der Nullkupon-Anleihe oder dem »Nur-Darlehenskapital-Strip« sieht so aus, dass man die Anleihe deutlich unter Nennwert, der beispielsweise 1.000 US-Dollar beträgt, kaufen kann und der Wert der Anleihe dann über deren Laufzeit steigt und bei Fälligkeit 1.000 US-Dollar beträgt.

Im Falle einer Nullkupon-Anleihe mit 30-jähriger Laufzeit, die pro Jahr auf halbjährlicher Basis 5 Prozent Zinsen abwirft, würde ein Investor die Anleihe für etwa 227 US-Dollar erwerben und erhielte dann bei Fälligkeit 1.000 US-Dollar. Die Differenz zwischen den 227 US-Dollar und den 1.000 US-Dollar nennt man *imputed interest.* Dies beschreibt den Zinsbetrag, den die Anleihe während ihrer Laufzeit abwerfen wird. Hält der Wertpapierbesitzer seine Nullkupon-Anleihe über deren gesamte Laufzeit von 30 Jahren, bis er seine 1.000 US-Dollar bekommt, so garantiert ihm dies im Grunde genommen eine jährliche Rendite von 5 Prozent.

Verändern sich die Zinssätze oder die für die Zinssätze ausschlaggebenden Umstände, so verändert sich auch der Anleihen-Kurs auf dem offenen Markt und Investoren könnten versuchen, von dieser Kursveränderung zu profitieren. Man kann es zum Beispiel so sehen: Kaufen Sie eine Anleihe mit einer Rendite von 5 Prozent, dann ist Ihnen diese Rendite sicher, wenn Sie die Anleihe bis zu deren Fälligkeit – und der Auszahlung der 1.000 US-Dollar – halten. Doch wenn die Zinssätze fallen, während Sie Ihre Anleihe noch halten und der Kurs der Anleihe daraufhin steigt, können Sie sich diesen Kursanstieg zunutze machen und die Anleihe auf dem offenen Markt verkaufen. Ihre Nullkupon-Anleihe zeichnet sich also durch erhöhte Volatilität auf dem offenen Markt aus und ermöglicht es Ihnen, »Kapitalgewinne« einzufahren – genauso wie es Aktienbesitzer tun, deren Aktie im Kurs gestiegen ist. Diese Kapitalgewinne könnten das Ergebnis sinkender Zinssätze sein, die ja einen Anstieg der Anleihen-Kurse nach sich ziehen.

Doch lassen Sie uns nun zu Onkel John zurückkommen, der im März des Jahres 2000 dazu riet, Anleihen zu kaufen. Für diese Empfehlung gab es zwei gute, solide Gründe. Der erste basiert auf der lange erprobten Vergleichsmethode, die bei der Schnäppchenjagd angewandt wird. Onkel Johns Grundregel lautet ja, man solle Aktien verkaufen, sobald man ein Wertpapier gefunden hat, das 50 Prozent mehr wert ist. Wer Anfang des Jahres 2000 in den USA investieren wollte und nicht in einen der äußerst raren Schnäppchen-Märkte, wie etwa den südkoreanischen Markt, anlegte, der hatte nur begrenzte Möglichkeiten. Onkel John hielt die Mehrheit der Aktienmärkte, darunter auch viele internationale Märkte, im Verhältnis zu Erträgen, Wachstum und den meisten anderen Maßstäben zur Bewertung von Aktien für zu hoch bewertet.

Es brauchte nur etwas gesunden Menschenverstand, um zu erkennen, dass es eine ziemlich schlechte Idee wäre, Aktien zu kaufen, deren KGV-Werte jederzeit auf normalere Niveaus, die niedriger wären als die Werte im März 2000, zurückfallen konnten. Anders ausgedrückt erschien es so, als würden die Kurse vieler Aktienmärkte letztlich sinken und die Märkte an Wert verlieren. Anfang des Jahres 2000 war Onkel John überzeugt, dass der NASDAQ, der sich damals in einer Hochphase befand, irgendwann innerhalb der nächsten drei Jahre einbrechen und einen 50-prozentigen Wertverlust erleiden würde. Aufgrund dieser Einschätzung potenzieller NASDAQ-Verluste und des Wissens, dass dieser Wertverlust auch andere Märkte ähnlich in Mitleidenschaft ziehen könnte, fällt es nicht schwer zu erkennen, dass eine jährlich 6,3 Prozent abwerfende Nullkupon-Anleihe dem Kriterium des um 50 Prozent besseren Schnäppchens voll entspricht. Anleihen waren das vielversprechendere Schnäppchen – und das, obwohl dieser relative Status nur auf die Garantie zurückzuführen war, dass die Anleihe nicht an Wert verlöre, würde sie bis zur Fälligkeit gehalten.

Bitte bedenken Sie: Um ein erfolgreicher Schnäppchenjäger zu sein, muss man auf den Finanzmärkten stets nach den wertigsten Titeln Ausschau halten. Die Suche nach solchen Wertpapieren sollte flächendeckend angelegt sein und alle internationalen Märkte ebenso wie die verschiedenen Anleihen-Märkte einbeziehen. In Ausnahmesituationen – die Internet-Blase wäre eine solche Situation – kann diese Suche den Anleger zu Anleihen führen, die relative Sicherheit und eine feste Rendite versprechen. Es ist nur eine Frage des gesunden Menschenverstands. Im Jahr 2000 hatte man als Investor zwei Möglichkeiten: Entweder legte man in Aktien an, durch die man aber wahrscheinlich die Hälfte seines Geldes verlieren würde, oder man investierte in Staatsanleihen, die eine Rendite von 6,3 Prozent versprachen. Die Entscheidung sollte hier eigentlich nicht schwerfallen.

Die Entscheidung, zu jenem Zeitpunkt Anleihen zu kaufen, *hätte* ausschließlich dem Wunsch, kein Geld zu verlieren, entspringen *können*. Doch als echte Schnäppchenjäger dürfen wir auch das Geldverdienen nicht vergessen. In dieser Hinsicht war die Empfehlung, Staatsanleihen mit langer Laufzeit zu kaufen, also viel mehr als nur eine schützende Maßnahme. Es bestand nämlich auch die Möglichkeit, wesentlich mehr zu verdienen als die einfache Rendite von 6,3 Prozent, die eine Nullkupon-Anleihe des US-Schatzamtes mit 30-jähriger Laufzeit versprach.

Der Grund für die zusätzliche Attraktivität von Anleihen basierte auf einer langjährigen Beziehung zwischen der Fed, der US-Notenbank, und deren Reaktion auf Bedrohungen für die US-Wirtschaft. Im März des Jahres 2000 hatte die Internet-Blase solch gewaltige Ausmaße erreicht, dass sie sich auch auf das Konsumverhalten der US-Verbraucher auswirkte. Dieselbe Beziehung war auch schon in Kapitel 6 Thema unserer Diskussion. Das Problem war, dass ein großer Prozentsatz amerikanischer Konsumenten, die an der Börse spekuliert hatten, sich plötzlich viel ärmer fühlen würden, sollte die Blase schließlich platzen. Dies könnte zu einer Reduzierung der Verbraucherausgaben führen, was wiederum möglicherweise eine wirtschaftliche Rezession zur Folge haben könnte. Onkel John war überzeugt, dass die Fed in einem solchen Fall einschreiten und versuchen würde, die Wirtschaft durch eine Senkung der Zinssätze zu entlasten, was einen leichteren Zugang zu billigerem Geld ermöglicht.

Wir möchten Ihnen nun einige Hintergrundinformationen bezüglich der Rolle geben, die die Fed in dieser Investment-Strategie spielte. Dazu wollen wir das mögliche Vorgehen der Notenbank beleuchten. Wenn Sie sich Gedanken über die Rolle der Fed bei der Zinssatz-Kontrolle machen, dann denken Sie bitte an zwei Maßnahmen, die sie ergreifen kann, und die Konsequenzen dieser Maßnahmen. Einerseits kann die Fed die Zinsen senken. In diesem Fall spricht man von einer expansiven Geldpolitik. Durch dieses Vorgehen, das Geld relativ billig erscheinen lässt, wird die Nachfrage nach Geld angeregt. Will die Fed expansiv vorgehen, so gibt sie ein niedrigeres Ziel für die Federal Funds Rate, den US-Tagesgeldsatz, vor – der Satz, zu dem die US-Kreditinstitute untereinander Tagesgeldgeschäfte abwickeln. Dieser Zinssatz wird entsprechend gesteuert, indem das Federal Open Market Committee Staatsanleihen auf dem Markt zurückkauft, wodurch Schulden durch zusätzliches Bargeld ersetzt werden, das dann wiederum verliehen werden kann. Sehen Sie die ganze Angelegenheit so: Würden Sie ein Auto fahren, dann käme diese Maßnahme dem Durchtreten des Gaspedals gleich.

Auf der anderen Seite kann die Fed jedoch auch eine kontraktive Geldpolitik verfolgen. Im Zuge eines solchen Vorgehens werden Staatsanleihen verkauft, wodurch Bargeld eingenommen wird und Schulden entstehen, die im Lauf der Zeit beglichen werden müssen. Mit dieser Maßnahme würde die Fed versuchen, den Zinssatz auf das angepeilte Niveau zu heben, sodass Kauf und Einsatz von Geld teurer wird. In der Regel verfolgt die Fed eine expansive Politik, wenn die Wirtschaft in die Rezession abzugleiten droht oder bereits in der Rezession steckt. Eine kontraktive Geldpolitik wird hingegen im Fall einer überhitzten Wirtschaft, die die Inflation anheizt, angewandt.

Die Federal Reserve setzt sich aus dem Vorsitzenden und den Ratsmitgliedern zusammen – sie alle sind kluge und gut betuchte Ökonomen. Sie erstatten dem Kongress Bericht und haben keinen Grund, eine Rezession anzuzetteln oder bei einem Konjunkturrückgang tatenlos zuzusehen. Obwohl es völlig normal ist, dass es in einem Wirtschaftssystem von Zeit zu Zeit zu einer Rezession kommt, versucht die Fed dennoch, solche Wachstumsminderungen zu verhindern. Daher tut die Notenbank in der Regel ihr Möglichstes, um die Wirtschaft vor der Rezession zu bewahren, ohne dabei einen Anstieg der Inflation zu riskieren. Onkel John, der sich dessen bewusst war, gab folgende simple Prognose für die Auswirkungen der geplatzten Börsen-Blase ab:

> *Sobald die Börsen-Blase platzt, werden sich die Fed und die Finanzbehörden der anderen Länder statt für eine Anhebung der Zinsen für eine Senkung des Zinssatzes aussprechen. Sinken die Zinssätze, dann steigen die langfristigen Anleihen-Kurse.*

Onkel Johns Sicht der Entwicklungen der nächsten Monate und Jahre basierte auf ähnlichen Begebenheiten aus der Vergangenheit. Für die meisten Ereignisse, die sich auf den Aktienmärkten zutragen, können sorgfältige Schnäppchenjäger in der Regel Präzedenzfälle aus der Vergangenheit ausgraben. Also war es auch nicht sonderlich schwer, in der Geschichte des Aktienmarktes und den wirtschaftlich relevanten Ereignissen der Vergangenheit zu kramen und einen vergleichbaren Fall zu finden, in dem die Fed angesichts einer Rezession die Zinsen senkte und eine expansive Geldpolitik betrieb. Genauer gesagt neigte die Fed unter der Führung des Vorsitzenden Alan Greenspan stark dazu, auf Schocks an den Finanzmärkten mit Zinssenkungen und anpassender Politik zu reagieren. Tatsächlich war man an den Finanzmärkten derart an Greenspans Zinssenkungen gewöhnt, sobald die Wirtschaft etwas ins Schleudern geriet, dass der Begriff *Greenspan Put* geprägt wurde, der sich auf die Put Option bezieht. Der Begriff lässt auf die Annahme schließen, dass die Fed durch ihre expansive Politik den Märkten notfalls immer aus der Patsche helfen würde. Als »Put« bezeichnet man eine Aktienoption, die Investoren kaufen, um sich vor Verlusten zu schützen. Da dieses spezielle wirtschaftliche Ereignis vorrangig von Börsenexzessen geprägt sein würde und es sich auf die Konsumausgaben auswirkte, war es durchaus sinnvoll anzunehmen, dass die Fed einschreiten würde, sollte die NASDAQ-Blase schließlich platzen.

Zwar glauben manche, die Notenbank solle nur auf wirtschaftliche Phänomene wie sinkende Konsumausgaben, Arbeitslosigkeit und Inflation reagieren, doch andere halten es für die Aufgabe der Fed, das gesamte Finanzsystem vor Schocks oder Problemen zu bewahren. Dazu würden dann auch Probleme an den Aktien- und Anleihen-Märkten zählen. Greenspan bewies immer wieder zuverlässig seine Neigung, die Instrumente der Fed einzusetzen, wann immer eine Finanzkrise – und ein Börsencrash würde definitiv als solche gelten – drohte.

Schnäppchenjägern auf der Suche nach einem historischen Präzedenzfall raten wir, sich vor allem zwei Ereignisse, die einem drohenden NASDAQ-Crash durchaus ähneln, näher anzusehen. Da wäre zum einen der Börsenkrach vom Oktober des Jahres 1987 und zum anderen die Russlandkrise und der Zusammenbruch des mittlerweile berühmt-berüchtigten Hedgefonds Long-Term Capital Management im Jahre 1998. In beiden Fällen reagierte die Fed auf die Finanzmarkt-Krise durch eine Senkung der Zinssätze und entsprechende finanzpolitische Maßnahmen. Im Fall der sich immer weiter aufblähenden NASDAQ-Blase und der möglichen katastrophalen Folgen hielt es Onkel John für absolut wahrscheinlich, dass die Fed erneut einschreiten und die Zinsen senken würde; und mit diesem Wissen im Hinterkopf fühlte er sich sehr wohl.

Mittlerweile sehen wir ganz deutlich, dass Anleihen damals nicht nur ein probates Mittel zum Schutz des eigenen wertvollen Geldes waren, sondern dass man durch den Kauf von Anleihen im Fall einer Zinssenkung durch die Fed auch Geld verdienen konnte. Die Bereitschaft der US-Notenbank, die Wirtschaft des Landes vor der Rezession zu bewahren, garantierte, dass Anleihen in den Jahren nach dem Platzen der Internet-Blase eine deutlich bessere Performance abliefern würden als die meisten anderen Investments. Die Kurse staatlicher Nullkupon-Anleihen mit 30-jähriger Laufzeit würden also ganz einfach gesagt steigen, sobald die Notenbank die Zinsen senkte.

Vielleicht noch interessanter als Onkel Johns Prognose selbst ist die Genauigkeit, mit der er diese Ereignisse vorhersagte. Er glaubte, dass etwa zur selben Zeit, da der NASDAQ um 40 Prozent fiele, langfristige Anleihen einen Kursanstieg erleben würden. Bedenken Sie bitte, dass er diese Aussage machte, lange bevor der NASDAQ oder die Internet-Blase erste Anzeichen von Schwäche zeigten:

Wenn an den Märkten die Angst um sich greift und die Kurse der langfristigen Anleihen steigen, dann werden die großen Marktindizes um 40 Prozent an Wert verlieren. Das wird alle Marktteilnehmer erschüttern und die Kurse vieler Aktien werden noch weiter sinken. Einige der Kurse werden sogar fast bis auf null fallen.

Noch am 15. März 2000 hatte der NASDAQ auf Höchstkurs notiert, doch gegen Mitte bis Ende Dezember desselben Jahres war er bereits um 40 Prozent gefallen. Schon eine Woche später begann die Fed mit der Senkung der Zinsen. Am 3. Januar 2001 nahm die US-Notenbank die erste Zinssenkung vor und hielt an dieser Maßnahme das gesamte Jahr über fest (siehe Abbildung 9.1).

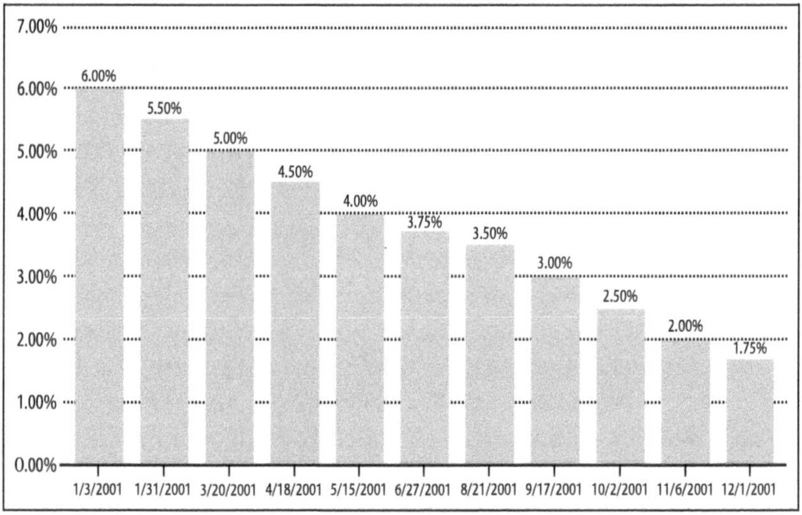

Abbildung 9.1: Historische Veränderungen der Target Federal Funds Rate, 2001

Quelle: Federal Reserve

Nach der Auseinandersetzung mit dem in Abbildung 9.1 illustrierten steten Sinken der Zinssätze sollte sich Schnäppchenjägern der damit einhergehende Kursanstieg der Nullkupon-Anleihen des US-Schatzamtes intuitiv erschließen. Der Kursanstieg dieser Anleihe bedeutete, dass die Besitzer des Wertpapiers Geld verdienten. Tatsächlich sollten angesichts einer solchen Flut von Kürzungen des Zinssatzes bei jedem Investor mit Long Position auf Nullkupon-Anleihen die Kassenglocken klingeln. Doch bevor wir besprechen, welche Renditen Onkel John mit seiner Investment-Strategie generierte, müssen wir noch einen Aspekt besprechen. Dazu wollen wir eine Frage stellen: Glauben Sie, Onkel John legte sein eigenes Geld in diese risikofreien Anleihen an?

Die Antwort lautet »Nein«, und das bringt uns zu einer Investment-Strategie, die einige Leser vielleicht schon einmal selbst angewandt, von der sie gehört oder in der Presse gelesen haben. Onkel John arbeitete mit einer Strategie, die oft als *Carry Trade* bezeichnet wird. Bei der einfachsten Form des Carry Trade geht es darum, einen Kredit zum niedrigen Zinssatz, sagen wir 1 Prozent, aufzunehmen und das geliehene Geld dann zu einem höheren Zinssatz, sagen wir 5 Prozent, weiter zu verleihen. Als Kreditnehmer zahlen Sie in diesem Fall Zinsen in Höhe von 1 Prozent, erhalten aber selbst Zinszahlungen in Höhe von 5 Prozent. Nachdem Sie Ihre Kreditkosten, die hier als *Carry* bezeichnet werden, zurückgezahlt haben, können Sie Ihren Gewinn von 4 Prozent, die Differenz zwischen 1 und 5 Prozent, einstreichen. Um ein einfaches Beispiel zu verwenden, sagen wir einmal, Sie hätten einen Kredit in Höhe von 1.000 US-Dollar aufgenommen und die Kreditkosten betrügen pro Jahr 1 Prozent oder 10 US-Dollar. Ihr nächster Schritt wäre, Ihre aufgenommenen 1.000 US-Dollar an einen anderen Kreditnehmer zu verleihen und von ihm jährlich 5 Prozent oder 50 US-Dollar zu verlangen. Nachdem Sie also Ihre eigenen Kreditkosten in Höhe von 10 US-Dollar beglichen hätten, könnten Sie 40 US-Dollar, also die Differenz aus Ihren Kreditkosteneinnahmen und Kreditkostenausgaben (\$50 – \$10 = \$40), behalten. So sieht das grundlegende Konzept aus: Billig leihen, teuer verleihen (sprich, in ein Investment mit höherer Rendite anlegen). Dieses Konzept und das Vorgehen von Banken, die an ihren Einlegern und Kreditnehmern verdienen wollen, sind sich ziemlich ähnlich.

Onkel John hielt damals im Zusammenhang mit jenem Investment den Einsatz zusätzlichen Kapitals für sinnvoll, das er zu einem niedrigen Zinssatz aufnehmen könnte. Sie sollten sich auch bewusst sein, dass sich bei einer Kreditaufnahme für ein Investment die Summe, die Sie gewinnen (oder verlieren) können, erhöht. Sie verwenden ja Geld, das Ihnen nicht gehört. Wie es zum Anstieg Ihrer Erträge kommt, ist relativ einfach zu verstehen: Wenn Sie einen Kredit aufnehmen, der sich auf den doppelten Betrag Ihres Eigenkapitals beläuft und das geliehene Geld dann in ein Investment mit einer Rendite von 10 Prozent anlegen, dann wachsen Ihre Erträge dadurch auf 10 mal 2 oder 20 Prozent. Das Problem hierbei ist nur, dass durch diese Beziehung auch die Verluste zunehmen, sollte ein Investment schieflaufen. Verliert Ihr durch einen Kredit fremdfinanziertes Investment 10 Prozent, dann verlieren Sie eigentlich vielmehr 10 mal 2, also 20 Prozent. Die Fremdfinanzierung hat eben Vor- und Nachteile. Onkel John hatte in seinem speziellen Fall kein Problem damit, mit geliehenem Kapital zu arbeiten, denn er ging davon aus, einen extrem niedrig verzinsten Kredit zu finden. Dieses aufgenommene Kapital wollte er dann an einen Kreditnehmer weitergeben, bei dem kein Ausfallrisiko hinsichtlich der Zinszahlungen bestand. Um den ersten Schritt seines Carry Trades ausführen zu können und einen Kredit aufzunehmen, wandte sich Onkel John also an das Land, wo Geldmittel am billigsten zu haben waren: Japan.

Einen Kredit in japanischen Yen aufzunehmen war die mit Abstand attraktivste Möglichkeit, denn als Onkel John seinen Yen-Kredit aufnahm, galt gerade ein Zinssatz von 0,1 Prozent. Aufgrund der nachhaltigen Konsequenzen des wirtschaftlichen Abschwungs in Japan, dem eine Aufblähung der landeseigenen Märkte für Aktien und Immobilien vorausgegangen war, waren die Zinssätze in Japan derart niedrig. Seit dem Zusammenbruch der Wirtschaft im Jahr 1990 hatte man in Japan die Zinssätze auf sehr niedrigem Niveau gehalten, um so die Wirtschaft wieder anzukurbeln und für ansehnliches Wachstum zu sorgen.

Kombiniert man all diese Aspekte, hätten wir zu 0,1 Prozent Zinsen in Japan Kapital aufgenommen und zu 6,3 Prozent verliehen, so hätten wir eine Rendite im Wert von 6,2 Prozent unser Eigen nennen können. Doch es gibt noch einen riskanten Aspekt, der unsere Erträge zunichte machen könnte. Gehen wir Schritt für Schritt durch, was für die Ausführung eines Carry Trades benötigt wird, dann wird dieses mit dem Trade einhergehende Risiko offensichtlich. Zuerst borgen wir uns Yen zu einem Zinssatz von 0,1 Prozent und tauschen die Yen dann in US-Dollar um; mit diesen US-Dollar kaufen wir nun auf US-Dollar lautende Nullkupon-Treasury-Strips mit 30-jähriger Laufzeit. Doch falls wir unsere Treasury Strips verkaufen, dann müssen wir unsere Dollar-Einnahmen wieder in Yen umtauschen, um den ursprünglichen Kredit zurückzuzahlen. Dadurch entsteht ein potenzielles Risiko. Was, wenn wir den in Yen denominierten Kredit zurückzahlen wollen und der Yen gegenüber dem US-Dollar mittlerweile an Wert zugelegt hat? Anders formuliert: Was, wenn der Dollar an Wert verloren hat? Im Grunde genommen heißt dies, dass man einem Währungsrisiko ausgesetzt ist, leiht man sich Yen, um in einer anderen Währung etwas zu kaufen. In Onkel Johns Augen stellte dieser Umstand eine konkrete Gefahr dar, denn seiner Meinung nach war der US-Dollar damals für einen größeren Wertverlust durchaus anfällig und auch heute noch ist Onkel John dieser Auffassung.

Um dieses Risiko auszugleichen, verlagerte Onkel John seinen Fokus von US-Treasury Strips auf Nullkupon-Anleihen anderer Regierungen mit günstigerer Währungsdynamik. Aus unserer Diskussion über Währungsrisiken in den vorherigen Kapiteln wissen wir, dass Onkel John stets die Währungen solcher Länder vorzog, die eine positive Handelsbilanz vorweisen konnten, die nur kleine Haushaltsdefizite oder, besser noch, einen Überschuss aufwiesen und deren Kreditaufnahme durch die öffentliche Hand im Verhältnis zum BIP gering war. Ausgehend von diesen Kriterien sah (und sieht) der US-Dollar, eine unattraktive und für Wertverluste anfällige Währung, schnell ziemlich alt aus. Es liegt vor allem an der hohen und stetig wachsenden Schuldenlast der USA, dass das Land keines dieser Kriterien erfüllen kann. Doch es gab ja noch andere Währungen, die über eine wesentlich vielversprechendere Dynamik als der US-Dollar verfügten. Onkel John glaubte, der kanadische Dollar sei eine gute Alternative zum US-Dollar, und so kaufte er stattdessen kanadische Nullkupon-Anleihen mit langer Laufzeit. Er empfahl auch Nullkupon-Anleihen aus Australien und Neuseeland, denn er war der Ansicht, dass die Währungen dieser Länder eine sicherere Sache als der US-Dollar seien.

Wer wissen möchte, welche Renditen dieses Investment generierte, der braucht nur einen Blick auf den kanadischen Markt für Nullkupon-Anleihen zu werfen. Im März des Jahres 2000, etwa zu der Zeit, da Onkel John zum Kauf dieser Anleihen riet, waren kanadische Nullkupon-Anleihen mit 30-jähriger Laufzeit mit 5,3 Prozent verzinst. Als die Zinssätze in den darauf folgenden Jahren aufgrund der allgemeinen wirtschaftlichen Schwäche sanken, fuhr das Investment eine weitaus höhere Rendite ein, als die Nominalverzinsung von 5,3 Prozent bis Fälligkeit vermuten lässt.

Ausgehend von einer Haltedauer von drei Jahren – so lange dauerte es in etwa, bis die US-Indizes im Jahr 2003 den Tiefpunkt der langjährigen Baisse erreichten – wäre die vergleichbare Verzinsung der im März 2000 gekauften Anleihen von 5,3 Prozent auf 4,9 Prozent gesunken. Dies mag sich nicht nach besonders viel anhören, doch sieht man sich die Renditen genauer an, dann summieren sich die Erträge recht schnell. Berechnen wir zum Beispiel unter Verwendung dieser Zinssätze die Rendite aus dem Marktkurs der Nullkupon-Anleihen, dann hätte sich der Gewinn in kanadischen Dollar auf 31,9 Prozent belaufen. Aus dieser über die dreijährige Haltedauer generierten Rendite von 31,9 Prozent ergibt sich, auf das Jahr umgerechnet, eine Rendite von 9,7 Prozent – kein schlechter Betrag für eine risikofreie Rendite. Doch beziehen wir in diese Überlegung auch die von Onkel John prognostizierte Schwäche des US-Dollars mit ein und rechnen unsere in kanadischem Dollar denominierten Erträge in US-Dollar um, so erhalten wir eine Rendite im Wert von 43,4 Prozent, was auf Jahresbasis umgerechnet 12,8 Prozent ergibt – auch nicht schlecht. Nebenbei bemerkt heißt dies, dass der US-Dollar im Verlauf der dreijährigen Haltedauer im Vergleich mit der stärkeren kanadischen Währung 11,5 Prozent an Wert verlor.

Obwohl diese Erträge für ein Investment in ein risikofreies Asset recht beeindruckend sind, sehen wir noch immer darüber hinweg, welche Konsequenzen es haben kann, für den Anleihenkauf Kredite aufzunehmen. Gehen wir erneut davon aus, dass sich das Fremdkapital auf das Doppelte unseres Eigenkapitals beläuft (2x), dann wird aus der Rendite im Wert von 43,4 Prozent, generiert im Verlauf von drei Jahren und umgerechnet in US-Dollar, ein Ertrag von 86,6 Prozent. Mit anderen Worten: Onkel John nahm Fremdkapital zum Zinssatz von 0,1 Prozent auf, investierte in eine risikofreie Nullkupon-Anleihe, ausgegeben von der kanadischen Regierung, und verdiente so während einer Baisse – die er schon im Vorfeld als Begleiterscheinung des NASDAQ-Zusammenbruchs angekündigt hatte – mehr als 86 Prozent.

Vergleichen wir diese Rendite von 86,6 Prozent mit der Performance, die der NASDAQ über den selben Zeitraum ablieferte, so sehen wir, dass der Index nach dem 1. März 2000, als Onkel John Investoren riet, Anleihen zu kaufen, 66 Prozent an Wert *verlor*. An diesen Anleihen verdiente Onkel John über etwa drei Jahre auf das einzelne Jahr umgerechnet eine Rendite von 25,5 Prozent.

Im Grunde genommen geht es bei dieser Diskussion darum, dass es sich für Schnäppchenjäger immer auszahlt, Vergleiche anzustellen. Manchmal muss man beim Vergleichen so weit gehen, auch Wertpapiere wie Anleihen mit einzubeziehen. Obwohl Onkel John mit einer extremen Situation konfrontiert war – es gab einfach nicht genug Schnäppchenaktien für ein Investment –, handelte er doch überlegt und vernünftig und machte so letztendlich doch noch Gewinn. Seine Vorgehensweise ist – und war schon immer – geprägt von klugen Entscheidungen, basierend auf gesundem Menschenverstand und seiner Bereitschaft, Dinge zu tun, die andere nicht tun. Würde man ihn fragen, was er sich bei diesem Trade dachte, dann würde er mit ein paar einfachen Fragen antworten: Soll ich es riskieren, in den aufgeblähten Aktienmarkt zu investieren und womöglich hohe Beträge zu verlieren? Oder sollte ich lieber die 5 bis 6 Prozent Rendite mitnehmen, die man an den verschiedenen Märkten für langfristige Anleihen verdienen kann? Einem jeden dürfte klar sein, wie die logische Antwort lauten muss und wofür man sich entscheiden sollte. Der Gedankengang ist nicht kompliziert, im Gegenteil – er ist ganz einfach.

Als er mit dem Kauf von Nullkupon-Anleihen begann, plante Onkel John, die Anleihen so lange zu halten, bis er im Zuge der Baisse, die ein Nebenprodukt der geplatzten NASDAQ-Blase sein würde, vielversprechende Schnäppchenaktien gefunden hätte:

> *Falls der NASDAQ-Index um 50 Prozent fällt, wäre es für die meisten Investoren klug, einen Großteil ihres Kapitals von den hochwertigen Anleihen abzuziehen und stattdessen in diejenigen Aktien zu investieren, die dann das höchste Schnäppchenpotenzial haben.*

Doch gegen Ende des Jahres 2003 änderte er seine Meinung, was Investments in den Vereinigten Staaten angeht. Er änderte seine Meinung vor allem deshalb, weil er noch immer all jene großen Missverhältnisse innerhalb der US-Wirtschaft sah, die ihn schon früher zu dem Glauben bewogen hatten, der US-Dollar sei angreifbar. Außerdem stach ihm noch eine andere besorgniserregende Entwicklung ins Auge. Seiner Ansicht nach waren die USA gerade dabei, einen weiteren Markt in verheerendem Ausmaß aufzublähen, doch dieses Mal handelte es sich nicht um eine Börsen-Blase. Es war vielmehr der US-Immobilienmarkt, der hier laut Onkel John übermäßig aufgeblasen wurde.

Eines der Schlüsselkriterien, auf die sich Onkel John bei der Bewertung von Immobilien konzentriert, ist der Ersatzwert. Er arbeitete mit dieser Methode zum Beispiel schon zu der Zeit, als es an den US-Börsen hieß, Aktien seien dem Tode geweiht (vgl. Kapitel 5), und dieselbe Methode verwendet er, wenn er den Marktwert einer Immobilie mit dem Betrag vergleicht, den es kosten würde, diese zu ersetzen. Er sagte, es habe ihn erschreckt zu erfahren, dass es mittlerweile das Vier- bis Fünffache kostet, auf den Bahamas – in der Gegend, in der auch er wohnt – ein Haus zu bauen. Onkel John hätte sich ein gewisses Preisgleichgewicht gewünscht, doch in der Vergangenheit hatte er immer wieder Phasen und Zyklen beobachtet, während derer die Immobilienpreise entweder weit über oder unter dem Ersatzwert lagen. Er sagte außerdem, dass die Preise zeit seines Lebens noch niemals derart aus dem Lot geraten seien. Eine Korrektur ähnlich dem 90-prozentigen Rückgang zur Zeit der Weltwirtschaftskrise hielt er zwar nicht für möglich, doch er sah das Potenzial für einen Rückgang um 50 Prozent. Aufgrund dieser Kommentare, die Onkel John der Presse gegenüber machte, mag so mancher Beobachter gedacht haben, dass es für Schnäppchenjäger keine guten, verwertbaren Kaufgelegenheiten mehr gäbe. Doch es gab noch eine andere Investment-Möglichkeit und sie wird Ihnen sehr vertraut vorkommen, nun, da wir uns bereits mit so vielen anderen Investments aus Onkel Johns Karriere beschäftigt haben. Nächster Halt: China.

Kapitel 10

Der schlafende Drache erwacht

Menschen, die sich nicht um die Zukunft kümmern,
werden binnen kurzem Schwierigkeiten haben.
– Konfuzius –

Im Jahr 1988 war Onkel John zu Gast in der Fernsehsendung *Wall Street Week* mit Louis Rukeyser, und einer der anderen Gäste fragte ihn, wo in der Welt sich seiner Meinung nach die nächste große Investment-Gelegenheit auftun würde. Er antwortete, indem er zuerst kurz frühere erfolgreiche Aktienmarkt-Investments und die Länder, in denen sie stattgefunden hatten, aufzählte. Die USA, so sagte er, sei aus dem Ersten Weltkrieg als große Nation hervorgegangen und Japan habe im Anschluss an den Zweiten Weltkrieg eine vergleichbare Entwicklung durchgemacht. Er hielt dann kurz inne und meinte, dass für ihn China die nächste große Nation und wohl durchaus ein Investment wert sei. Seiner Meinung nach würde durch die Wiedervereinigung Hong Kongs mit China ein starkes und gut entwickeltes Finanzzentrum entstehen – denn genau das habe dem Land gefehlt – und der Fortschritt würde sich dadurch massiv beschleunigen. Jahre später, im März des Jahres 2000, fasste Onkel John seine Sicht der Auswirkungen des Zusammenschlusses von Hong Kong und China in einem Interview mit der Zeitschrift *Fortune* so zusammen:

In Hong Kong gibt es sehr viele Unternehmer, die wissen, wie man Betriebe und Firmen aufbaut und führt, während es in China an solchen Geschäftsleuten mangelt. Daher wird Hong Kong wahrscheinlich für mehr als eine Milliarde Menschen zum Handels- und Finanzzentrum werden, geradeso, wie Manhattan das Handels- und Finanzzentrum für eine viertel Milliarde Menschen ist.

Heute ist die beträchtliche wirtschaftliche Präsenz Chinas auf dem Weltmarkt für die meisten Leser und Beobachter der Finanzmärkte ganz selbstverständlich. Doch als Onkel John China im Jahr 1988, also vor 20 Jahren, als die nächste große internationale Wirtschaftsmacht darstellte, war er in seiner Denkweise sehr fortschrittlich und dieser Status noch Zukunftsmusik. Gleichwohl ist fortschrittliches Denken das Markenzeichen des erfolgreichen Schnäppchenjägers.

Rufen Sie sich in Erinnerung, was genau Onkel John dazu veranlasst hatte, in den 60er-Jahren in Japan und in den 90ern in Südkorea zu investieren, und Sie werden erkennen, was er an China so attraktiv fand. Zur Veranschaulichung wollen wir hier die drei Länder – Japan, Korea und China – miteinander vergleichen.

Alle drei Länder waren am absoluten Tiefpunkt angekommen, und Onkel John war sich sicher, dass sie ihre jeweilige Krise meistern würden. Japan war durch den für das Land verheerenden Ausgang des Zweiten Weltkriegs wirtschaftlich in die Knie gezwungen worden. Das Land war dermaßen ruiniert, dass die Investoren glaubten, es würde sich nicht mehr erholen, aufs wirtschaftliche Abstellgleis geraten und weiterhin irrelevant bleiben. So wurde Japan, als es mit dem Wiederaufbau begann, von Seiten der großen Industrienationen, darunter auch die USA und Europa, nur wenig ernsthafte Aufmerksamkeit gezollt. Die Industrienationen sahen in Japan, dem Land, das in den 50er-Jahren »billigen Nippes« produziert hatte, keine drohende Gefahr.

Die Zerstörung durch den Koreakrieg hatte die Wirtschaft Südkoreas dem Erdboden gleichgemacht. Ähnlich wie zuvor schon Japan, verließ man sich auch in Südkorea während des Wiederaufbaus in den 60er-Jahren stark auf die finanzielle Hilfe der Industrienationen. Als Südkorea sich den Aufstieg zur Industriemacht zum Ziel setzte, glaubte niemand so recht, dass jenes Land, dessen drittgrößter Exportposten damals noch Echthaarperücken waren, dazu in der Lage wäre.

Im Fall Chinas war kein geschichtsträchtiger Krieg Auslöser für den wirtschaftlichen Absturz des Landes. Sieht man jedoch ein wenig genauer hin, so erkennt man, dass die innenpolitischen Ereignisse in China Mitte bis Ende des 20. Jahrhunderts zum wirtschaftlichen Zerfall beitrugen und das Land gleichsam zu einem Trümmerfeld machten. Genauer gesagt beziehen wir uns mit dieser Aussage auf das Regime Mao Zedongs, des Vorsitzenden der Kommunistischen Partei, und auf dessen Umsetzung der Politik des »großen Sprungs nach vorn« und die anschließende Kulturrevolution. Die Folgen dieser beiden Ereignisse für das Land waren mit denen einer Niederlage in einem großen Krieg absolut vergleichbar.

Der »große Sprung nach vorn« war eine von Mao im Jahr 1958 erdachte und umgesetzte Wirtschaftsstrategie mit dem Ziel des gemeinschaftlichen Fortschritts der Industrie und Landwirtschaft des Landes. Ein zentraler Grundsatz dieser Strategie war, dass die Regierung den landwirtschaftlichen Prozess kontrollieren konnte, der die nötigen Mittel generieren sollte, um den industriellen Vorstoß in die Stahlproduktion – und letztendlich auch in die Produktion anderer hoch entwickelter Güter – zu finanzieren. Maos erster Schritt zur Umsetzung des Programms schloss die umfassende Kollektivierung von Ackerland, also den Zusammenschluss der Felder zu Kommunen, ein (eine Methode, die schon früher, wenn auch in kleinerem Maßstab, Anwendung gefunden hatte). Im Grunde genommen wurde damit jede Form von Grundbesitz abgeschafft. Berichte deuten darauf hin, dass 700 Millionen Chinesen in landwirtschaftliche Kommunen umgesiedelt wurden, wobei in jeder der Kommunen etwa 5.000 Familien lebten. Waren die Menschen erst einmal umgesiedelt, wurden sie zur Feldarbeit gezwungen, um das Land mit Nahrung und den Industrialisierungsprozess mit den nötigen finanziellen Mitteln zu versorgen.

Aufgrund der Lektüre vorangegangener Kapitel werden sich die meisten Schnäppchenjäger sicher noch daran erinnern, dass die Produktivität erstickt und der Fortschrittsgeist abgetötet wird, sobald eine Regierung Privatbesitz, egal, ob es sich dabei um Grund und Boden oder ein Unternehmen handelt, verstaatlicht oder seine Bürger enteignet. Länder, in denen solche Strategien angewandt werden, sind für Investments völlig ungeeignet, da sich die Auswirkungen dieser Strategien in der Wirtschaft manifestieren. Im Falle Chinas gaben diese ersten

Schritte dem Land einen gehörigen Schub in die falsche Richtung. Das Endergebnis waren Hungersnot und Massensterben. Zum einen war dies auf Maos Bereitschaft zurückzuführen, jeden Gegner seiner politischen Linie einsperren oder töten zu lassen, und zum anderen darauf, dass der Parteivorsitzende zu stur war, um seinen Fehler früher einzugestehen,

Die Lage wurde noch schlimmer, als Mao versuchte, neben der Kollektivierung der Landwirtschaft ein weiteres seiner Projekte, nämlich die Industrialisierung des Landes, zu lancieren. Nachdem ihn ein Regierungsbeamter aus der Provinz davon überzeugt hatte, dass kleine »Hinterhof«-Stahlhochöfen der beste Weg seien, um die Entwicklung der Stahlindustrie des Landes voranzutreiben, wies Mao alle Kommunen und Stadtviertel an, in ihren Hinterhöfen und Gärten kleine Öfen für die Stahlproduktion zu errichten.

Mao wurde von landwirtschaftlicher Überproduktion in den Kommunen berichtet, und diese Meldungen ermutigten ihn vermutlich zu der Annahme, dass es nun an der Zeit sei, in den höchsten Gang des »großen Sprungs nach vorn« zu schalten. In Wahrheit war die landwirtschaftliche Produktion in den Kommunen jedoch erbärmlich und in keinster Weise ausreichend. Die Menschen, die man zur landwirtschaftlichen Arbeit gezwungen hatte, hatten nur wenig Anreiz, auf den Feldern zu arbeiten, und taten es meist nur, weil sie Repressionen fürchteten. Ob sie nun wollten oder nicht – die Menschen hatten mit rückständigen landwirtschaftlichen Methoden zu kämpfen und mussten mit eilig zusammengebauten Werkzeugen arbeiten, die nicht in Chinas Fabriken auf ihre Qualität hin untersucht wurden. Die Lage wurde dadurch erschwert, dass kommunale Regierungsbeamte die Produktionsstatistiken der Kommunen aufblähten. Grund für diese Lügen war wohl die Hoffnung, sich so das Wohlwollen der Zentralregierung zu sichern, oder die Angst vor Strafe, weil man das vorgegebene Soll nicht erfüllt hatte. Was auch der Grund gewesen sein mochte, die Statistiken wurden immer weiter aufgebläht, um so vorzugaukeln, dass die Kommunen ihr Soll mehr als erfüllten.

Die Befürworter des »großen Sprungs« in der Zentralregierung entschieden aufgrund dieser Informationen, weiter Nahrungsmittel zu exportieren, da sie von einem Überschuss an landwirtschaftlichen Erzeugnissen ausgingen. Zudem wurden weitere Arbeitskräfte von den

Feldern abgezogen, da man der Stahlproduktion in den Hinterhof-Hochöfen zusätzliche Ressourcen zuteilen wollte. Mitglieder der Zentralregierung, die über die wahren Zustände Bescheid wussten, schwiegen aus Angst, auf Kritik zu stoßen. So kam es also, dass sich der Mangel an Nahrungsmitteln durch dieses Vorgehen der Zentralregierung immer weiter auswuchs und in den Kommunen schon bald die ersten Opfer der Hungersnot zu beklagen waren.

Bis zum Jahr 1960 war das im Jahr 1959 schon unzureichende Produktionsniveau um weitere 15 Prozent gesunken. Auch die Hinterhof-Hochöfen erwiesen sich als absolutes Desaster, da die Erzeugnisse dieser provisorischen Öfen, in denen Metallreste eingeschmolzen wurden, zu schwach waren, um sie als Baumaterial zu verwenden. Da es an Treibstoff für die Öfen mangelte, bauten die Arbeiter Türen aus und verbrannten diese, um die Öfen am Laufen zu halten. Alles in allem war der »große Sprung nach vorn« wirtschaftlich gesehen eine Katastrophe mit ernsten humanitären Konsequenzen. Im Jahr 1960 konnte Mao die Augen nicht länger vor der Realität verschließen, dass die Menschen überall im Land hungerten, und er versuchte unterzutauchen, um für seine Fehler nicht die Verantwortung tragen zu müssen. Verschiedene Schätzungen gehen von 30 Millionen Todesopfern zu diesem Zeitpunkt aus.

Aufgrund dieses Debakels übergab Mao die Macht an zwei bekannte Funktionäre, Liu Shaoqi und Deng Xiaoping, und wurde selbst zum Vorsitzenden der Kommunistischen Partei. Schon bald bereute er es, sich so still und leise von seiner Machtposition verabschiedet zu haben, und so setzte Mao im Jahr 1966 die nötigen Hebel in Bewegung, um seinen verlorenen Einfluss wieder zu erlangen – er stiftete zur Kulturrevolution an. Die Kulturrevolution war ein von Mao ins Rollen gebrachtes politisches Manöver, das dazu dienen sollte, Maos politische Konkurrenten innerhalb der Regierung aus dem Amt zu verdrängen. Mao unternahm diesen Schritt, da die neue politische Führung des Landes sich beliebt gemacht hatte, indem sie die Reformen aufhob, die er im Rahmen des »großen Sprungs nach vorn« eingeführt hatte.

Die Kulturrevolution machte China erneut zum Krisengebiet. Ein verheerendes Nebenprodukt dieser Revolution war die Unterstützung, die Mao durch die Rote Garde erhielt. Anfangs war dies noch eine Studentengruppe gewesen, die den Maoismus verteidigte und die »alten

Sitten« der »Bourgeoisie« ablehnte. Mao begrüßte diese Bewegung, da er überzeugt war, sie würde in ganz China für weitreichende Veränderungen und vorbehaltlose Akzeptanz des Sozialismus sorgen. Teil dieses Prozesses war die Ausmerzung der »vier Alten« – alter Bräuche, alter Kultur, alter Gewohnheiten und alten Denkens. Bei der Beseitigung dieser so genannten vier Alten hatte die Rote Garde unbegrenzte Befugnis und die Millionen Mitglieder umfassende Garde war in der Ausübung dieser Macht gnadenlos. Armee und Polizei waren angewiesen worden, sich zurückzuhalten und sich nicht in die Vorgehensweise der Roten Garde einzumischen. Wer sich dieser Anweisung widersetzte, galt als Verteidiger des Bürgertums und wurde bestraft.

Die Rote Garde nutzte die Gunst der Stunde nicht nur zur Zerstörung von Kirchen, uralten Gebäuden, Antiquitäten und Gemälden, sondern auch zum Foltern und Töten unschuldiger Menschen. Schätzungen zufolge forderte die Kulturrevolution 500.000 Opfer oder mehr. Immer mehr Menschen schlossen sich der Roten Garde an, und im Jahr 1968 war die Mitgliederzahl schließlich so groß geworden, dass Mao die Garde nunmehr als Bedrohung der Macht der Zentralregierung sah und deren Auflösung befahl. Der Geist der Kulturrevolution, gekennzeichnet durch Tyrannei und Schikane, blieb jedoch bestehen, bis die so genannte Viererbande im Jahre 1976 gefasst wurde. Die Bande war eine Gruppe mächtiger und hochgestellter Anstifter (zu ihnen gehörte auch Maos Noch-Ehefrau), die die zentrale Antriebskraft der Kulturrevolution unter Mao gewesen waren.

So schrecklich all dies vom humanitären Standpunkt aus klingen mag, auch die wirtschaftlichen Konsequenzen waren gleichermaßen schwerwiegend und nachhaltig. Während der Kulturrevolution kam die Wirtschaftsaktivität so gut wie zum Erliegen, denn die Bevölkerung war vorrangig damit beschäftigt, die alten Sitten auszurotten oder zu fliehen. Die finanziellen Ressourcen der Regierung wurden zur Unterstützung der Roten Garde ausgegeben und jeder, der als »Intellektueller« galt, wurde zur Umerziehung in ein Arbeitslager geschickt, so auch die beiden Anführer, deren sich Mao entledigt hatte. Die Hochschul-Aufnahmeprüfungen wurden gestrichen und so kam neben der Wirtschaft auch die Bildung zum Erliegen. Die verlorenen zehn Jahre im Bildungssystem hinterließen ein klaffendes Loch und erschwerten den Fortschritt in China massiv.

Erst im Jahr 1977, als Deng Xiaoping aus dem Arbeitslager kam und erneut die Führung Chinas übernahm, wurde die Bildung wieder zum wichtigen Thema. Es wurden einschneidende Reformen vorgenommen, um den beträchtlichen Schaden, den Mao während der vergangenen zwei Jahrzehnte angerichtet hatte, wieder gutzumachen. Obwohl Deng Xiaoping nicht offiziell Staatschef war, so spielte er doch, nachdem er im Jahr 1974 auf Geheiß des angeschlagenen Ministerpräsidenten und mit Erlaubnis Maos aus der Verbannung zurückgekehrt war, von Tag zu Tag die Rolle des CEO von China, wenn man so will. Kurz nachdem der Ministerpräsident im Jahr 1976 gestorben war, wurde Deng erneut von der Viererbande entmachtet, doch nach deren Festnahme konnte er ein weiteres Mal im politischen System Chinas Fuß fassen und wurde nach Maos Tod de facto dessen Nachfolger.

Mit Deng an der Macht machte China im Jahr 1977 eine Kehrtwende und distanzierte sich in aller Öffentlichkeit von der Kulturrevolution. Dengs Ziel, die Verzweiflung und Not der chinesischen Bürger zu lindern, wurde im Jahr 1979 offenbar, als er sagte: »Reichtum zu erwerben ist ruhmreich.« Deng betonte auch, dass es beim Sozialismus nicht darum gehe, gemeinsam arm zu sein. Doch es war keineswegs sicher, ob er China aus dem wirtschaftlichen Ruin herausführen könnte. Ein großes Hindernis auf dem Weg zu wirtschaftlichem Erfolg war das so genannte Xiafang-Programm, die Landverschickung des Jahres 1968, im Rahmen derer Mao allen Intellektuellen befohlen hatte, die Städte zu verlassen und aufs Land zu ziehen. Zu diesen Intellektuellen zählten auch Kinder, die gerade erst die Grundschule abgeschlossen hatten. Deng hatte es also mit einer völlig verlorenen Generation in einer Gesellschaft zu tun, die von den Folgen der Kulturrevolution schwer gezeichnet war. Seine Strategie für den Wiederaufbau Chinas musste erfolgreich sein, und im Gegensatz zu Mao war Deng ein Mann, der in seinem Vorgehen Wert auf Präzedenzfälle und reichliche Überlegung legte. Deng begann damit, die chinesischen Märkte, wenn auch langsam und vorsichtig, für den Westen zu öffnen. In einem alten Nachbarn Chinas hatte er ein erfolgreiches Wirtschaftsmodell gefunden, nach dessen Vorbild er Chinas Wachstum gestalten wollte: Japan.

Sie erinnern sich vielleicht aus unserer Besprechung Japans und Südkoreas, dass diese beiden asiatischen Länder sich beim schnellen Wiederaufbau ihrer Wirtschaft an ein gewisses Grundrezept hielten.

In China fand man dieses Rezept sehr ansprechend, und so wandte man es auf ganz eigene Art an. Eine Hauptvoraussetzung für wirtschaftlichen Erfolg ist auf jeden Fall eine hohe Sparquote – gleichzeitig eines der Attribute, die Onkel John bei Investments im Ausland zu schätzen weiß und favorisiert. China erwies sich als sehr geschickt, als es darum ging, überall im Land für eine hohe Sparquote zu sorgen. Die Sparmaßnahmen waren tatsächlich so erfolgreich, dass China im Jahr 1988 – damals führte Onkel John das Land als nächste große Investment-Nation ins Feld – neben Japan und Korea die höchste Sparquote weltweit aufweisen konnte (siehe Abbildung 10.1).

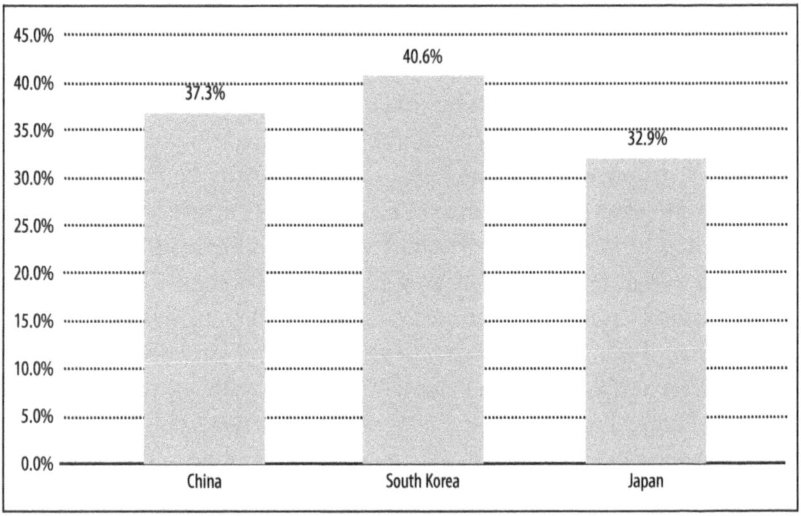

Abbildung 10.1: Prozentanteil der Bruttoersparnis am BIP (China, Südkorea und Japan)
Quellen: OECD, Asian Development Bank

Schon in Japan und Korea hatte man die Strategie der höheren Sparquote verfolgt, um finanzielle Reserven zu schaffen und das industrielle Wachstum zu finanzieren. Dieses Wachstum würde im Lauf der Zeit zu einem erhöhten Exportaufkommen mit wertigeren Gütern führen. In China war man fest entschlossen, im Exportbereich ebenso erfolgreich zu sein, wie es Japan und Korea im Rahmen des wirtschaftlichen Wiederaufbaus vorgemacht hatten. Wie die beiden Vorbilder begann auch China am unteren Ende des Marktes und produzierte zuerst Textilien und »billigen Krimskrams« für den Export. In den meisten Fällen hat eine solche Konzentration auf den Exportbereich einen Handelsüberschuss zur Folge – eine weitere wirtschaftliche Voraussetzung, die Onkel John in anderen Ländern gerne sieht. Abbildung 10.2 stellt die Beziehung zwischen Exporten und Importen im Lauf der Zeit als Prozentanteil am chinesischen BIP dar.

Die Zeit verging und Chinas Exporte wuchsen rapide, doch zu Beginn bedienten die Exportartikel (wie schon Japans Nippes und Koreas Perücken) das untere Ende des Marktes. Im folgenden Auszug aus einem im Jahr 1993 in der *New York Times* erschienenen Artikel berichtet ein Reporter über eine exportgetriebene Stadt im Süden Chinas. Qiaotou wurde als Knopf-Hauptstadt der Welt bekannt, denn dort wurden Knöpfe für Hemden und Jacken produziert. Es überrascht nicht, dass der Journalist kein allzu schmeichelhaftes Bild der Stadt

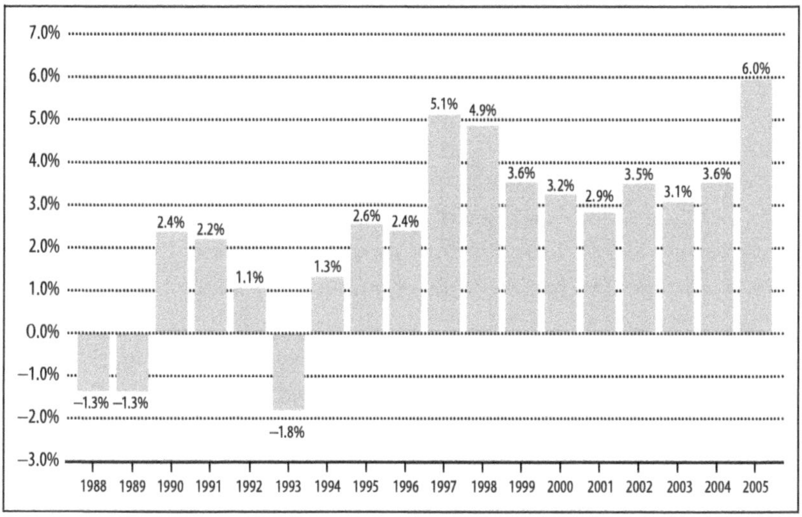

Abbildung 10.2: Handelsbilanz Chinas (prozentualer Anteil Exporte/Importe am BIP)
Quelle: Asian Development Bank

zeichnet und seine Darstellung mit den US-Berichten über japanische Exporteure in den 50er-Jahren vergleichbar ist.

> ***Qiaotou Journal; Chinesen setzten letztes Hemd auf Knöpfe – und treffen ins Schwarze!***
> *Wer einen Blick auf die wirtschaftliche Revolution Chinas erhaschen will, der sollte die Hauptstraße dieser bescheidenen Kleinstadt am Ufer eines grässlich riechenden Flusses am Ende der Welt hinunterlaufen.*
> *Bauern trotten, sich wehrende Hühner über den Schultern, die staubigen Gehwege entlang, während sich Rikschas zwischen Marktständen hindurchzwängen, die an beiden Seiten der Straße stehen und auf denen sich Nippsachen und Schnickschnack türmen. Doch dieses entlegene Fleckchen im Südosten Chinas hat sich im Lauf der letzten zwölf Jahre zur Knopf-Hauptstadt der Welt gemausert.*
> *Jedes Jahr werden in den privat geführten Betrieben Qiaotous etwa zwölf Milliarden Knöpfe produziert, vorrangig die langweiligen Plastikknöpfe, die man an billigen Hemden und Jacken findet. Dieser Knopf-Boom – anders kann man es nicht nennen, denn schließlich werden hier für jeden Menschen auf Erden jährlich zwei Knöpfe produziert – hat dafür gesorgt, dass aus den Reisfeldern Fabrikgelände, aus Bauern Industriemagnaten wurden.*

Seien Sie sich vor allem des Ehrgeizes der Knopf-Hersteller bewusst. Wie schon die Japaner und Koreaner vor ihnen waren auch sie nicht damit zufrieden, einfach nur Knöpfe zu produzieren; sie waren bereit, die Leiter weiter nach oben zu klettern und hochwertigere Produkte herzustellen, selbst wenn es sich dabei nur um Tennisschuhe gehandelt hätte. Im folgenden Auszug aus demselben Artikel interviewt der Reporter einen der Knopf-Produzenten von Qiaotou. In diesem Gespräch wird die Tatkraft jener angehenden Industriellen deutlich.

> *»Ich habe vor, weitere Fabriken zu eröffnen und vielleicht auch selbst zu exportieren«, sagt Mr. Zhan und klimpert dabei mit seinem 24-Karat-Goldarmband, das so schwer ist, dass es gut und gern auch als Hantelersatz durchgehen könnte.*
> *Er sitzt auf einem Ledersofa im Wohnzimmer seiner neuen sechsstöckigen Villa; allerdings weiß er nicht so recht, was er mit all dem Platz anfangen soll, und daher stehen die oberen drei Stockwerke leer.*

> *»Vielleicht stelle ich auch auf einen neuen Produktionsbereich um und stelle Tennisschuhe her«, fährt Mr. Zhan nachdenklich fort. »Wer weiß, was in zehn Jahren sein wird? Aber je größer, desto besser!«*

Der Artikel verdeutlicht sehr anschaulich die damalige Situation in China. Das Land fand langsam Gefallen am Kapitalismus und natürlich auch an den Annehmlichkeiten, die mit geschäftlichem Erfolg einhergehen. Deng forderte das Volk auf, das Eisen zu schmieden, solange es heiß sei – viel mehr brauchte es nicht.

Vielleicht noch wichtiger als der Ehrgeiz der Chinesen ist deren Fähigkeit, ihre Strategie auch umzusetzen. Sehen wir uns die Exporte des Landes und deren Zusammensetzung an, so erkennen wir, dass im Lauf der Zeit dieselbe Entwicklung vom einstigen Exporteur minderwertiger Textilien zum Exporteur von Industriemaschinen und hochwertigerer Produkte stattfindet, die wir bereits in anderen asiatischen Ländern sehen konnten. Vergleichen wir, welchen Prozentanteil Textilien in den Jahren 1992 und 2005 am Exportaufkommen hatten, so stellen wir eine dramatische Wende fest. Begleitet wurde diese von massivem Wachstum und einem Anstieg des prozentualen Anteils, den Maschinen, mechanische Apparate und Elektroartikel am Export hatten. Insgesamt betrug der prozentuale Anteil der Textilien nur noch die Hälfte des Wertes aus dem Jahr 1992, während der Prozentanteil der Maschinen auf das Dreifache des Werts von 1992 stieg. Diese Entwicklung vom Export minderwertiger Produkte hin zur Ausfuhr höher entwickelter Industriegüter gleicht den Abläufen in Japan und Korea (vgl. Abbildung 10.3).

Chinas Kombination aus einer hohen Sparquote und Investitionen in die industrielle Basis führte, zusammen mit den Exporten als Ergebnis dieser Investitionen, dazu, dass die chinesische Wirtschaft bald eine Wachstumsrate aufweisen konnte, welche die meisten anderen Länder vor Neid erblassen ließ. So wie zuvor schon Japan und Korea stellte nun China während seiner wirtschaftlichen Transformation die weltweit führende Wachstumsrate (siehe Abbildung 10.4).

China hatte eine beeindruckende Wachstumsrate vorzuweisen und Onkel John glaubt, dass China aufgrund dessen die USA überholen und in den nächsten 30 Jahren zur größten Wirtschaft der Welt avancieren wird. Der Erfolg, den man in China bisher bei der wirt-

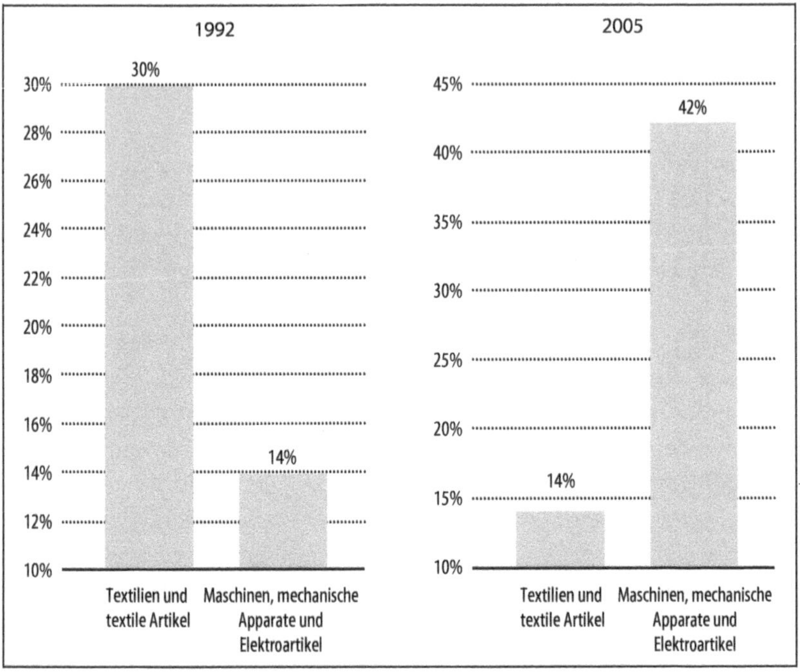

Abbildung 10.3: Die Verschiebung in den Exporten Chinas – weg von Textilien und hin zu Maschinen (1992–2005)

schaftlichen Verwandlung vom sozialistischen System zu einem System des freien Marktes hatte, findet überall recht großen Anklang. Doch trotz all dieser positiven Aspekte bleibt zu bedenken, dass es sich bei China quasi um ein unvollendetes Werk handelt. Noch immer gelten Restriktionen für ausländische Investoren, und dies ist eines der Probleme, die noch gelöst werden müssen.

Für ausländische Investoren ist es noch immer problematisch, Zugang zu Aktien zu erlangen, die an den Märkten des chinesischen Festlands, also den Börsen in Shanghai und Shenzhen, notiert sind. Es gibt jedoch so genannte Chinese American Depository Receipts (ADRs), die an den US-Märkten gehandelt werden. Außerdem gibt es viele chinesische Unternehmen, die an den für ausländische Investoren leicht zugänglichen Börsen in Hong Kong und Singapur gelistet sind. In China stand man Investitionen aus dem Ausland schon immer miss-

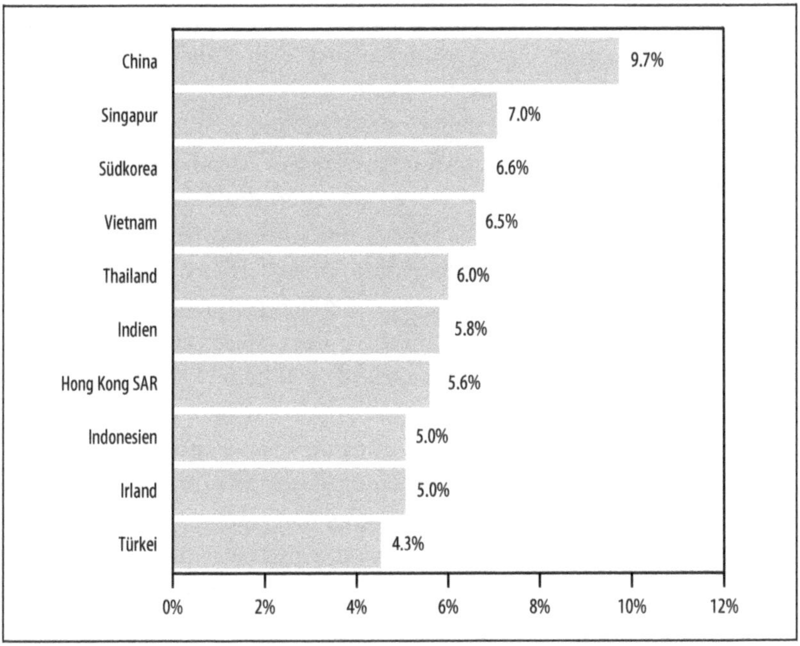

Abbildung 10.4: Durchschnittliche Spitzen-Wachstumsraten gemessen am BIP, 1980–2005

Quelle: IWF

trauisch gegenüber, was teilweise das Ergebnis der Besatzung, die im Lauf der Geschichte des Landes stattgefunden hat, sowie der Kolonialisierung durch das Ausland ist. Des Weiteren sind die Menschen in China sehr stolz und nationalistisch. Als wir uns mit Onkel John einmal über China unterhielten, bemerkte er: »Wenn man an China denkt, dann darf man eines nicht vergessen, und das sind die Menschen ... man darf sie nicht als Kommunisten oder Kapitalisten sehen ... sie sind zuallererst Chinesen und so sehen sie sich auch selbst.« Es ist und war dieser Nationalismus in Verbindung mit dem Wissen um die Undurchsichtigkeit des Marktes, den Berichten über gelegentliche Fälle von Korruption und dem Risiko, Verluste zu erleiden, was so manchen ausländischen Investor im Lauf der Jahre von China fernhielt.

Onkel John ist in seiner Herangehensweise an Investments in China noch immer wählerisch und stets darauf bedacht, den größtmöglichen Vorteil herauszuschlagen. Im Lauf der letzten Jahre machte er einige Investments in China und verhielt sich dabei stets wie ein disziplinierter Schnäppchenjäger. Doch da eine umfassende Korrektur des chinesischen Marktes ausblieb, war er bei seinen Käufen sehr selektiv. Auch seine Methoden beim Investieren in China haben sich verändert. Anfang des Jahres 2003, als es aufgrund des seit einigen Jahren stattfindenden weltweiten Rückgangs der Aktienkurse zu einem vermehrten Schnäppchenaufkommen kam, investierte er in verschiedene Investmentfonds, deren Fokus auf China lag. Im Grunde genommen hat er immer dazu geraten, in China nur über Manager zu investieren, die »mit beiden Beinen fest auf dem Boden stehen«. Dadurch sinkt das Risiko, das ein Investment in einen relativ intransparenten Markt mit sich bringt. Anders formuliert hält er es für klug, sich für Investments an Manager zu wenden, die mit Analysten vor Ort zusammenarbeiten. Diese können wiederum für Investments in Frage kommende Unternehmen besuchen und sitzen direkt an der Informationsquelle. Durch dieses Vorgehen kann sich der Investor vor Korruption und anderen Risiken in Zusammenhang mit der Chefetage schützen. Ließen sich aber vielversprechende Schnäppchen finden, so investierte Onkel John auch in Einzelaktien. Zwei Aktien, die im September 2004 Onkel Johns Interesse weckten, waren China Life Insurance und China Mobile.

China Life Insurance ist Chinas größter Lebensversicherer, und im September des Jahres 2004 wurde die Aktie dieses Unternehmens aus mehreren Gründen für Onkel John interessant. Vor allem sah er die Aktie als Möglichkeit, in die Stärke der chinesischen Währung zu investieren, ohne jedoch eine Prämie dafür bezahlen zu müssen. Da die Aktie als ADR an der New Yorker Börse gehandelt wird, konnte er ohne die üblichen hohen Gebühren, die für gewöhnlich beim Kauf chinesischer Renminbi anfallen, ein hochliquides Wertpapier kaufen. Gleichzeitig erhielt er durch dieses Investment Zugang zu den zugrunde liegenden Investitionen der China Life Insurance selbst. Onkel John argumentierte so, dass sich Versicherer bei der Anlage der an sie bezahlten Prämien stets vor Währungsschwankungen schützen wollen und deshalb wahrscheinlich die Währung, in der sie investieren, an die Währung, in der sie ihre Geschäfte abwickeln, anpassen werden. Dadurch sinkt das Risiko, dass Währungsschwankungen die Geschäftsfähigkeit gefährden, wenn Forderungen der Kunden beglichen werden. Indem Onkel John also Aktien der Versicherungsgesellschaft kaufte, erhielt er auch Zugang zur chinesischen Währung, die er langfristig ansprechend fand. China Life schien ein gutes Schnäppchen zu sein: Onkel John fürchtete einen Wertverlust des US-Dollars und die chinesische Wirtschaft hatte einige attraktive Merkmale aufzuweisen, die schon oft die Basis einer starken Währung waren. Außerdem handelte es sich um ein wachsendes Unternehmen mit recht attraktiver Bewertung.

Onkel Johns Strategie im Hinblick auf China Life ähnelt einer anderen Taktik, deren er sich routinemäßig bedient, wenn er in aufstrebende Märkte investiert. Immer wieder stieß Onkel John im Verlauf seiner Karriere auf Aktienmärkte im Ausland, die zwar durchaus Schnäppchenpotenzial besaßen, jedoch vielleicht zu klein für eines seiner beträchtlichen Investments waren. Um diesen Liquiditätsmangel auszugleichen, kaufte er unter anderem die Aktien großer Banken, die in jenen Ländern operierten. Banken, die in Ländern mit aufstrebenden Märkten agieren, investieren oftmals in den Aktienmarkt dieses Landes. In vielen Fällen waren die Banken bereits im Besitz der Wertpapiere, die Onkel John so attraktiv gefunden hatte. Stieg der Wert der Aktien im Besitz der Bank, so konnte auch die Bank selbst einen Wertzuwachs verbuchen. Mit dieser Methode, sich Zugang zu Aktien auf Märkten mit Liquiditätsproblemen zu verschaffen, war Onkel John in der Vergangenheit stets erfolgreich gewesen.

Im Falle China Lifes verhielt es sich ähnlich; doch in jenem Fall ging es ihm eher darum, in eine Währung zu investieren, deren grundlegende Fundamentaldaten auf lange Sicht sehr viel besser waren als die des US-Dollars. Onkel John konnte den wahren Vermögenswert eines Unternehmens schon immer aus dessen Bilanzen herauslesen. Er ist ein Experte, wenn es darum geht, verborgene Posten ans Licht zu bringen, wie etwa in den 60ern die ungenannten, nicht konsolidierten Tochtergesellschaften gelisteter japanischer Unternehmen oder die oft übersehenen Wertpapierbestände der Banken in Ländern mit aufstrebenden Märkten. In den Finanzberichten zu graben und nach unauffälligen Werten mit Schnäppchenpotenzial zu suchen zahlt sich immer aus. Es war diese Verbindung, gepaart mit der Attraktivität eines langfristig wachsenden Unternehmens in einem aufstrebenden Markt, was Onkel John im Jahr 2004 dazu veranlasste, Aktien von China Life Insurance zu kaufen.

Im Lauf der Jahre haben wir sehr viel von Onkel John gelernt. Eine der wichtigsten Lektionen war dabei, immer die Aktien zu kaufen, die er empfahl. Es ist ganz einfach: Schlägt er eine Aktie vor, dann kaufen Sie sie! Wie Sie aus Abbildung 10.5 ersehen können, sind wir für den Ertrag aus unserem Investment in China Life besonders dankbar – wir verdienten etwa 1.000 Prozent in drei Jahren.

Nun wollen wir einen Blick auf das andere Wertpapier werfen, das Onkel John selbst kaufte und weiterempfahl: China Mobile, ein Mobilfunkunternehmen, das beinahe 68 Prozent der Verbraucherbasis erfasst und somit derzeit den chinesischen Markt anführt. Obwohl China Mobile mittlerweile deutlich mehr kostet als noch im Jahr 2004, liefert das Unternehmen dennoch ein gutes historisches Beispiel für einige der Kriterien, über die eine Aktie laut Onkel John vorzugsweise verfügen sollte. Auch diese Aktie wird als ADR an der New Yorker Börse gehandelt und wies vor allem ein relativ niedriges KGV von 11

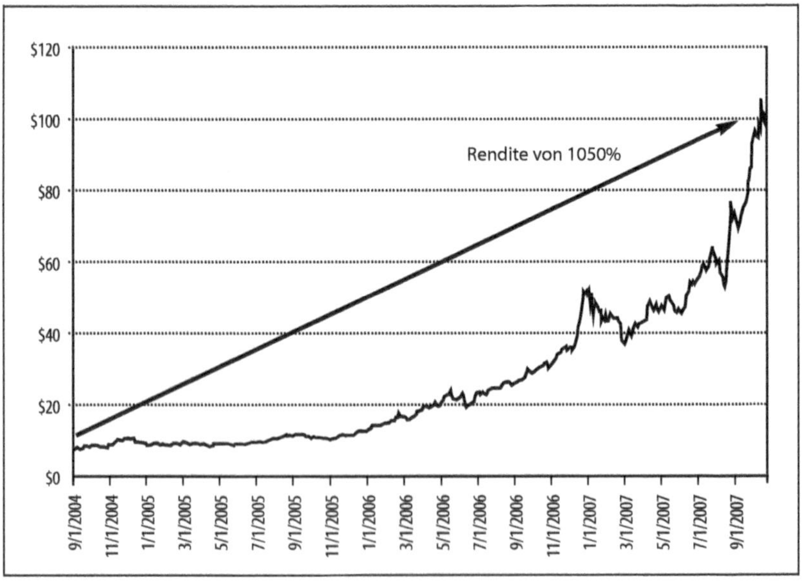

Abbildung 10.5: China Life Insurance ADR – Drei-Jahres-Rendite seit September 2004

Quelle: Bloomberg

auf. Noch wichtiger war jedoch, dass das Kurs-Gewinn-Verhältnis verbunden mit der langfristigen Wachstumsrate gemessen in Erträgen pro Aktie, die sich auf 20 Prozent belief, noch besser aussah. Geht man noch einen Schritt weiter und teilt das KGV durch die geschätzte langfristige Wachstumsrate der Erträge pro Aktie (PEG-Ratio), so erhält man einen Wert von 0,55 (KGV von 11 geteilt durch geschätzte Wachstumsrate von 20). Das bedeutet so viel wie: die China-Mobile-Aktie ist eine der am günstigsten bewerteten Aktien im Bereich schnurlose Telekommunikation. Mit anderen Worten: Die Aktie gehört zu den billigsten Titeln weltweit, vergleicht man sie mit den übrigen internationalen Mobilfunkunternehmen:

- China Mobile PEG-Ratio 2004 = 0,55
- Durchschnittliches PEG-Ratio der Gruppe »Mobilfunk International« 2004 = 0,84

Vielleicht am wichtigsten waren Onkel John jedoch die starke Wachstumsrate und die hohe Ertragskraft eines Unternehmens auf komparativer Basis. Als Onkel John in China Mobile investierte, sagte er, dass es während der nächsten fünf Jahre zunehmend wichtig sei, in eine Reihe internationaler Aktien mit den größten Gewinnmargen und den am schnellsten wachsenden Profiten zu investieren. Es sei auch mehr denn je von Vorteil, bei der Aktienauswahl mit einem längerfristigen Zeithorizont zu arbeiten. In der Vergangenheit hatte er dazu geraten, ein KGV zu errechnen, das auf einer Schätzung der Erträge pro Aktie (EPS) der nächsten fünf Jahre basierte. Ende des Jahres 2004 plädierte er jedoch nachdrücklich dafür, bei dieser Schätzung der zukünftigen Erträge noch weiter in die Zukunft zu blicken und das KGV mithilfe der EPS nach 10 Jahren, also der Erträge pro Aktie im Jahr 2015, zu berechnen. Für Analysten, die sich hauptsächlich damit beschäftigen, den EPS-Wert des nächsten Quartals zu schätzen, wäre ein solcher Zeithorizont vermutlich unvorstellbar. In diesem Fall sollte der Analyst daher anstelle eines KGV-Wertes von 5 oder weniger für die Erträge pro Aktie in fünf Jahren lieber ein KGV von etwa 2 oder weniger für die Erträge pro Aktie in zehn Jahren ins Auge fassen. Gehen wir von denselben Annahmen aus, die auch schon beim Kauf von China Mobile im Jahr 2004 zum Zuge kamen (ein KGV basierend auf dem damaligen

EPS-Wert von 11 und die Annahme, dass die langfristige EPS-Wachstumsrate 20 Prozent betragen würde) und erweitern jedoch unseren Zeithorizont, so erhalten wir ein Kurs-Gewinn-Verhältnis von 1,8 für die Erträge pro Aktie in zehn Jahren (der aktuelle Kurs des Jahres 2004 wird durch den für die Erträge pro Aktie in Jahr 10 geschätzten Wert geteilt). Sich bei der Beurteilung einer Aktie an einen derart langen Zeithorizont halten zu müssen ist eine Herausforderung, doch die Resultate können recht lohnenswert sein (siehe Abbildung 10.6).

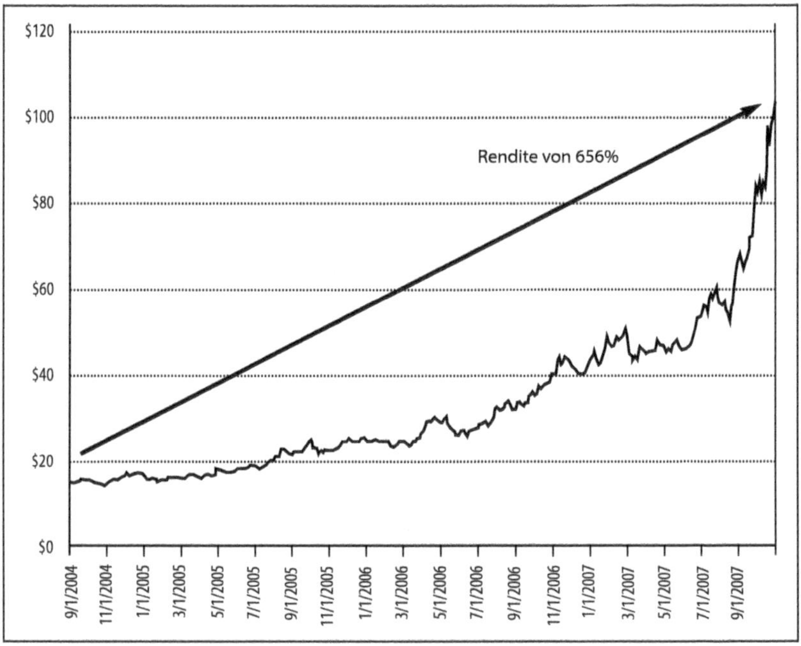

Abbildung 10.6: China Mobile ADR – Drei-Jahres-Rendite seit September 2004

Quelle: Bloomberg

Onkel John machte keinen Hehl daraus, dass es durchaus kein leichtes Unterfangen ist zu schätzen, welche Erträge ein Unternehmen in zehn Jahren pro Aktie generieren wird. Liegt der Schwerpunkt vor allem auf den Unternehmen mit dem besten Wachstum und der stärksten Ertragskraft, so fällt es recht leicht zu erkennen, wohin diese Übung einen Schnäppchenjäger führt. Wie schon beim Versuch, zu errechnen, wie viel ein Unternehmen in fünf Jahren pro Aktie erwirtschaften wird, ist der Schnäppchenjäger gezwungen, das Unternehmen im langfristigen Zeithorizont zu betrachten. Nicht einmal eine Minute sollte man damit verschwenden, sich über den EPS-Wert des nächsten Quartals Gedanken zu machen. Stattdessen kommt Onkel Johns Rat, sich zu überlegen, welche Erträge ein Unternehmen in zehn Jahren pro Aktie einfahren wird, einer deutlichen Warnung vor der wachsenden Bedrohung durch immer größer werdende Überschüsse in der Wirtschaft und dem daraus resultierenden Wettbewerbsdruck gleich, den überschüssige Kapazitäten auf Profitmargen und Erträge ausüben werden.

Indem sich der Schnäppchenjäger also auf die bis zu zehn Jahre in der Zukunft liegenden Aussichten eines Unternehmens konzentriert, ist er gezwungen, auch über die wettbewerbliche Positionierung des Unternehmens auf dem Markt nachzudenken. Kurz gesagt müssen Schnäppchenjäger einen großen Teil ihrer Bemühungen darauf verwenden, herauszufinden, welche Wettbewerbsvorteile ein Unternehmen im Vergleich zur Konkurrenz besitzt. Dafür muss man sich nicht nur eingehend mit dem Unternehmen, dessen Aktien man womöglich kaufen wird, beschäftigen, sondern auch mit dessen direkten Konkurrenten auf dem Markt.

Onkel John sagte stets, dass er damals, als er zu Beginn seiner Karriere Unternehmen zu Analysezwecken besuchte, die besten Informationen nie von den zu bewertenden Unternehmen selbst, sondern immer von der Konkurrenz erhielt. Das Ziel dieser Analyse ist es, sich einen Eindruck davon zu verschaffen, inwieweit ein Unternehmen in der Zukunft zur Aufrechterhaltung seiner Profitabilität in der Lage sein wird. Diese Überlegung spielt eine zentrale Rolle, wollen Sie eine Aussage darüber treffen, wie die Unternehmenserträge in zehn Jahren aussehen werden.

Der zentrale Faktor, den alle Schnäppchenjäger bedenken müssen, ist gleichzeitig eine der ersten Regeln der Wirtschaftslehre: Übermäßige Gewinne ziehen Wettbewerber an, bis es schließlich so viele Konkurrenten gibt, dass die Gewinne nicht mehr für alle reichen und Mitbewerber vom Markt verdrängt werden. Aus diesem Grund müssen sich Schnäppchenjäger Fragen wie diese stellen: Wie verteidigungsfähig sind die Gewinnmargen des Unternehmens angesichts zunehmenden Wettbewerbs? Es ist ein ermutigendes Zeichen, wenn das Unternehmen über Wettbewerbsvorteile verfügt, die andere Konkurrenten nicht kopieren können. Vielleicht sind die Produktionskosten des Unternehmens am niedrigsten oder das Image des Unternehmens auf dem Markt ist hervorragend und die Mehrheit der Kunden zieht dessen Marken und Produkte vor. Hat das Unternehmen einen hohen prozentualen Marktanteil, während die übrigen Marktanteile an einige andere Unternehmen gehen, die jedoch kein Interesse daran haben, einen Preiskrieg zu führen, kann auch das ein gutes Zeichen sein. Die Schlüsselfrage lautet: Wie leicht wäre es für jemanden, dieses Unternehmen nachzubilden? Wäre es sehr einfach, so ist es wahrscheinlicher, dass der Wettbewerb Gewinnmargen und Wachstumsrate des Unternehmens beeinträchtigen wird. Ist eine Nachbildung der Unternehmenscharakteristika hingegen sehr schwierig, so können Investoren den Ertragsfluss als wertvoller betrachten.

Mitte des Jahres 2005 teilte Onkel John seine Gedanken zum stetig steigenden Wettbewerbsdruck, der auf Unternehmen ebenso wie auf nicht gewerbsmäßigen Einrichtungen wie Universitäten lastet. Er brachte seine Bedenken diesbezüglich im Zusammenhang mit seiner Besorgnis hinsichtlich des wachsenden US-Schuldenbergs und des bevorstehenden Zerplatzens der US-Immobilienblase zum Ausdruck:

> *Der sich beschleunigende Wettbewerb wird mit großer Wahrscheinlichkeit dafür sorgen, dass die Gewinnmargen weiter sinken und in manchen Branchen sogar in den negativen Bereich abrutschen. Mehr als zehnmal so viele Menschen sind mittlerweile hoffnungslos verschuldet, und das führt zu einer regelrechten Pleitewelle, von der nicht nur die einzelnen Schuldner betroffen sind, sondern auch viele Unternehmen, die Kredite ohne Sicherheiten vergeben. In solchen Fällen bestehen die Wähler sehr wahrscheinlich auf Hilfssubventionen, wodurch die Schulden an die Regierung weitergegeben werden, sei es nun an Fannie Mae, Freddie Mac[1] oder andere vergleichbare Einrichtungen. Man*

1 Anm. d. Übersetzerin: Fannie Mae und Freddie Mac sind in den USA populäre Bezeichnungen für die Federal National Mortgage Association (FNMA) und die Federal Home Loan Mortgage Corporation.

kann davon ausgehen, dass in Sachen Produktivität und Leistungssteigerung immer mehr Forschung betrieben wird und Ergebnisse folgen werden.
Bisher habe ich noch kein besseres Erfolgsrezept gefunden ..., als das eigene Kapital in Aktien derjenigen Unternehmen zu investieren, die bewiesen haben, dass sie über die weitesten Gewinnmargen und die am schnellsten wachsenden Profite verfügen. Die Ertragskraft wird aller Voraussicht nach auch weiterhin ein wertvoller Faktor bleiben, vor allem wenn man viele Nationen übergreifend diversifiziert.

Diese Aussagen Onkel Johns bringen seine Besorgnis hinsichtlich des Zustandes der Wirtschaft, vor allem in Hinblick auf die Immobilienblase, in den Vereinigten Staaten zum Ausdruck. Nachdem Onkel John sich eingehend mit dem Ausmaß der Schulden der US-Verbraucher und dem starken Anstieg der Häuserpreise, die mittlerweile weit über dem Ersatzwert lagen, beschäftigt hatte, war ihm klar, dass hinsichtlich des Aktienmarktes Vorsicht geboten war. So gab er den Unternehmen, die für die nächsten Jahre mit der besten Mischung aus hohem Wachstum und beträchtlichen Gewinnmargen aufwarten konnten, den Vorzug. Womöglich noch wichtiger als seine Meinung zur Immobilienblase und zur zunehmenden Bedeutung qualitativ hochwertiger, wachsender Ertragsströme ist wohl, dass Onkel John auch mit 93 Jahren – denn so alt war er, als er diese Investment-Empfehlungen aussprach – noch so bemerkenswert innovationsfreudig war. Eine Sache, die sich alle Investoren und Schnäppchenjäger bei Onkel John abschauen sollten, ist sein beständiges Bemühen, die Dinge aus einer anderen Perspektive zu betrachten. Als er bemerkte, dass sich immer mehr Investoren auf die kurzfristigen Ertragsentwicklungen der Unternehmen konzentrierten, plädierte er dafür, bei der Erstellung solcher Prognosen mit einem längeren Zeithorizont zu arbeiten. Fünf Jahre wären schon in Ordnung, aber zehn Jahre wären natürlich sehr viel besser.

Schlagen wir nun den Bogen zurück zu Onkel Johns Investments in China, so sticht uns ein weiterer wichtiger Aspekt ins Auge. Sosehr er China und dessen Fortschritt und rapide Entwicklung auch bewundert, bleibt Onkel John doch vor allem immer eines: ein äußerst disziplinierter Schnäppchenjäger. Er investiert nur dann, wenn er ein Schnäppchen findet und unter keinen anderen Umständen.

Immer auf andere Art und Weise nach Investmentmöglichkeiten zu suchen als die anderen (sei es nun in einem anderen Land, nach einer anderen Methode, mit einem anderen Zeithorizont, einem anderen Maß an Optimismus oder auch Pessimismus) ist die einzige Möglichkeit, sich von der breiten Masse abzugrenzen. Mittlerweile sollten Sie wissen, dass der einzige Weg zu besseren Investment-Ergebnissen darin liegt, zu kaufen, was andere verzweifelt verkaufen, und zu verkaufen, was andere Marktteilnehmer gierig kaufen.

> *Wollen Sie eine bessere Performance als die breite Masse, dann müssen Sie auch anders vorgehen als die breite Masse.*
>
> *Sir John Templeton*

Nachwort

Wir hoffen, dass Ihnen unser Buch gefallen hat. Wir hatten auf jeden Fall großen Spaß dabei, uns einige der klugen Investments, die Sir John Templeton im Lauf der vielen Jahrzehnte als erfolgreicher Schnäppchenjäger machte, genauer anzusehen, für Sie zu beschreiben und zu erklären. Unsere Leser mögen zwar kleine Schnäppchenjäger sein, doch wir wissen gleichzeitig auch, dass es ungemein zeitaufwändig ist und großen Könnens bedarf, erfolgreich Einzelaktien für das private Depot zu kaufen. Ganz ehrlich gesagt ist es ein Vollzeit-Job. Andererseits gibt es vielleicht auch den einen oder anderen Leser, den das Schnäppchenjagd-Fieber gepackt hat, der sich aber nicht mit Themen wie Finanzierung, Buchhaltung oder Wirtschaftslehre herumschlagen möchte. Für all jene fügen wir eine Liste professioneller Schnäppchenjäger bei, die bei der Betreuung ihrer jeweiligen Investmentfonds ähnliche Umsicht, Klugheit und Vergleichsmethoden an den Tag legten wie Sir John selbst. Sie können sich also entweder diese Fondsmanager genauer ansehen oder sich selbst Ihren Weg bahnen. Was Sie auch tun, wir sind uns bei der Manager-Auswahl, die wir getroffen haben, ziemlich sicher, denn sowohl wir selbst als auch Sir John haben im Lauf der Jahre immer wieder einmal in deren Fonds investiert. Indem wir diese Fondsmanager hier anführen, ergibt sich für uns weder ein finanzieller noch sonstwie gearteter Nutzen, doch denken Sie daran: Sie sollten immer auch selbst Nachforschungen anstellen. Und nun viel Spaß bei der Schnäppchenjagd!

Dodge & Cox Funds
Franklin Templeton Investments
Friess Associates, Inc.
Matthews International Capital Management, LLC
Royce & Associates, Inc.
Southeastern Asset Management, Inc.
Third Avenue Management, LLC
Tweedy, Browne Company, LLC

Register

Y

Z